中国汽车
节能发展报告（2015）

ANNUAL REPORT ON AUTOMOTIVE ENERGY-SAVING IN CHINA(2015)

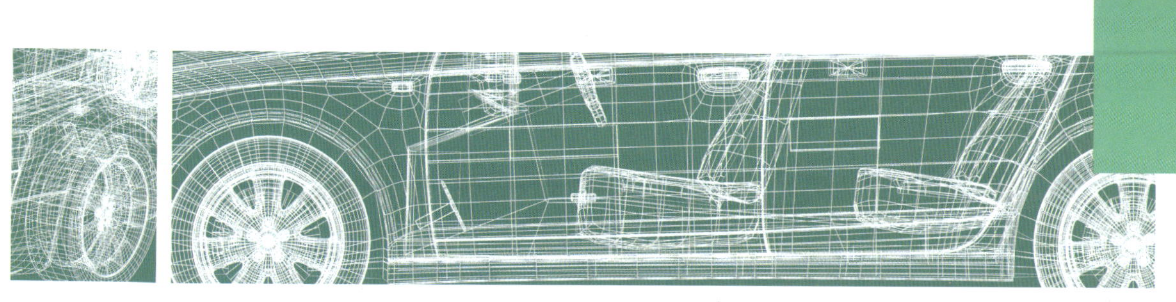

中国汽车技术研究中心 编著

人民邮电出版社
北京

2020 年当年新生产的乘用车平均油耗下降到 5 L/100 km。相比 2014 年国产乘用车平均油耗 7.12 L/100 km，到 2020 年需下降 29.8%。按国产乘用车达到国家要求测算，预计到 2020 年将累计节省燃油约 3 546.7 万吨，减少 CO_2 排放约 1.14 亿吨；按 2025 年乘用车新车油耗下降到 4 L/100 km 目标测算，到 2025 年将累计节约燃油 2.26 亿吨，减少 CO_2 排放累计 7.29 亿吨。以 2014 年汽车油耗为基准，2020 年石油对外依存度将从 70.0% 下降到 65.1%，降低 4.9 个百分点；2025 年对外依存度将从 81.7% 下降到 75.8%，降低 5.9 个百分点。

为进一步提升我国传统汽车的产业竞争力，推动汽车产业可持续发展，2008 年以来，工业和信息化部组织汽车行业制定了汽车油耗限值标准，建立了乘用车企业平均燃料消耗量数据核算管理与公示制度，从 2012 年下半年开始，连续 3 年向社会公示中国汽车企业平均燃料消耗量情况，包括 110 多家在中国境内销售汽车的企业油耗是否达标及优于达标、劣于达标等情况，基本上具备了在我国推行企业平均油耗管理的条件。

国际上汽车工业较为成熟的国家在进行汽车节能管理过程中，都会采取对外披露节能管理进展与效果的方式引导社会对汽车节能重要性的认识，加强社会消费者对汽车工业绿色发展和生态文明建设的促进作用。如欧洲环保署的《乘用车和轻型货车 CO_2 排放监控报告》、美国环境保护署的《轻型汽车温室气体排放报告》、美国能源部的《年度车型燃油经济性指南》以及日本企业工业协会的《日本年度环境报告》等，均通过行业与企业信息的对外披露起到了较好的社会引导作用。中国作为全球最大的汽车制造国与消费市场，拥有世界最多的汽车企业数量与品牌数量，企业之间的技术应用、储备等情况存在较大差异，社会消费偏好尺寸大、动力强的车型产品。尽管中国政府从技术标准、法规政策等方面对汽车生产制造商进行了更加严格的管控，也逐步完善了对汽车消费的财政补贴、税收减免等政策体系，但尚未形成整个社会汽车产品消费的良好氛围，汽车文化远未发挥应有的影响。《中国汽车节能发展报告》撰写的目的在于既要填补中国在汽车节能权威信息对外披露的空白，更要从企业、车型、技术等角度全方位的引导并构建社会消费文化，扭转中国市场目前的消费结构，倡导绿色消费，构建市场化、良性的汽车生产与消费机制。

加大对节能技术和节能效果的宣传力度，增强消费者的节能环保意识和认知，营造一种崇尚绿色、生态的汽车消费文化，全面提升“中国品牌”的节能减排全球竞争力，需要政府、企业和市场的通力配合。

编　委

2015 年 11 月

>> 目 录
CONTENTS

>> 第 1 章 车用燃油消耗与油品供应

进入 21 世纪以来，我国汽车工业高速发展，汽车保有量也快速增长，至 2014 年我国汽车保有量已达 1.45 亿辆（不包括三轮汽车和低速货车）。汽车保有量的快速增长使我国面临着严峻的能源压力，测算表明，2014 年车用总燃油消耗 2.17 亿吨，约占社会汽油、柴油表观消费量的 78.1%。同时，2014 年原油对外依存度达 59.3%，接近国务院设定的 2015 年原油对外依存度 61% 红线。伴随着日益严峻的能源和环境问题，党中央和国务院高度重视节能与新能源汽车的发展，以工业和信息化部为代表的行业主管机构不断加强并逐步完善包含技术标准、标识管理、公示制度等在内的系统性管理体系，并取得了初步成效。2014 年全国乘用车新车燃油经济性水平较 2012 年提升了 2.17%，商用车燃油经济性水平也有较大幅度提升，实现累计节约燃油 190 余万吨，减少二氧化碳（CO_2）排放约 600 万吨。未来相当长一段时期内，我国汽车仍将以内燃机车为主，由此带来的能源与环境压力也将持续存在。同时，汽车排放标准不断加严将导致车用油品需求结构发生变化，并引发系列的油品供需结构问题，我国汽车节能减排的压力也随之传导至整个产业链上来，汽车节能之路任重道远。

1.1 我国汽车产业发展情况

◎1.1.1 2014 年我国汽车市场保持平稳增长

我国汽车工业高速发展，汽车产量由 2000 年的 206.9 万辆增至 2014 年的 2 372.29 万辆，如图 1-1 所示。与此同时，汽车保有量也快速增长，由 2000 年的 1 608.91 万辆增至 2014 年的 1.45 亿辆，如图 1-2 所示。

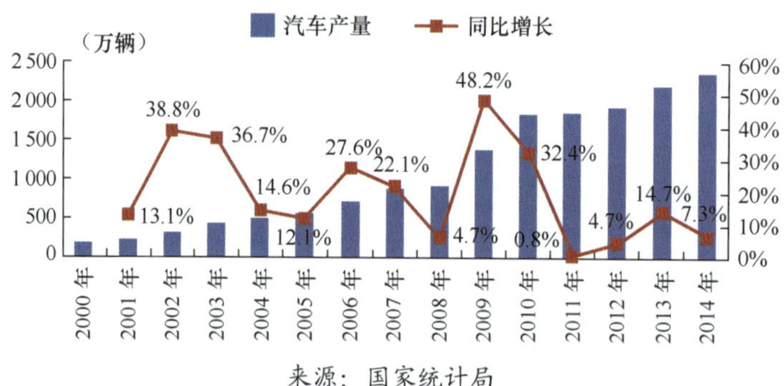

来源：国家统计局

图 1-1 2000～2014年中国汽车产量变化

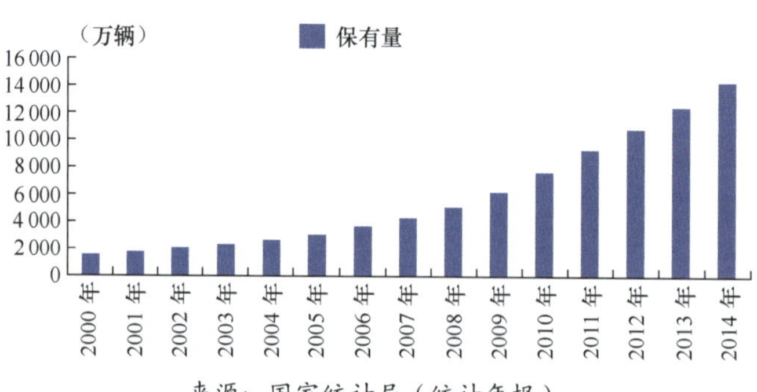

来源：国家统计局（统计年报）

图 1-2 2000～2014年中国汽车保有量变化

◎1.1.2 新能源汽车呈快速、密集发展态势，市场规模比重低

随着新能源汽车电池、电机、电控等主要技术的不断发展完善，多方位鼓励政策的积极介入以及分时租赁等创新性推广模式的发展，未来新能源汽车将步入发展的快车道。然而从总量来看，新能源汽车占汽车总产量的比例依然较低，燃用汽油、柴油的传统能源汽车保有量将继续增加，汽车仍将成为汽油、柴油消费的主要来源之一。新能源汽车的发展及其对车用汽油、柴油消耗的影响呈现以下特点。

一是针对新能源汽车推广的多方位鼓励政策密集出台。

在汽车产量与保有量逐年升高导致环境污染与能源安全问题加剧的背景下，国务院发布了《节能与新能源汽车产业发展规划（2012 ~ 2020 年）》，指明 2020 年及以前节能与新能源汽车的发展路线和目标："到 2015 年，纯电动汽车和插电式混合动力汽车累计产销量力争达到 50 万辆；到 2020 年，纯电动汽车和插电式混合动力汽车生产能力达 200 万辆，累计产销量超过 500 万辆，燃料电池汽车、车用氢能源产业与国际同步发展。"为落实《节能与新能源汽车产业发展规划（2012 ~ 2020 年）》精神，国务院有关部门积极推动新能源汽车产业发展和推广应用，研究制订了一系列政策措施。详见表 1-1。

表 1-1 国家推广新能源汽车主要政策总结（截至 2014 年底）

来源：工业和信息化部

政策措施	具体举措
节能与新能源汽车产业发展规划部际联席会议制度	召开部际联席会议，对新能源汽车发展和推广应用工作进行研究部署
新能源汽车产业技术创新工程	2012 年启动了 25 个新能源汽车产业技术创新项目，包括 11 个乘用车、6 个商用车、8 个动力电池项目
新能源汽车示范推广补贴政策	对消费者购买新能源汽车给予补贴。列入新能源汽车推广应用城市（群）的 39 个城市（群）88 个城市，截至 2014 年底，有 33 个城市（群）70 个城市出台了新能源汽车推广应用配套政策措施
车船税优惠政策	对符合要求的新能源汽车免征车船税

续表

政策措施	具体举措
新能源汽车免征车辆购置税	从2014年9月1日到2017年底，对纳入《免征车辆购置税的新能源汽车车型目录》的纯电动汽车、插电式混合动力汽车和燃料电池汽车免征车购税
政府机关及公共机构购买新能源汽车实施方案	规范新能源汽车采购管理；建立市场化充电设施服务体系；优化新能源汽车使用环境
加强企业平均燃料消耗量考核管理	对国产、进口汽车统一考核企业平均燃料消耗量，并对新能源汽车给予优惠
完善新能源汽车标准体系	截至2014年底，已经出台了电动汽车标准78项（依据工业和信息化部2014年度总结），涉及电动汽车整车、动力电池、充电接口及通信协议等。成立了电动汽车国际标准法规协调与制订工作组，参与电动汽车国际标准制订
完善新能源汽车企业准入政策	正在研究制订新建新能源汽车企业的准入方案，拟择优选择具有一定基础和能力的企业进入新能源汽车生产领域

在以上政策基础上，为了进一步加快新能源汽车发展和推广应用，国务院办公厅于2014年7月发布了《关于加快新能源汽车推广应用的指导意见》，以进一步加大政策措施力度，切实解决新能源汽车推广应用中存在的充电设施建设滞后、企业盈利模式尚未形成、扶持政策有待完善、不同形式的地方保护、产品性能需要进一步提高等问题。

二是2014年新能源汽车产量快速增长，整体规模有待提升。

在相关政策的刺激下，2014年新能源汽车有共计300多款新车型上市，全年累计生产新能源汽车8.39万辆，同比增长近4倍，其中，12月生产2.72万辆，创造了全球新能源汽车单月产量最高纪录。2014年，我国新能源汽车产业发展从导入期快速进入成长期，产量经历了井喷式增长，占当年汽车总产量的0.35%，整体规模仍有待提升。具体如图1-3和图1-4所示。

三是新能源汽车的生产仍集中在少数企业，产品线亟待丰富。

2014年新能源乘用车产量前5的企业合计生产新能源汽车4.5万辆，占新能源乘用车总产量的82.1%，其中，比亚迪和吉利汽车所产新能源乘用车占到当年新能源乘用车总产量的近一半，具体如图1-5所示。

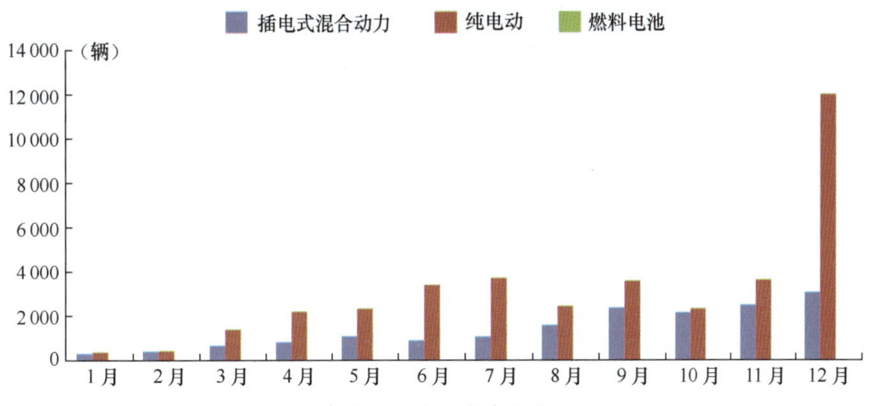

来源：工业和信息化部

图 1-3 2014年新能源乘用车月度产量

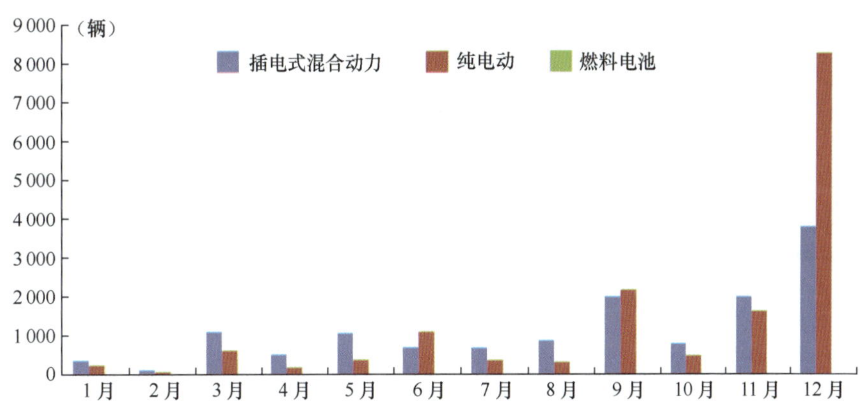

来源：工业和信息化部

图 1-4 2014年新能源商用车月度产量

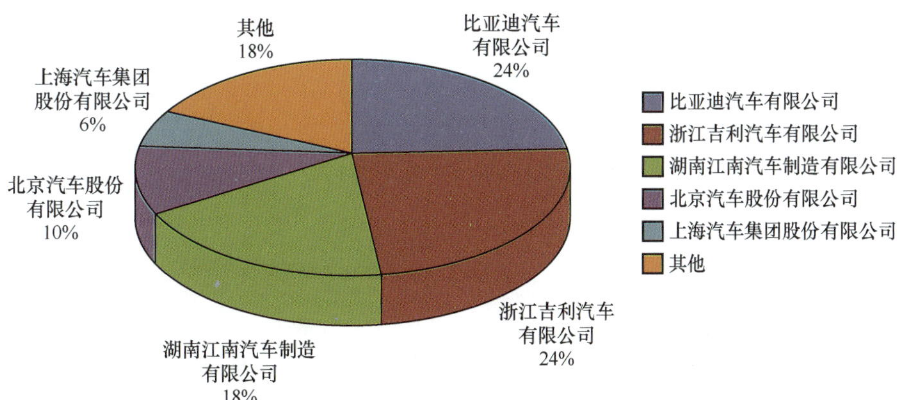

图 1-5 主要企业 2014年新能源乘用车产量占比情况

2014 年在新上市新能源车型数量大幅增加的情况下，市场仍被少数车型占据。比亚迪秦占到插电式混合动力乘用车市场销量的 86.6%，康迪和知豆系列占到纯电动乘用车市场销量的 60%。

2014 年新能源商用车的生产主要集中在郑州宇通、比亚迪、金龙（苏州）等 5 家企业，产量占新能源商用车总产量的 54%。郑州宇通的插电式混合动力公交车、纯电动客车占据了较大的市场份额。具体如图 1-6 所示。

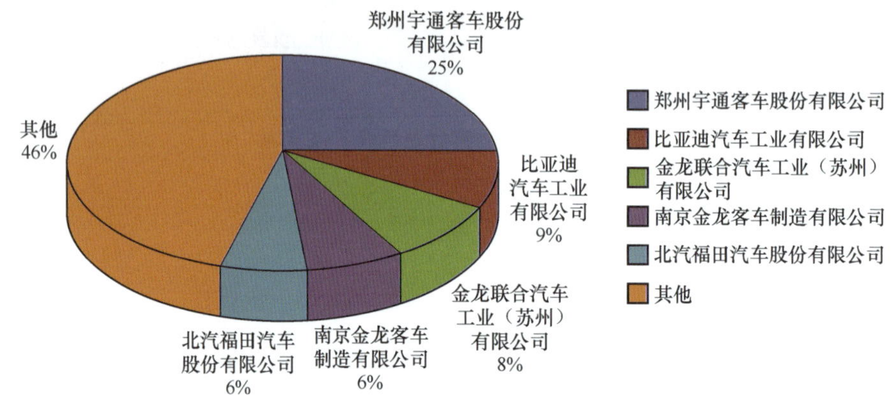

图 1-6 主要企业 2014年新能源商用车产量占比情况

四是 2020 年之前我国新能源汽车比重仍然较低，燃用汽油、柴油的传统能源汽车仍将是汽油、柴油消费的主要来源之一。

按照到 2020 年新能源汽车实现 200 万辆产能的规划推算，到 2020 年新能源汽车产量占比约为 7%。在此之前，纯电动和插电式混合动力等新能源汽车规模仍然较小。从整体来看，中期、短期内汽车燃料类型仍以汽油、柴油为主。乘用车电动化比例预测如图 1-7 所示。

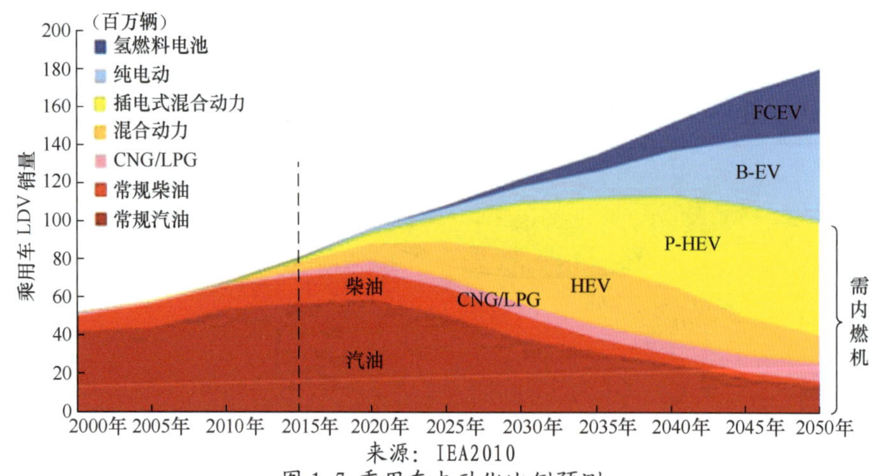

来源：IEA2010

图 1-7 乘用车电动化比例预测

◎1.1.3 天然气汽车产量稳步增长，未来发展不确定性因素增多

2005 ~ 2014 年天然气汽车销量逐年递增，增长率则呈现波浪式变化，如图 1-8 所示。2006 ~ 2007 年天然气增长幅度向下波动，2007 年达到最低点，当年市场下降 2.2%。2008 ~ 2013 年呈现向上波动，天然气汽车销量同比大幅增长。2014 年天然气类汽车的销量增速又有所放缓，但考虑到年度汽车整体市场的走势，天然气类汽车能实现同比增长 21.7%，已经是一个非常可喜的成绩。

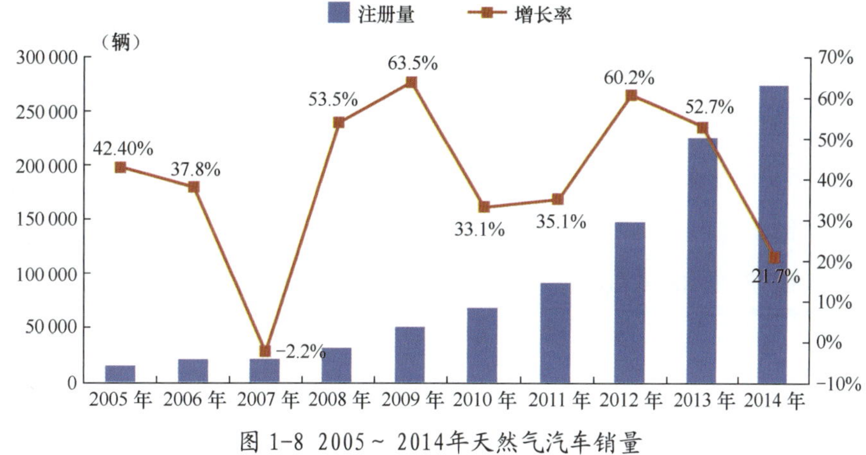

图 1-8 2005 ~ 2014年天然气汽车销量

我国及周边俄罗斯、土库曼斯坦等国家天然气储量丰富，国内城市大气污染严重，国内油气价差等因素促使天然气汽车市场成为具有很大发展潜力的市场之一，但是天然气汽车未来的发展还存在诸多的不确定性。

一是“油降气涨”造成使用成本优势降低。受政治、经济等因素影响，国内成品油价格持续下跌，然而与之形成鲜明对比的是，我国天然气价格一直在上涨。“油降气涨”迫使成本优势不在，天然气汽车销量增速有所放缓。商用车作为生产工具，其年行驶里程长，对于燃油成本较为敏感。以重卡为例，虽然天然气重卡售价比普通柴油重卡贵 8 ~ 10 万元，但其燃料费用比柴油车型节省 30% ~ 40%，也使得不少重卡用户仍然选择天然气车型。然而自 2014 年以来，受油价大幅下跌以及天然气价格持续上涨等因素影响，天然气商用车优势被逐渐蚕食。

二是加气站等配套建设跟进较慢。各地天然气配套建设跟进较为缓慢，仅在一些气源充足、气价较低的地区有增长空间。此外，受天然气维修技术尚未普及和市场保有量小、维修成本高等因素影响，车辆后期维修和零部件供给也制约着天然气汽车的发展。

三是天然气汽车技术的先天不足。天然气发动机动力性较低。燃用天然气与燃用汽油相比，混合气的热值低（天然气 / 空气混合气低热值为 3.36 MJ/m^3，汽油 / 空气混合气低热值为 3.82 MJ/m^3），进气量少，分子变更系数小，动力性约下降 20%。如果匹配不良，动力性可能更加恶化。

天然气密度低，贮存不太方便。气态天然气的能量密度比汽油小得多，汽车储气瓶占用空间较大。1 m^3 常压天然气压缩后装入 20 MPa 的储气瓶中，约占 5 L 容积，而与之等热量的汽油（0.81 kg）只占 1.1 L 容积，CNG（压缩天然气）所占容积等于汽油的 4.5 倍。在保证相同续驶里程的前提下，天然气汽车储气瓶的体积比汽油汽车油箱大数倍。

汽车用户的初始投入费用较大。天然气汽车的一些部件，如储气瓶、安全阀等，要求严格，成本较高。此外，天然气汽车尚未形成规模效益，也使得其造价下降受限。

1.2 我国原油供需情况

◎1.2.1 世界油气储量小幅增长

过去 10 年石油和天然气的探明储量分别增加 27% 和 19%，产量增幅为 11% 和 29%。但是近两年来看，世界油气储量增幅较小，其中，2014 年原油储量较 2013 年增长 0.5%，具体如图 1-9 所示。

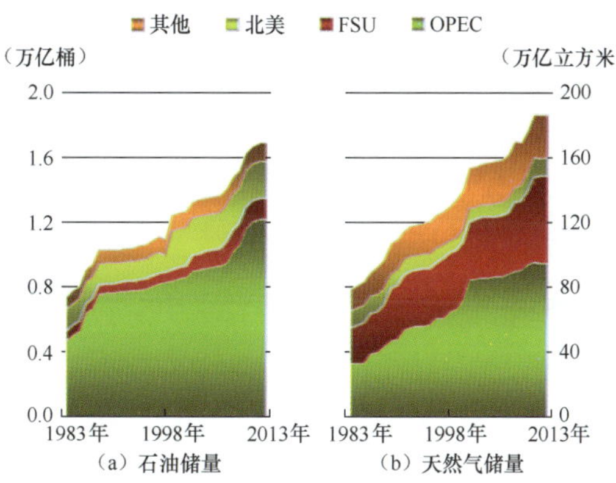

来源：BP 世界能源统计年鉴，2014 年 6 月

图 1-9　世界历年石油、天然气储量

◎1.2.2 中国油气探明储量持续高位增长

1. 石油探明储量持续高位增长

2014 年石油勘查新增探明地质储量 10.61 亿吨，连续 8 年超过 10 亿吨，处于稳定增储期。新增探明地质储量大于 1 000 万吨的中型以上储量规模油田共 25 个，合计新增探明地质储量 86 748.41 万吨，占总量 82.6%，新增探明地质储量仍以大中型油田为主。其中，中国石油长庆新安边油田新增探明地质储量过亿吨。全年石油新增探明技术可采储量 1.87 亿吨。2002 ~ 2013 年我国石油储量及增长率如图 1-10 所示。

2. 天然气新增探明地质储量总量现新高

全国天然气、页岩气和煤层气等能源类气体新增探明地质储量总量达 11 107.15

亿立方米，创历史最高水平，呈快速增长态势。尤其是随着对地质规律认识的提高和我国非常规油气勘查及开采技术的不断创新，页岩气、煤层气等非常规油气资源新增储量取得重要突破性进展，达 1 669.43 亿立方米，占能源类气体新增储量总量的 15%。

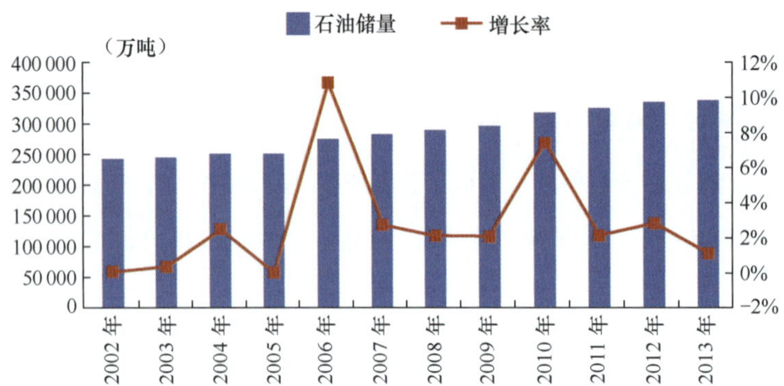

注：石油储量数据为剩余技术可采储量。

来源：国家统计局

图 1-10 2002 ~ 2013年我国石油储量及增长率

天然气探明地质储量仍保持“十五”以来的增长态势，勘查新增 9 437.72 亿立方米，同比增长 53%。新增探明技术可采储量 4 749.56 亿立方米；新增大于 1 000 亿立方米的大气田 5 个，占总量的 80% 以上。其中，神木气田新增探明地质储量超过 2 000 亿立方米。深水天然气勘探获得新突破，新探明深水陵水 17-2 气田，天然气储量达 1 020 亿立方米。

中国石化涪陵页岩气田新增探明地质储量 1 067.50 亿立方米，新增技术可采储量 266.88 亿立方米，是超千亿方大型气田。2002 ~ 2013 年我国天然气储量及增长率如图 1-11 所示。

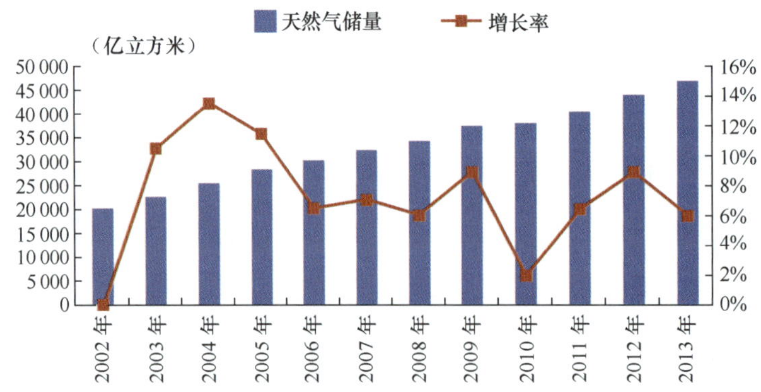

注：天然气储量数据为剩余技术可采储量。

来源：国家统计局

图 1-11 2002 ~ 2013年我国天然气储量及增长率

3. 原油供需矛盾加大

2014 年全国石油产量为 2.11 亿吨，较 2013 年增长 1.0%；天然气产量为 1 249.70 亿立方米，较 2013 年增长 7.2%；页岩气产量为 10.81 亿立方米；煤层气产量为 35.47 亿立方米，较 2013 年增长 21.5%。

中国原油资源储量丰富，但目前勘探开发尚处于中期阶段，原油在常规能源生产中发展较为缓慢。我国原油产量总体稳定，但增产难度越来越高。主要原因在于大庆、胜利、辽河等东部主力油田均已进入开发中后期，已进入高含水、高采出难度和高采油速度的“三高”阶段，稳产难度越来越大。随着勘探程度提高，复杂地表如沙漠、山地、黄土塬，以及深层、超深层、低渗、特低渗致密复杂油气藏等均成为主要勘探对象。受地表和地下地质条件复杂化、探井加深、技术复杂程度提高（水平井钻探和储层改造需求增加）等因素影响，勘探成本呈上升趋势。2010 ~ 2013 年探井平均井深增加了 400 m，二维地震和三维地震成本分别上涨了 20% 和 30%，探井成本也上涨了 15% 以上，部分地质条件复杂地区，探井单位进尺成本超过 2 万元。1999 ~ 2014 年中国原油产量及增速如图 1-12 所示。

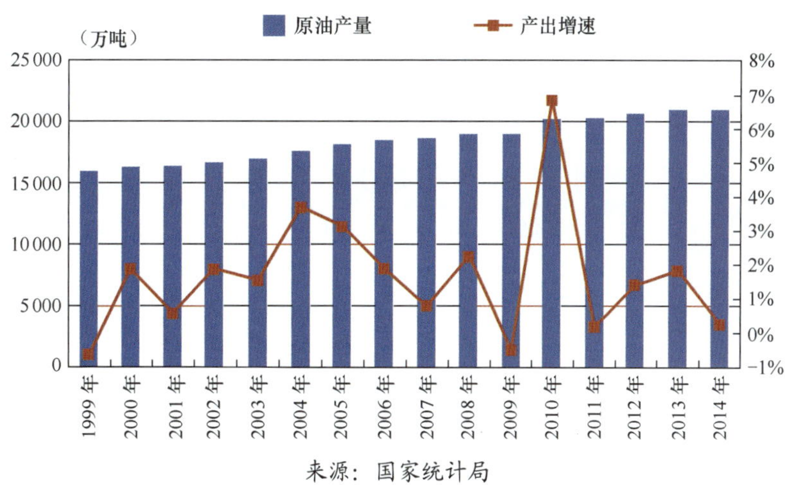

来源：国家统计局

图 1-12 1999 ~ 2014年中国原油产量及增速

在原油产量稳中有增的背景下，伴随原油需求量的快速上升，我国原油对外依存度快速上升，2014 年已升至 59.3%。中国原油对外依存度见表 1-2。

表 1-2 中国原油对外依存度

来源：国家统计局

年份	2014 年	2013 年	2012 年	2011 年	2010 年	2009 年
原油生产量（万吨）	21 143	20 813	20 700	20 288	20 301	18 949
原油进口量（万吨）	30 835	28 195	27 103	25 378	23 768	20 365
原油出口量（万吨）	60	162	243	252	303	507
原油对外依存度	59.3%	57.7%	57.0%	55.9%	54.3%	52.5%
年份	2008 年	2007 年	2006 年	2005 年	2004 年	2003 年
原油生产量（万吨）	19 044	18 632	18 477	18 135	17 587	16 960
原油进口量（万吨）	17 888	16 316	14 517	12 682	12 272	9 102
原油出口量（万吨）	424	389	634	807	549	813
原油对外依存度	49.0%	47.2%	44.9%	42.3%	41.9%	36.0%

近些年，我国原油对外依存度快速上升，从长远来看，我国原油的供需情况仍然较为严峻。据 OPEC 预测，未来我国原油需求量仍将快速增长，至 2040 年约需原油 18.8 百万桶 / 天，约为 9.53 亿吨 / 年，当年原油生产量仅为 1.93 亿吨。未来中国原油需求预测见表 1-3。

表 1-3 未来中国原油需求预测

来源：OPEC. World Oil Outlook 2014

预测机构		2016 年	2017 年	2018 年	2019 年	2020 年	2030 年	2040 年
OPEC	生产量（百万桶/天）	4.3	4.4	4.4	4.4	4.4	4.1	3.8
	需求量（百万桶/天）	11.1	11.4	11.8	12.2	12.6	16.4	18.8

1.3 2014 年车用燃油消耗测算

车用总油耗测算采用“车用总油耗 = 车辆保有量 × 燃料经济性 × 年行驶里程”的方法。

测算思路：使用汽车历史保有量、年销量及残存率数据，将汽车保有结构按照不同车辆种类和车龄进行细分，然后将各类汽车保有量乘以各自的燃油经济性数据（百公里油耗），再乘以其年行驶里程数据，求和得到总油耗数据。

计算 2014 年汽车总油耗涉及的参数取值具体如下面所述。

◎1.3.1 汽车年行驶里程

2014 年中国汽车技术研究中心数据资源中心对 2013 年汽车年行驶里程进行了一次系统全面的调研。调查将乘用车和商用车分开进行，其中，乘用车调查充分考虑了车辆种类和地域。

乘用车行驶里程调查采取以重点企业 4S 店销售和维修记录中有关行驶里程及对应日期数据为主，并辅以少量主动调查的方式完成。

商用车行驶里程调查采用以商用车制造企业专家问卷为主，再辅以个别用户调查的方式完成。

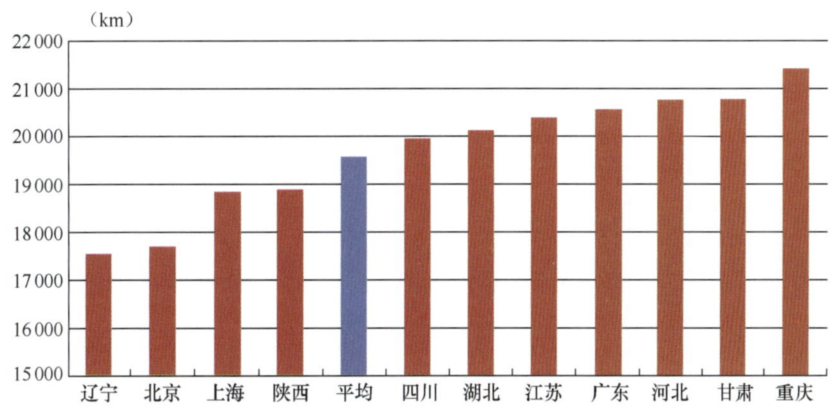

注：北京市的限行政策对年行驶里程产生一定程度的影响。

图 1-13 私人乘用车分地域（分省）平均年行驶里程情况

1. 乘用车行驶里程

乘用车分区域（分省）行驶里程情况如图 1-13 所示。总体上，经过分区域和分用途两次加权，再经专家修正而最终确定 2013 年全国乘用车年均行驶里程为 19 000 km。考虑到汽车年行驶里程每年的变化较小，2014 年全国乘用车年均行驶里程仍沿用 19 000 km 这一数值。

2. 商用车行驶里程

在 2013 年商用车年行驶里程调查的基础上，经修正最终确定 2014 年商用车年行驶里程见表 1-4。大型客车为 54 000 km，中型客车为 52 000 km，轻型客车为 37 000 km；重型货车为 55 000 km，中型货车为 35 000 km，轻型货车为 28 000 km，微型货车为 19 500 km。

表 1-4 商用车年行驶里程

车辆种类	细分类别	年行驶里程（km）
客车	大型客车	54 000
	中型客车	52 000
	轻型客车	37 000
货车	重型货车	55 000
	中型货车	35 000
	轻型货车	28 000
	微型货车	19 500

◎1.3.2 分车种平均油耗

各车种油耗数据均为车型油耗经产量加权后的油耗。

除 2013 年、2014 年乘用车数据包括进口车外，其他车种和年份数据均为国产车数据。经过将各年份车型油耗和产量数据加权处理，并将一些油耗数据缺失车型进行轻量化影响因素修正，得到分车种、分车龄油耗汇总见表 1-5。

表 1-5 历年分车种、分车龄油耗（L/100 km）

车辆类型 / 生产年份	乘用车	大型客车	中型客车	轻型客车	重型货车	中型货车	轻型货车	微型货车
2014 年	7.22	24.19	19.18	11.18	38.14	22.20	9.75	7.00
2013 年	7.33	25.38	20.53	12.28	40.08	24.44	10.76	7.07
2012 年	7.38	26.00	21.10	11.89	41.00	25.30	10.66	7.16
2011 年	7.54	27.00	22.00	12.18	42.50	26.30	10.83	7.45
2010 年	7.71	27.25	22.20	12.80	42.85	26.55	11.25	7.75
2009 年	7.77	27.75	22.65	13.00	43.40	27.05	11.30	7.90
2008 年	7.89	28.25	23.10	13.75	44.00	27.55	11.80	8.10
2007 年	8.00	28.75	23.55	14.50	44.60	28.05	12.40	8.80
2006 年	8.06	29.00	23.75	14.50	44.95	28.30	12.40	8.90
2005 年	8.65	29.25	23.95	14.50	45.30	28.55	12.40	9.00
2004 年及以前	9.15	30.25	24.90	15.50	47.50	30.00	13.00	9.50

◎1.3.3 中国分车龄行驶里程

2013 年度行驶里程调查的数据样本中，车龄超过 4 年的车辆占比较低，利用调查数据进行行驶里程的车龄分析意义不大。借鉴美国经验，并结合国内具体情况，将分车龄行驶里程设定为阶梯式结构，具体数据见表 1-6。

表 1-6 中国分车龄行驶里程变化情况

	低行驶里程衰减系数	中行驶里程衰减系数	高行驶里程衰减系数
适用车种	乘用车	轻型商用车	重型商用车
2014 年产车辆	50.0%	50.0%	50.0%
2013 年产车辆	100.0%	100.0%	100.0%
2012 年产车辆	100.0%	100.0%	100.0%

续表

	低行驶里程衰减系数	中行驶里程衰减系数	高行驶里程衰减系数
2011 年产车辆	100.0%	100.0%	100.0%
2010 年产车辆	80.0%	80.0%	80.0%
2009 年产车辆	75.0%	70.0%	50.0%
2008 年产车辆	75.0%	70.0%	50.0%
2007 年产车辆	75.0%	70.0%	40.0%
2006 年产车辆	70.0%	70.0%	40.0%
2005 年产车辆	50.0%	45.0%	30.0%
2004 年产及以前车辆	45.0%	35.0%	10.0%

◎1.3.4 2014 年车用汽油、柴油测算结果

按照前面的车用汽油、柴油测算模型及相关数据，计算得出 2014 年中国车用汽油、柴油总油耗达 2.17 亿吨，占表观汽油、柴油消费总量的 78.1%，具体见表 1-7 和表 1-8。

表 1-7 2014 年中国汽车分车种汽油、柴油消费情况

燃油	乘用车	客车			货车			
		大型	中型	轻型	重型	中型	轻型	微型
汽油（万吨）	9 112.8	3.9	35.4	301.5	0.3	28.5	561.4	84.3
柴油（万吨）	56.2	524.3	438.6	393.4	7 432.6	785.6	1 962.6	4.6
合计（万吨）	9 169.0	528.3	473.9	694.9	7 432.9	814.1	2 524.0	88.9
		12 557.0						
比例	42.2%	57.8%						

表 1-8 2014 年中国汽车整体汽油、柴油消费情况

年份	车用能源消耗（百万吨）		
	汽油	柴油	汽油、柴油合计
2014 年	101.28	115.98	217.26

2014 年，乘用车汽油、柴油消费与商用车汽油、柴油消费的比例为 42.2:57.8，商用车油耗超过乘用车。

节能是商用车的重要营销点之一，对于乘用车，消费者在购买时对节能影响因素的考虑相对较弱。目前，国内对于乘用车的节能约束与鼓励政策较多，而对于商用车的节能政策还较少，力度也有待进一步加强。

1.4 车辆保有结构变化引起的油品需求结构变化

我国汽车燃油需求不断攀升的同时，汽车环境污染问题也引起人们的高度关注。作为较为普遍的交通出行工具，汽车运行时需要排放大量的碳、氮、硫的氧化物、碳氢化合物和铅化物等多种大气污染物，是重要的大气污染发生源，会对人体健康和生态环境造成巨大的危害。为加大我国对汽车污染物排放的控制力度，与环保发达国家接轨，我国需要制定实施更严格的汽车排放标准。2013 年 9 月，环境保护部和国家质量监督检验检疫总局共同发布了 GB18352.5-2013《轻型汽车污染物排放限值及测量方法（中国第五阶段）》（以下简称“国Ⅴ”），与之相匹配的第五阶段车用汽油国家标准 GB17930-2013《车用汽油》也在 2013 年底发布。这两套标准将在 2018 年全面实施，目前部分地区已提前推广。

◎1.4.1 排放标准加严，国Ⅴ汽油、柴油车辆增幅迅速

为适应汽车保有量高速增长过程中环境保护的需要，我国自 1989 年发布《轻型汽车排气污染物排放标准》以来，已先后 4 次提高轻型汽车排放标准，分别是 2001 年发布的第一、二阶段以及 2005 年发布的第三、四阶段的《轻型汽车污染物排放限值及测量方法》。与 1989 年标准的排放控制水平相比，第三阶段标准排放限值加严了 75% ~ 92%，第四阶段标准排放限值加严了 91% ~ 96%。正是由于这些措施，“十一五”期间，在轻型汽车保有量增长了 129% 的情况下，氮氧化物排放量仅增加了 4.6%。

与国外汽车排放法规标准相比，国Ⅴ标准的技术水平和欧洲正在实施的第五阶段排放法规相当。国Ⅴ标准大幅度加严了污染物排放限值，以轿车为例，对汽油车的氮氧化物加严 25%，柴油车的氮氧化物加严 28%，颗粒物加严 82%。对汽车污染控制装置的耐久性里程，由 8 万公里增加到 16 万公里，即在 16 万公里以内，汽车污染物排放应达到本标准限值要求。对于大多数家用轿车来说，16 万公里基本涵盖了整个使用寿命期。

国Ⅴ标准实施方案进一步突出了“车油适配”原则，按照 2013 年 2 月 6 日国务院常务会议关于国Ⅴ燃油供应时间的决定，国Ⅴ标准全面实施日期为 2018 年 1 月 1 日，

自发布之日起可依据新标准进行型式核准，鼓励具备燃油供应条件的地方依法提前实施新标准。

在汽车排放标准加严的背景下，符合国Ⅴ排放标准的汽车产销量开始迅速增长。2013 ~ 2014 年全国累计销售符合国Ⅴ排放标准的乘用车为 235 万辆，其中，江苏省销量最多，达 23 万辆，具体如图 1-14 所示。

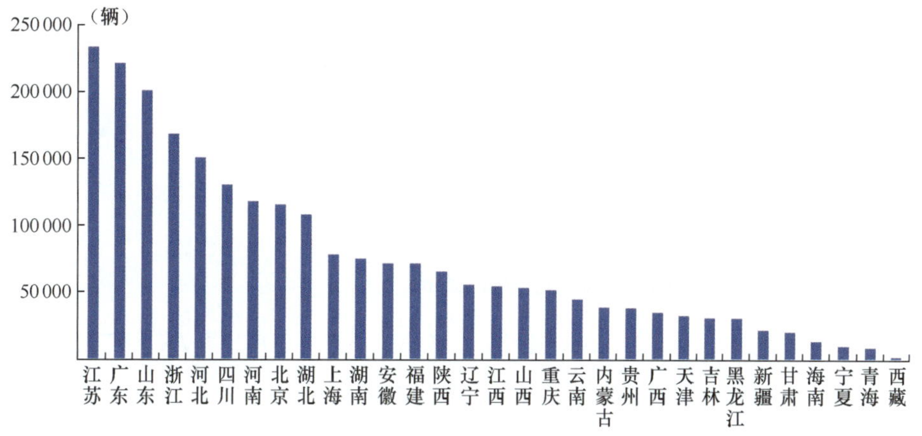

图 1-14　2013 ~ 2014年各省符合国Ⅴ排放标准乘用车销量汇总

2013 ~ 2014 年全国累计销售符合国Ⅴ排放标准的商用车为 8.9 万辆，其中，河北、广东、河南省销量较多，如图 1-15 所示。

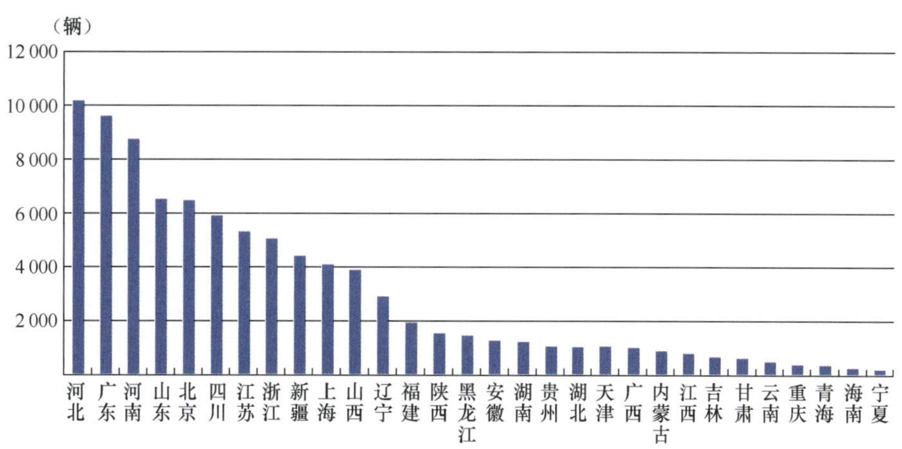

图 1-15　2013 ~ 2014年各省符合国Ⅴ排放标准商用车销量汇总

2014 年各类符合国Ⅴ排放标准的商用车中，燃用汽油、柴油的车型销量仅占总销量的7.5%，可见目前市场上的国Ⅴ商用车多数为燃用天然气车型，具体如图1-16所示。

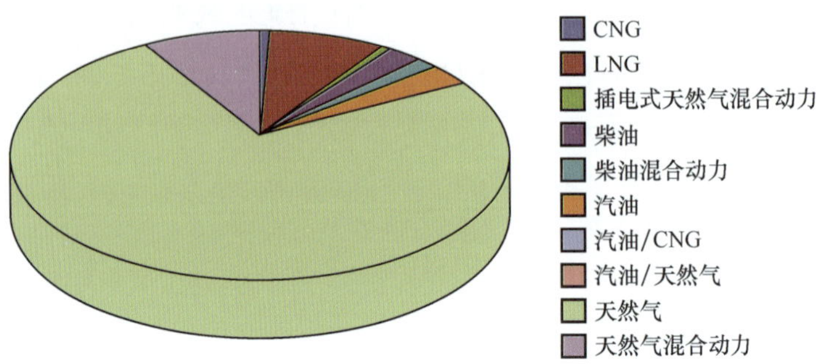

图 1-16 2014年各类国Ⅴ排放标准商用车分燃料类型占比

◎1.4.2 油品升级是降低排放的内在要求

汽油品质是国Ⅴ标准执行的关键因素。与 GB17930-2011 国Ⅳ车用汽油国家标准相比较，国Ⅴ汽油标准最主要的变化可以概括如下。

一是减小 3 种物质含量限值。“三减”是指将硫含量指标限值由第四阶段的百万分之五十降为百万分之十，降低了 80%；将锰含量指标限值由第四阶段的 8 mg/L 降低为 2 mg/L，禁止人为加入含锰添加剂；将烯烃含量由第四阶段的 28% 降低到 24%。

二是调整蒸气压和牌号。其中，冬季蒸气压下限由第四阶段的 42 kPa 提高到 45 kPa，夏季蒸气压上限由第四阶段的 68 kPa 降低为 65 kPa，并规定广东、广西和海南全年执行夏季蒸气压。同时，考虑到第五阶段车用汽油由于降硫、禁锰引起的辛烷值减少以及我国高辛烷值资源不足的情况，结合我国炼油工业实际，该标准将国Ⅴ车用汽油牌号由 90 号、93 号、97 号分别调整为 89 号、92 号、95 号。

三是在标准附录中增加了 98 号车用汽油的指标要求。国Ⅴ汽油标准还首次规定了密度指标，即温度为 20℃时，其密度值为 720 ~ 775 kg/m^3，以进一步保证车辆燃油经济性相对稳定。

GB17930-2013 的制定既考虑了我国对当前和今后一段时期内大气污染防治和空气质量改善的迫切要求，也考虑了我国车用汽油产品生产、储运和使用的现状，以及油品生产企业的技术改造和汽车排放控制技术的需求。其主要指标与欧洲现行标准水平相当，满足了我国Ⅴ阶段汽油车污染物排放标准的要求。

汽油和柴油标准变化分别见表 1-9 和表 1-10。

表 1-9 汽油标准变化

来源：国家质检总局、国家标准化管理委员会

执行时间	2000 年	2005 年	2010 年	2014 年	2018 年
标准号	GB 17930-1999	GB 17930-2004	GB 17930-2006	GB 17930-2013	—
对应排放标准	欧Ⅰ	欧Ⅱ	欧Ⅲ	欧Ⅳ	欧Ⅴ
硫含量（最大）	0.08%	0.05%	0.015%	0.005%	0.001%
锰含量（mg/L）	18	18	16	8	2
烯烃含量（最大）	35%	35%	30%	28%	24%
芳香烃含量	40%	40%	40%	40%	40%

表 1-10 柴油标准变化

来源：国家质检总局、国家标准化管理委员会

执行时间	2000 年	2005 年	2010 年	2014 年	2018 年
标准号	GB 252-2000	GB/T 19147-2003	GB/T 19147-2009	GB/T 19147-2013	—
对应排放标准	欧Ⅰ	欧Ⅱ	国Ⅲ	国Ⅳ	国Ⅴ
硫含量（最大）	0.2%	0.05%	0.035%	0.005%	0.001%
十六烷值	45/40	49	49	49	51
稠环芳香烃（最大）	—	—	11%	11%	11%

◎1.4.3 油品供需结构矛盾显现

1. 油品供应规划

根据国家要求，2018 年 1 月 1 日之前全国供应第五阶段汽油、柴油。油品质量升级分阶段目标如下。

一是扩大车用汽油、柴油国Ⅴ标准执行范围。自 2016 年 1 月 1 日起，东部地区 11 个省市（北京、天津、河北、辽宁、上海、江苏、浙江、福建、山东、广东和海南）全面供应符合国Ⅴ标准的车用汽油（含 E10 乙醇汽油）、车用柴油（含 B5 生物柴油）。

二是提前国Ⅴ标准车用汽油、柴油供应时间。自 2017 年 1 月 1 日起，全国全面供应符合国Ⅴ标准的车用汽油（含 E10 乙醇汽油）、车用柴油（含 B5 生物柴油），同时停止国内销售低于国Ⅴ标准车用汽油、柴油。

三是增加普通柴油升级内容。自 2016 年 1 月 1 日起，开始在东部地区重点城市供应与国Ⅳ标准车用柴油相同硫含量的普通柴油（以下简称国Ⅳ标准普通柴油）；2017 年 7 月 1 日，全国全面供应国Ⅳ标准普通柴油，同时，停止国内销售低于国Ⅳ标准的普通柴油。自 2018 年 1 月 1 日起，全国供应与国Ⅴ标准车用柴油相同硫含量的普通柴油。

2. 国Ⅴ油品需求与供应

目前，油品的不达标严重阻碍了国Ⅳ、国Ⅴ排放标准的技术升级，车辆、油品不匹配的问题不但影响排放效果，更会对发动机造成损害。因此，国Ⅴ油品的提前供应，可以打消人们对油品的顾虑。

按照 2014 年满足国Ⅴ汽车排放标准的保有情况，依据汽车年行驶里程和油耗数据，测算表明，2014 年中国国Ⅴ汽柴油的总需求量约为 122 万吨，其中，汽油约 119 万吨，柴油约 3 万吨。分地区需求情况如图 1-17 所示。2014 年我国国Ⅴ标准汽油、柴油的产量分别约为 1 750 万吨和 300 万吨，消费量略低。从以上数据可以看出，目前我国国Ⅴ油品供应较为充足，但仍存在如下问题。

一是市场监管措施不到位，市场上非标油品仍然较多。

以柴油为例，部分地炼生产的国Ⅲ标准甚至国Ⅱ标准柴油仍然大量存在，柴油走私也有增多趋势，且价格优势扩大，对主营单位销售冲击较大。

二是全国油品质量升级不同步，已升级的省市孤岛效应突出，消费外流的情况也较为普遍。

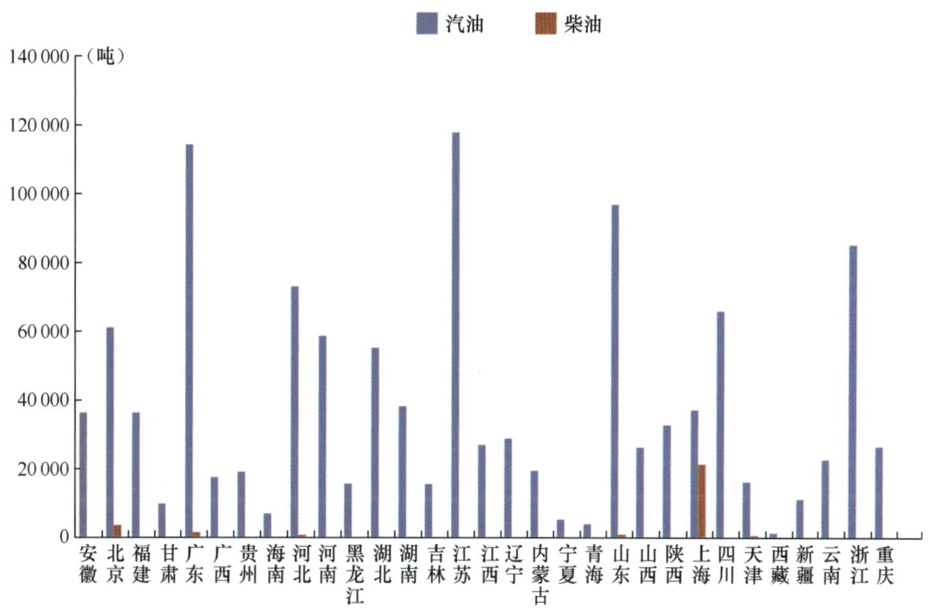

图 1-17　2014年国Ⅴ油品分省市需求情况

◎1.4.4 2015 年车用燃油总量与结构预测

1. 2015 年车用燃油总量预测

受 OPEC 和美国原油生产增长及全球市场石油需求下滑的影响，2015 年国际石油市场供应过剩的局面将会持续。在页岩油产量迅猛增长的带动下，美国本土原油产量将持续飙升。为保持市场份额，OPEC 国家原油持续大规模增产。同时，受全球主要经济体经济增速放缓影响，美国能源署（EIA）预计 2015 年全球石油需求增量放缓。由于石油市场供应增长迅速，需求增幅出现下滑，2015 年全球市场供应过剩局面或将持续。

据中石化测算，2015 年国内石油供需将稳中有升，预计原油表观消费量将达 5.46 亿吨，增长 5.4%；原油净进口量为 3.46 亿吨，对外依存度达 61.3%；国内成品油市场形势总体平稳，但也面临挑战，预计成品油表观消费量为3.19亿吨，增长5.6%，其中，汽油、柴油表观消费量为2.94亿吨。

受宏观经济等多方面因素影响，预计2015年汽车产销量将小幅增长。在汽车节能标准法规的要求下，乘用车平均燃油经济性将继续提升，新能源汽车产量将迅速增长。

综合各种因素，预计2015年车用汽油、柴油消费将达2.28亿吨，占表观消费量的77.6%。

2. 2015年国Ⅴ燃油需求预测

为进一步加大机动车污染防治力度，部分省市如广东省珠三角地区、天津市等提前实施第五阶段国家机动车大气污染物排放标准。预计2015年国Ⅴ标准乘用车、商用车产销量将井喷式增长，由此带来的国Ⅴ标准汽油、柴油需求也大幅增加。

综合各方面因素，预计2015年满足国Ⅴ排放标准的乘用车销量约为900万辆，满足国Ⅴ排放的商用车销量约为14万辆，2015年底国Ⅴ乘用车保有量将达1 100万辆，国Ⅴ排放商用车为23万辆（燃用汽油、柴油商用车约9万辆）。测算表明，2015年国Ⅴ汽油、柴油需求约为742万吨（汽油约690万吨，柴油约52万吨）。

>> 第 2 章　行业平均燃料消耗量分析

在《乘用车企业平均燃料消耗量核算办法》的推动下，在后续奖惩管理政策出台的预期下，2014 年企业在节能技术研发和应用方面不断加大力度，车辆动力性持续提升，行业平均燃料消耗量继续下降，达标质量进一步提高，不断接近 2015 年平均燃料消耗量 6.9 L/100 km 的国家要求。同时，面临 2016 年即将实施的第四阶段《乘用车燃料消耗量评价方法及指标》，企业在提升传统能源车燃油经济性的同时，对新能源汽车的研发和投入也在不断深入，产能和产销量日益扩大，为顺利达到第四阶段企业平均燃料消耗量目标打下了良好基础。

2.1 行业平均燃料消耗量情况

◎2.1.1 行业平均燃料消耗量达标情况

1. 行业平均燃料消耗量持续降低

2014 年，行业平均燃料消耗量实际值为 7.22 L/100 km，100% 目标值为 7.52 L/100 km，实际值优于 100% 目标值 3.99%。行业平均燃料消耗量实际值逐年降低，2014 年较 2013 年降低 1.50%，而 100% 目标值逐年升高，2014 年较 2013 年升高 0.80%。从 2012 年下半年至 2014 年，行业实际值 /100% 目标值呈现稳定下降趋势，年均下降 2.15%，达标质量逐年提高，具体如图 2-1 所示。

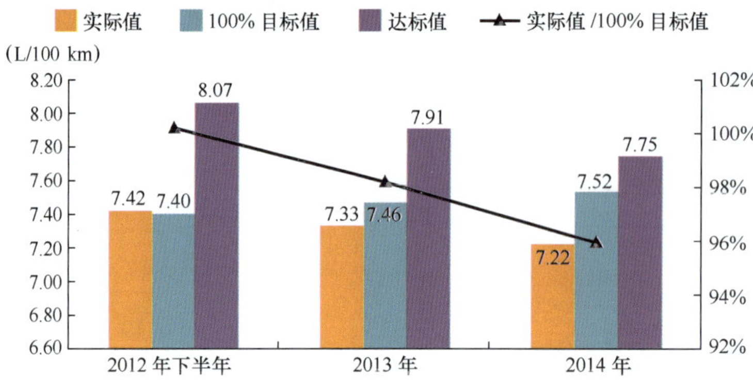

图 2-1 乘用车行业平均燃料消耗量年度变化情况

与 2013 年相比，2014 年国产乘用车燃料消耗量实际值下降 0.11 L/100 km，下降幅度为 1.52%，目标值上升 0.04 L/100 km，上升幅度为 0.68%；进口乘用车燃料消耗量实际值下降 0.3 L/100 km，下降幅度为 3.31%，目标值上升 0.10 L/100 km，上升幅度为 1.09%。国产和进口乘用车的实际值与目标值之比分别为 96.22% 和 95.22%。总体看来，国产乘用车实际值下降幅度和目标值上升幅度均低于进口乘用车，进口乘用车达标质量有明显提高，具体如图 2-2 所示。

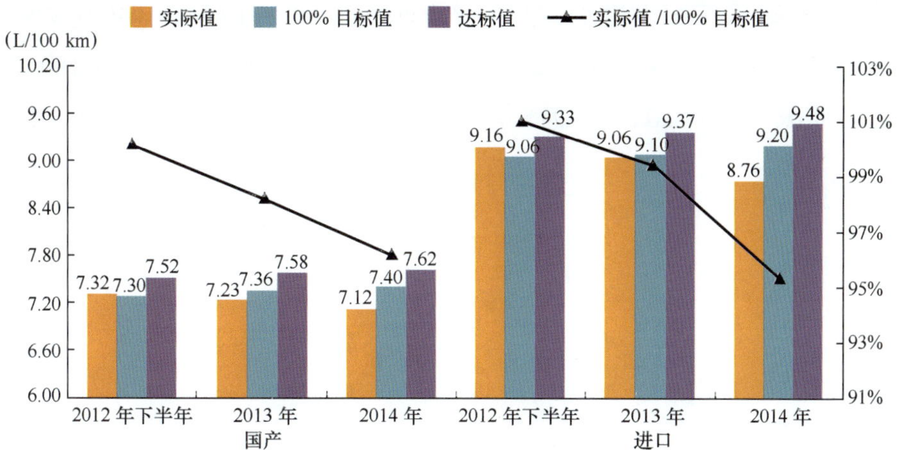

图 2-2 国产和进口乘用车平均燃料消耗量年度变化情况

2. 整备质量持续升高推动目标值增长

（1）国产乘用车整备质量上升幅度减小，进口乘用车持续走高

从 2012 年下半年至 2014 年，行业平均整备质量由 1 339 kg 上升至 1 371 kg，导致行业燃料消耗量目标值持续增高。国产乘用车平均整备质量由 1 312 kg 升至 1 340 kg，但上升幅度由 1.14% 下降至 0.98%，未来随着四阶段油耗标准法规的实施，整备质量增大趋势将有所抑制。进口乘用车平均整备质量明显高于国产乘用车，2014 年较 2013 年增长 36 kg，达 1 828 kg，具体如图 2-3 所示。

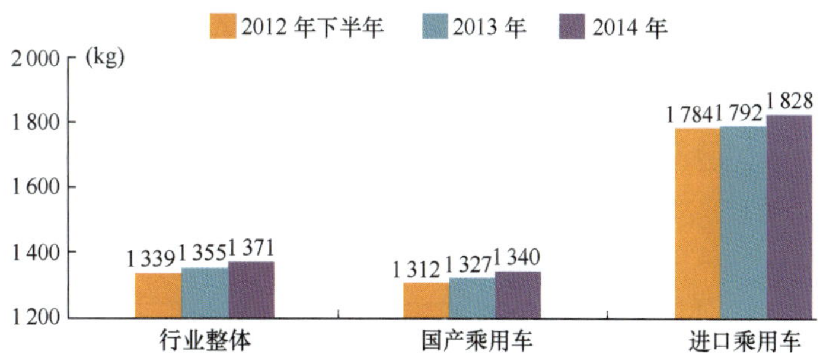

图 2-3 行业平均整备质量年度变化情况

（2）大整备质量段产量 / 进口量增加推动行业平均整备质量升高

从整备质量的分布来看，2014 年国产乘用车产量主要集中在 980 < CM ≤ 1 770 kg 整备质量区间，其中，1 205 < CM ≤ 1 320 kg 区间产量占总产量的

27.4%。较 2013 年，$1\ 090 < CM \leqslant 1\ 205$ kg 和 $1\ 430 < CM \leqslant 1\ 540$ kg 区间产量分别降低 3.12%、2.79%，而 $1\ 320 < CM \leqslant 1\ 430$ kg 和 $1\ 540 < CM \leqslant 1\ 660$ kg 区间产量分别增长 4.01%、2.03%，从而推高了国产乘用车平均整备质量，具体如图 2-4 所示。

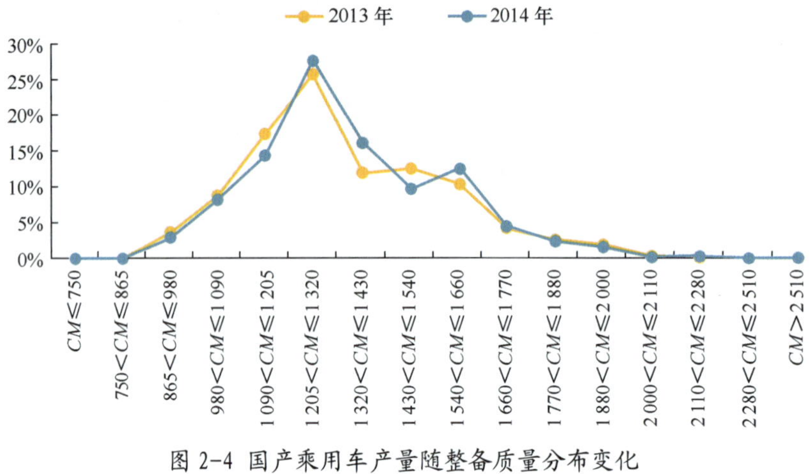

图 2-4 国产乘用车产量随整备质量分布变化

进口乘用车整备质量分布呈明显上移趋势，主要集中在 $1\ 320 < CM \leqslant 2\ 510$ kg 整备质量区间，$1\ 320 < CM \leqslant 1\ 770$ kg 整备质量区间占比下降最大，进口量最大的 $1\ 770 < CM \leqslant 1\ 880$ kg 整备质量区间增长 2.65%，且大整备质量 $1\ 880 < CM \leqslant 2\ 000$ kg 区间也呈现增长的趋势，从而导致进口乘用车整备质量增加，具体如图 2-5 所示。

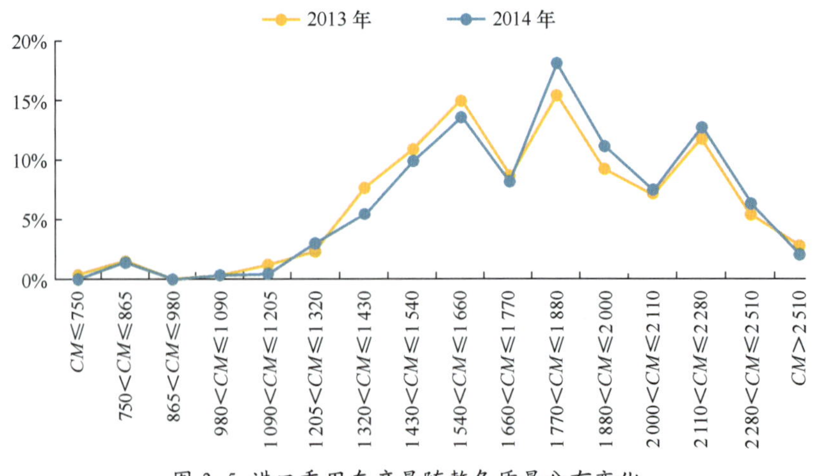

图 2-5 进口乘用车产量随整备质量分布变化

（3）国产 / 进口乘用车分车型平均整备质量变化情况

2014 年，国产乘用车中轿车的平均整备质量为 1 294 kg，较 2013 年有所上升，SUV 车型的平均整备质量为 1 528 kg，MPV 车型的平均整备质量为 1 391 kg，交叉型乘用车的平均整备质量为 1 069 kg，均呈现下降的趋势。行业平均整备质量升高的主要原因是高整备质量的 SUV 和 MPV 车型产量占比升高，具体如图 2-6 所示。

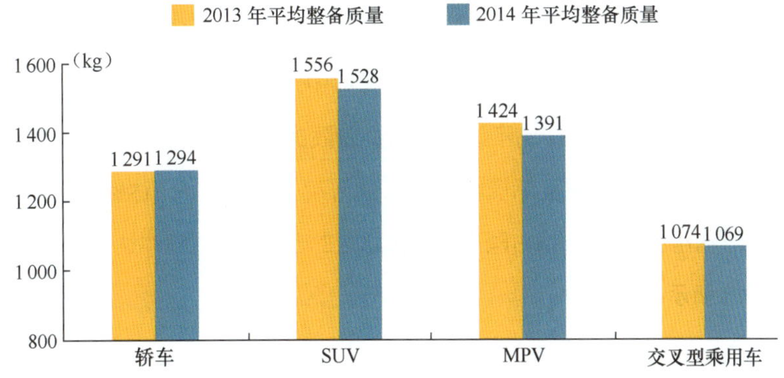

图 2-6 国产乘用车细分车型平均整备质量变化

2014 年，进口轿车平均整备质量为 1 643 kg，较 2013 年增长 2.19%；SUV 平均整备质量增长 1.7%，达 1 928 kg；MPV 的平均整备质量最高，2014 年较 2013 年增长 0.87%，达 2 017 kg。进口乘用车各车型平均整备质量均增加，且 SUV 的进口量进一步增长，推动了进口乘用车平均整备质量增加。进口乘用车细分车型平均整备质量变化如图 2-7 所示。

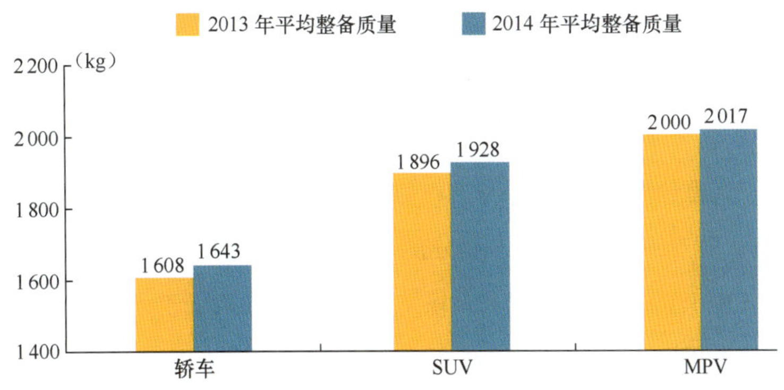

图 2-7 进口乘用车细分车型平均整备质量变化

◎2.1.2 分整备质量段燃料消耗量情况

1. 国产乘用车分整备质量段达标情况

（1）大整备质量段达标情况较差但产量较低

国产乘用车在 980 ~ 1 770 kg 的整备质量段达标情况均较好，其中，产量占比最大的 1 205 < *CM* ≤ 1 320 kg 实际值优于目标值 0.41 L/100 km，带动国产乘用车达标质量的整体提高。大于 1 770 kg 的质量段中仅 1 880 < *CM* ≤ 2 000 kg 燃料消耗量达标，其余整备质量段均不达标，且整备质量越大达标情况越差，大于 2 510 kg 质量段的平均燃料消耗量实际值超出目标值 1.77 L/100 km，达标情况最差。总体来看，不达标整备质量段的产量占国产乘用车总量的5.85%，对整体达标情况影响不大，具体如图 2-8 所示。

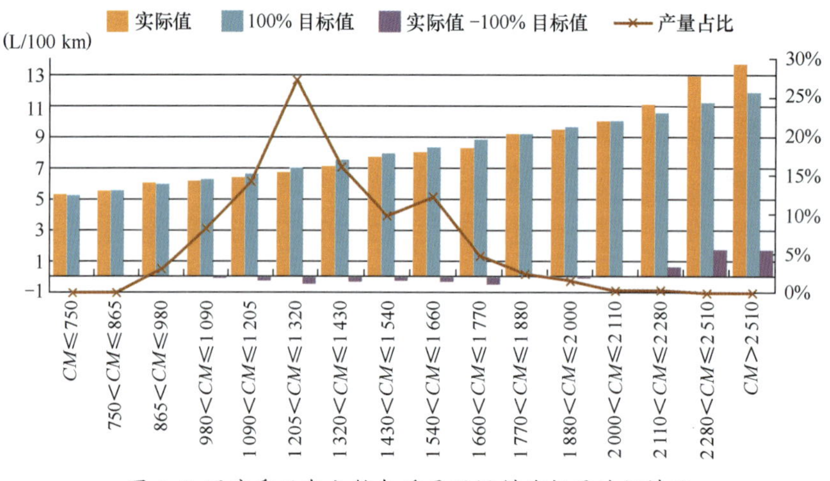

图 2-8 国产乘用车分整备质量段燃料消耗量达标情况

（2）国产车型分整备质量段平均燃料消耗量情况

2014 年，国产乘用车各细分车型分整备质量段平均燃料消耗量见表 2-1。轿车整备质量在 2 110 kg 以下，各整备质量段平均燃料消耗量均低于行业平均值。SUV 车型中，除整备质量段 1 090 < *CM* ≤ 1 205 kg 和 1 880 < *CM* ≤ 2 000 kg 平均燃料消耗量较低，其余各整备质量段平均燃料消耗量均高于行业平均值，MPV 车型也有大部分整备质量段平均燃料消耗量高于行业的平均值。交叉型乘用车整备质量在 865 <

$CM \leqslant$ 1 430 kg 范围内，平均燃料消耗量均高于行业平均值。

表 2-1 2014 年国产车型分整备质量段平均燃料消耗量

整备质量段（kg）	平均燃料消耗量（L/100 km）				
	轿车	SUV	MPV	交叉型乘用车	行业平均
$CM \leqslant 750$	5.20	—	6.90	—	5.28
$750 < CM \leqslant 865$	5.50	—	—	—	5.50
$865 < CM \leqslant 980$	5.46	—	—	6.80	6.05
$980 < CM \leqslant 1\,090$	5.97	—	7.00	6.92	6.17
$1\,090 < CM \leqslant 1\,205$	6.23	6.22	6.84	6.86	6.37
$1\,205 < CM \leqslant 1\,320$	6.51	6.72	7.25	7.39	6.67
$1\,320 < CM \leqslant 1\,430$	7.00	7.70	7.12	7.51	7.16
$1\,430 < CM \leqslant 1\,540$	7.66	7.87	7.78	—	7.74
$1\,540 < CM \leqslant 1\,660$	7.81	8.18	8.11	—	8.02
$1\,660 < CM \leqslant 1\,770$	7.59	8.79	10.10	—	8.30
$1\,770 < CM \leqslant 1\,880$	8.15	9.75	9.42	—	9.23
$1\,880 < CM \leqslant 2\,000$	8.39	9.26	10.31	—	9.54
$2\,000 < CM \leqslant 2\,110$	9.22	10.65	9.44	—	10.08
$2\,110 < CM \leqslant 2\,280$	—	12.15	10.45	—	11.16
$2\,280 < CM \leqslant 2\,510$	—	—	12.97	—	12.97
$CM > 2\,510$	—	13.68	9.70	—	13.67

2. 进口乘用车分整备质量段达标情况

（1）进口乘用车分整备质量段达标情况较好

进口乘用车仅 $980 < CM \leqslant 1\,090$ kg 整备质量段实际值超出目标值 0.85 L/100 km，其余整备质量段达标情况均较好，$1\,090 < CM \leqslant 1\,205$ kg 和 $1\,205 < CM \leqslant 1\,320$ kg 整备质量段实际值优于目标值幅度较大，分别为 1.23 L/100 km 和 1.14 L/100 km，产量占比最大的 $1\,770 < CM \leqslant 1\,880$ kg 质量段实际值优于目标值 0.34 L/100 km，

具体如图 2–9 所示。

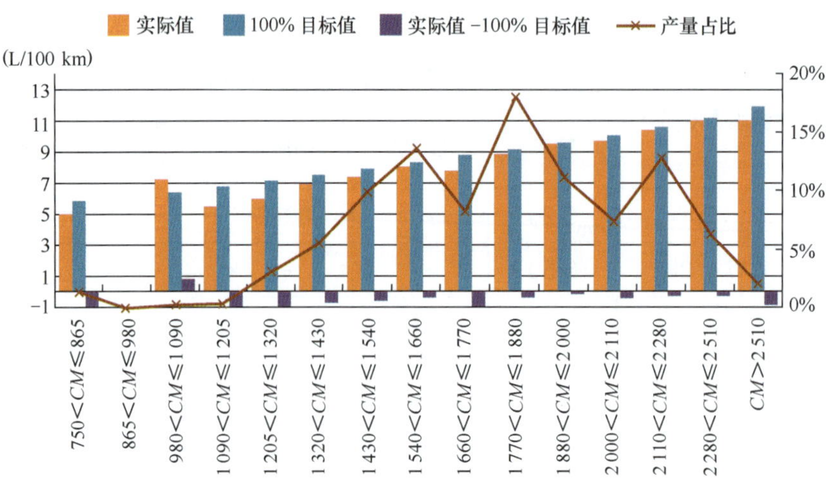

图 2-9 进口乘用车分整备质量段燃料消耗量达标情况

（2）进口车型分整备质量段平均燃料消耗量情况

2014 年，进口乘用车各细分车型分整备质量段平均燃料消耗量见表 2–2。整备质量低于 2 280 kg 的轿车燃料消耗量均较低，大于 2 280 kg 的两个质量段燃料消耗量明显高于进口乘用车平均水平。SUV 车型除大于 2 510 kg 的整备质量段以外，其他整备质量段均高于进口乘用车平均水平。MPV 在 1 660 < *CM* ≤ 2 000 kg 及 2 280 < *CM* ≤ 2 510 kg 的质量段燃料消耗量表现较好，其他质量段燃料消耗量水平均较高。

表 2-2 2014 年进口车型分整备质量段平均燃料消耗量

整备质量段	平均燃料消耗量（L/100 km）			
	轿车	SUV	MPV	行业平均
750 < *CM* ≤ 865	4.95	—	—	4.95
865 < *CM* ≤ 980	—	—	—	—
980 < *CM* ≤ 1 090	6.11	7.34	—	7.29
1 090 < *CM* ≤ 1 205	5.52	7.00	—	5.56
1 205 < *CM* ≤ 1 320	6.02	6.96	—	6.06

续表

整备质量段	平均燃料消耗量（L/100 km）			
	轿车	SUV	MPV	行业平均
1 320 < *CM* ≤ 1 430	6.76	7.43	—	6.90
1 430 < *CM* ≤ 1 540	6.58	8.18	8.08	7.44
1 540 < *CM* ≤ 1 660	7.55	8.44	8.36	8.04
1 660 < *CM* ≤ 1 770	7.04	8.65	7.00	7.84
1 770 < *CM* ≤ 1 880	8.59	8.92	8.64	8.86
1 880 < *CM* ≤ 2 000	9.02	9.82	9.39	9.49
2 000 < *CM* ≤ 2 110	8.85	11.03	10.70	9.73
2 110 < *CM* ≤ 2 280	10.17	10.35	10.40	10.34
2 280 < *CM* ≤ 2 510	11.62	10.99	10.63	10.94
CM > 2 510	15.02	10.89	—	11.09

◎2.1.3 车型燃料消耗量达标情况

2014 年 12 月，国家质检总局和国家标准化管理委员会正式发布了 GB 19578-2014《乘用车燃料消耗量限值》和 GB 27999-2014《乘用车燃料消耗量评价方法及指标》，并于 2016 年开始实施，新的国家标准（四阶段）继续在现阶段标准（三阶段）基础上加严。对国产和进口各车型达到三阶段和四阶段标准的情况进行分析，有助于评估现阶段的达标水平，同时预判未来的达标压力。

1. 国产车型燃料消耗量达标情况

（1）达标车型情况不乐观

2014 年，达到三阶段标准的国产车型共 2 216 款，占车型总数的 64.1%，达标车型产量占国产车型总产量的 74.2%，目前仍有 25.8% 的不达标车型在产。从国产车型燃料消耗量分布情况（如图 2-10 所示）来看，大整备质量车型实际值和目标值差距较大，未来达标较困难。2014 年达到四阶段标准的车型仅 10 款，分别为非插电式混合动力车丰田凯美瑞和普锐斯以及东风小康柴油车 F506，随着四阶段标准实施时间的迫近，企业在提升产品节能性、降低平均燃料消耗量方面须进一步加大力度。

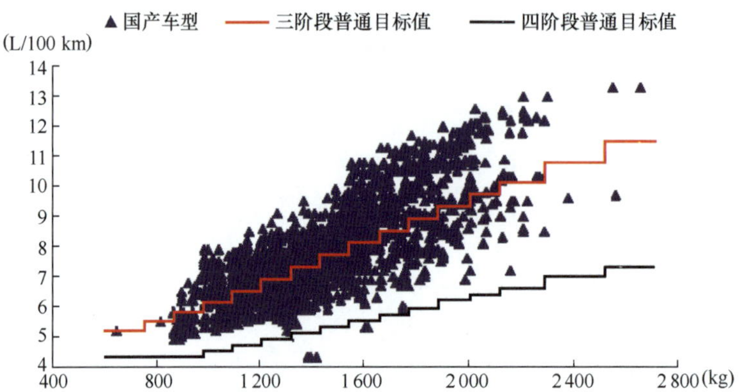

注：三阶段普通目标值为三排以下手动挡车型的目标值，四阶段普通目标值为三排以下车型目标值。

图 2-10 国产车型燃料消耗量分布情况

（2）新增车型达标情况

2014 年，国产新增车型平均燃料消耗量实际值为 7.16 L/100 km，高于行业平均水平，但由于受市场需求影响，新增车型大型化趋势明显，导致目标值明显高于已有车型，最终新增车型实际值 /100% 目标值为 93.84%，优于国产乘用车平均水平，具体如图 2-11 所示。

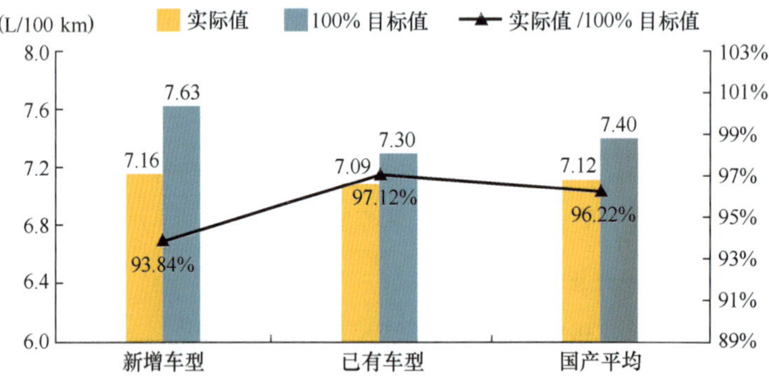

图 2-11 国产新增车型燃料消耗量达标情况

2. 进口车型燃料消耗量达标情况

（1）进口车型达标情况较国产车有一定差距

2014 年，共 474 个进口车型达到三阶段燃料消耗量标准，占进口车型总数的 50.7%，达标车型产量占进口总量的 69.4%，和国产车型达标情况相比还有一定差距，且从进口车型燃料消耗量分布情况来看，部分跑车实际值和三阶段标准目标值差异较大，若不进行节能技术升级，未来将难以达到四阶段燃料消耗量目标值。目前达到四阶段标准的车型共 15 款，同样来自于非插电式混合动力汽车和柴油车，分别为雷克萨斯、揽胜、起亚 K5、现代索纳塔、奥迪 A8L 以及宝马 X5，具体如图 2-12 所示。

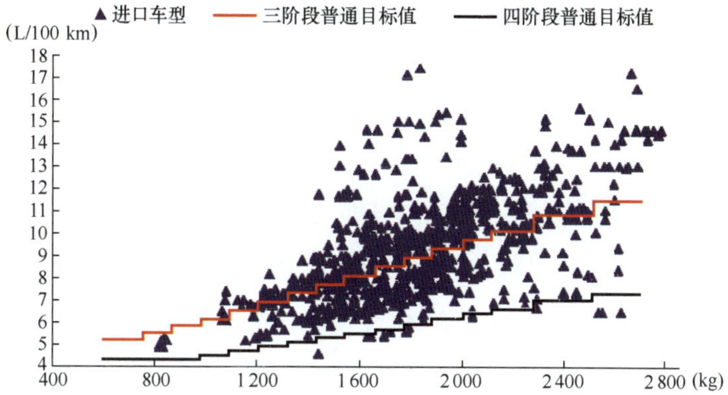

注：三阶段普通目标值为三排以下手动挡车型的目标值，四阶段普通目标值为三排以下车型目标值。

图 2-12 进口车型燃料消耗量分布情况

（2）新增车型达标情况

2014 年，进口新增车型平均燃料消耗量实际值为 8.55 L/100 km，低于进口企业平均水平。同时，新增车型的目标值为 9.39 L/100 km，高于进口企业平均水平，新增车型实际值 /100% 目标值为 91.05%，明显优于进口乘用车平均燃料消耗量水平，具体如图 2-13 所示。

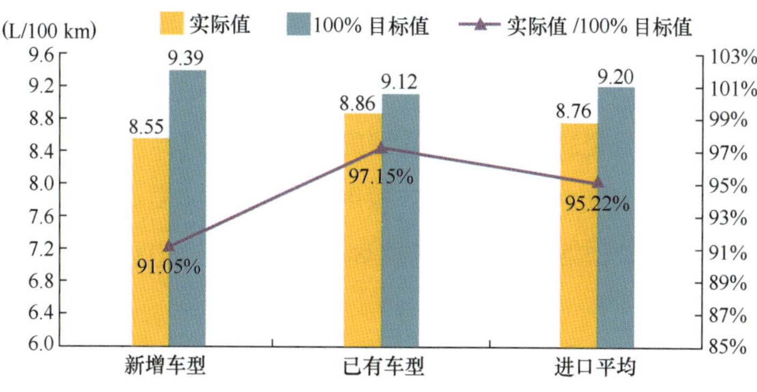

图 2-13 进口新增车型燃料消耗量达标情况

2.2 车辆技术指标变化情况

◎2.2.1 行业平均排量不断升高

1. 国产乘用车推动行业平均排量升高

2012 年下半年至 2014 年，行业平均排量平稳上升，由 1 672 ml 增长至 1 697 ml。其中，国产乘用车平均排量变化趋势和行业变化保持一致，2014 年升高至 1 646 ml，较 2012 年下半年增长 1.42%；进口乘用车平均排量由 2012 年下半年的 2 481 ml 快速下降至 2013 年的 2 458 ml，2014 年又微幅下降至 2 453 ml，具体如图 2-14 所示。

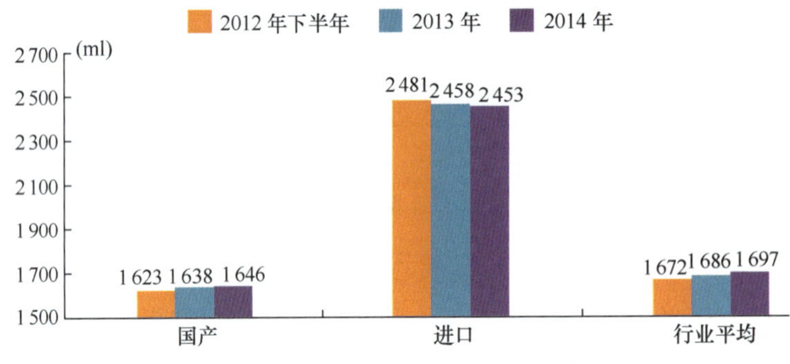

图 2-14 行业平均排量年度变化情况

2. 国产和进口乘用车排量分布存在较大差异

国产乘用车和进口乘用车的消费人群存在一定差异，购置进口乘用车的人群普遍收入较高，对燃料消耗量的敏感度低于购置国产乘用车的人群，这导致国产乘用车和进口乘用车排量分布有着显著差别，国产乘用车平均排量主要集中在 1.3 ~ 1.6 L 和 1.8 ~ 2.0 L 区间，而进口乘用车平均排量主要集中在 1.8 ~ 2.0 L 和2.5 ~ 3.0 L 区间，具体如图 2-15 所示。

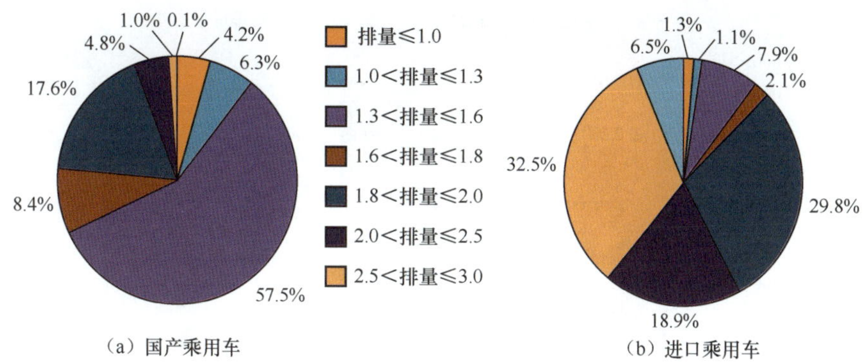

图 2-15 2014年国产和进口乘用车排量分布情况

3. 国产和进口乘用车分车型排量变化情况

从细分车型来看，2013 ~ 2014 年国产轿车平均排量微幅增长，但产量降低 4.1%，平均排量增长的还有交叉型乘用车，2014 年增长 1.95%，产量占比也呈现降低趋势。SUV 和 MPV 的平均排量分别下降 4.46% 和 1.97%。由于 SUV 平均排量相对其他车型较高，且产量呈上升趋势，最终带动整个国产乘用车平均排量的升高，具体如图 2-16 所示。

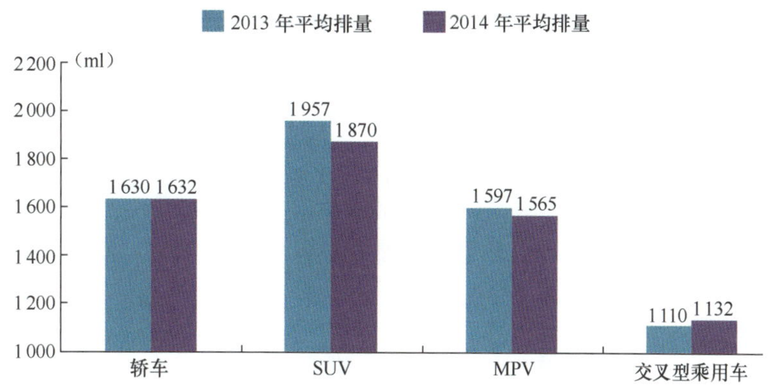

图 2-16 国产乘用车分车型平均排量变化情况

进口轿车的平均排量升高 1.61%，2014 年达 2 260 ml。SUV 排量较高，2014 年较 2013 年下降 0.97%。MPV 平均排量下降速度较快，2014 年下降 7.89%，达 2 422 ml，已低于 SUV 平均排量。SUV 和 MPV 平均排量下降共同导致进口乘用车平均排量下降，但由于产量占比较高的 SUV 下降幅度较小，因此，进口乘用车排量整体下降速度也较慢，具体如图 2-17 所示。

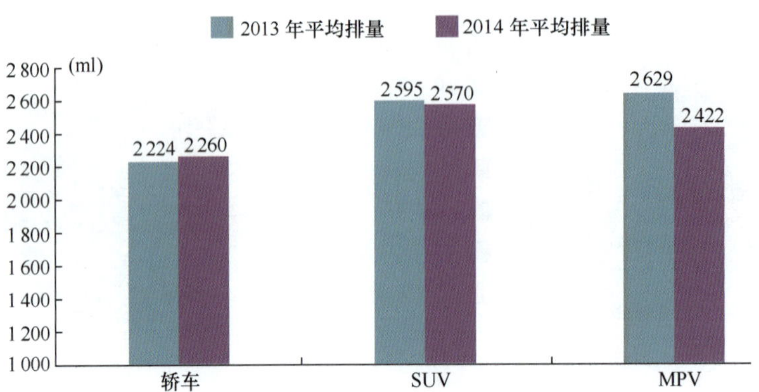

图 2-17 进口乘用车分车型平均排量变化情况

◎2.2.2 行业平均功率稳步上升

1. 行业平均功率稳步上升

2012 年下半年至 2014 年，行业平均功率由 94.0 kW 逐步上升至 100.2 kW，其中，国产和进口乘用车平均功率均呈现上升趋势。2014 年国产乘用车平均功率上升 3.14%，达 95.4 kW；进口乘用车平均功率上升 2.65%，达 169.9 kW；行业平均功率升高 3.52%，具体如图 2-18 所示。

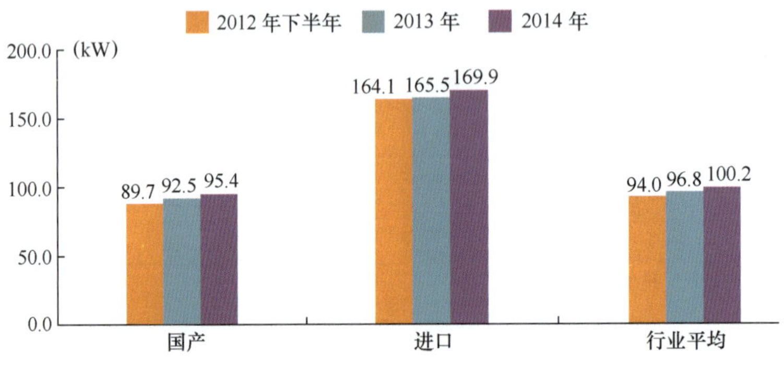

图 2-18 乘用车行业平均功率变化情况

2. 高增长的 SUV 车型带动国产平均功率升高

2014 年，轿车和交叉型乘用车平均功率较 2013 年均有所提升，分别达到 94.5 kW 和 56.1 kW。SUV 车型的平均功率最高，2014 年为 114.9 kW，较 2013 年有小幅度的下降；平均功率同样呈下降趋势的还有 MPV 车型，由 2013 年的 84.6 kW 下降至 83.9 kW。总体来说，国产企业平均功率的增长，主要原因在于功率较高的 SUV 车型的增速和占比较大，具体如图 2-19 所示。

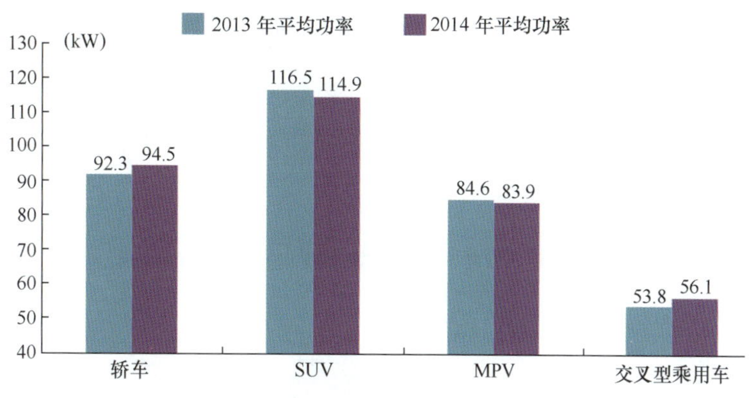

图 2-19　国产乘用车细分车型平均功率变化情况

3. 进口轿车和 SUV 平均功率均上涨

无论是轿车、SUV 还是 MPV，进口乘用车平均功率都明显高于国产乘用车。轿车功率升高 4.73%，达 164.2 kW。SUV 平均功率为 173.9 kW，不同于国产 SUV，进口 SUV 平均功率呈增长趋势。MPV 平均功率下降到 159.5 kW，已低于轿车的平均水平，但由于其产量占比相对较小，没有改变进口乘用车平均功率升高的趋势，具体如图 2-20 所示。

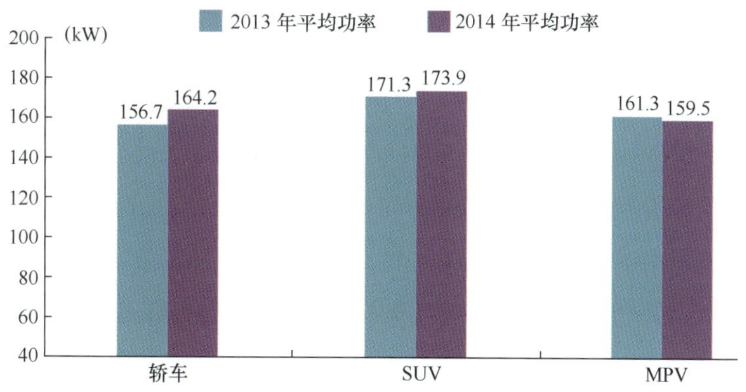

图 2-20　进口乘用车细分车型平均功率变化情况

◎2.2.3 行业平均扭矩逐步增大

1. 行业平均扭矩呈增大态势

2012 年下半年至 2014 年，行业平均扭矩呈现明显的增长趋势，且增幅不断扩大，2013 年较 2012 年下半年增长 2.75%；2014 年较 2013 年增长 4.11%，达 184.1 Nm。2014 年，国产乘用车平均扭矩为 175.1 Nm；进口乘用车平均扭矩为 316 Nm，高出国产乘用车近一倍，具体如图 2-21 所示。

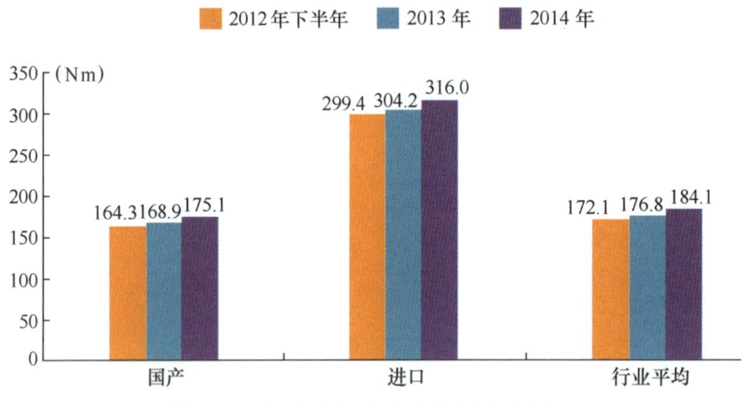

图 2-21 乘用车行业平均扭矩变化情况

2. 国产和进口乘用车产品均向大扭矩区间偏移

从 2013 ~ 2014 年分扭矩区间的产量变化趋势上看，150 Nm 以下的产量不断减小，150 Nm 以上的产量占比在提高，其中，150 <扭矩≤ 200 Nm 产量占比由 37.3% 上升至 38.2%，200 <扭矩≤ 250 Nm 产量占比由 13.9% 上升至 15.8%，随着消费者对动力性的要求不断提高，国产乘用车产品向大扭矩区间偏移，具体如图 2-22 所示。

进口乘用车扭矩分布和国产乘用车有较大差距，其主要分散于 150 Nm 以上扭矩段中，在国产乘用车中产量占比极少的 250 Nm 以上扭矩段中，进口乘用车占比为 64.9%，尤其是扭矩大于 350 Nm 的占比最高，达 29.3%。同时，从 2013 年至 2014 年变化情况来看，300 Nm 以下的扭矩段进口量占比逐步降低，而 300 Nm 以上进口量占比不断提高，和国产乘用车发展趋势相同，产品向大扭矩段偏移，具体如图 2-23 所示。

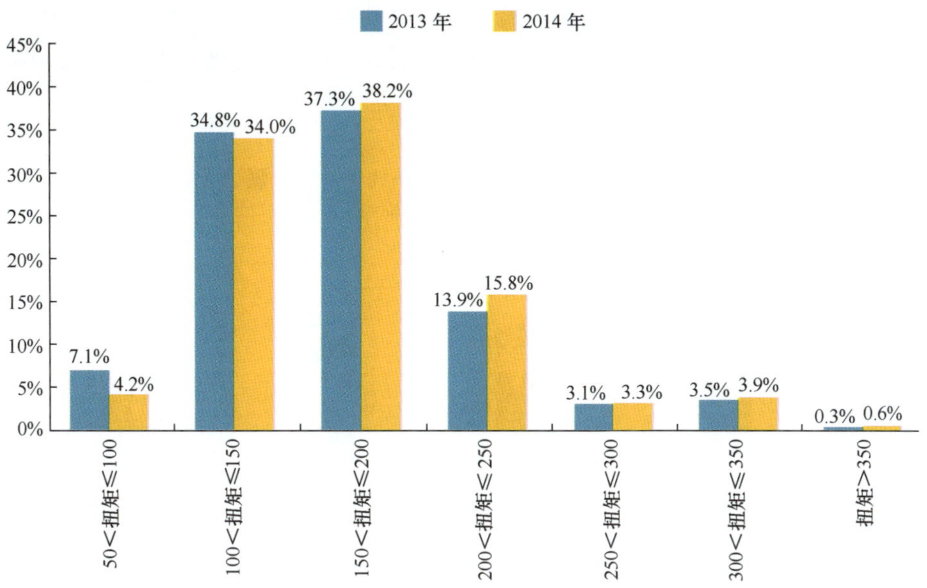

图 2-22 国产乘用车分扭矩段产量变化情况

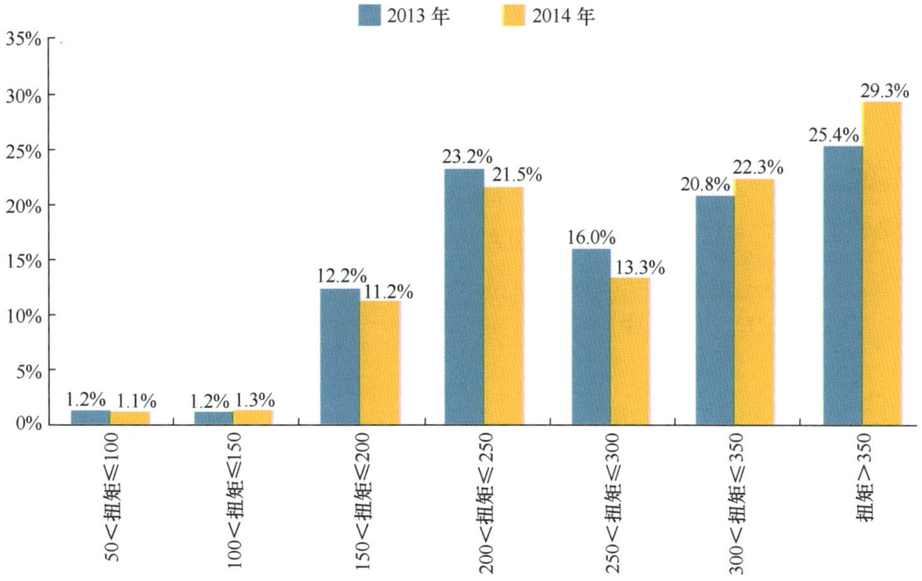

图 2-23 进口乘用车分扭矩段进口量变化情况

3. 国产和进口各车型扭矩分布存在较大差异

国产轿车扭矩主要集中在 100 ~ 150 Nm 和 150 ~ 200 Nm 区间内，产量共占 78%；SUV 扭矩集中在 150 ~ 200 Nm 和 200 ~ 250 Nm 区间内，占比分别

为 41.6% 和 31.9%；MPV 车型扭矩在 100 ~ 150 Nm 区间产量高达 76.6%，另有 12.1% 车型产量集中在 150 ~ 200 Nm 区间内；而交叉型乘用车主要集中在 50 ~ 150 Nm 的小扭矩区间内，具体如图 2-24 所示。

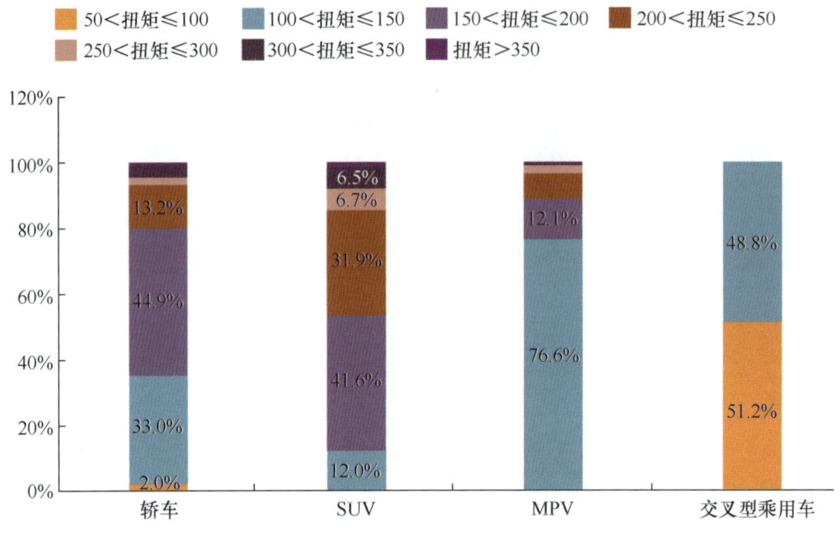

图 2-24 国产乘用车分车型扭矩段占比情况

进口乘用车各车型分布情况相似，多分散于大于 150 Nm 的各区间段内，但 SUV 在 300 Nm 以上区间内占比较高，尤其是大于 350 Nm 区间内占比达 32%，具体如图 2-25 所示。

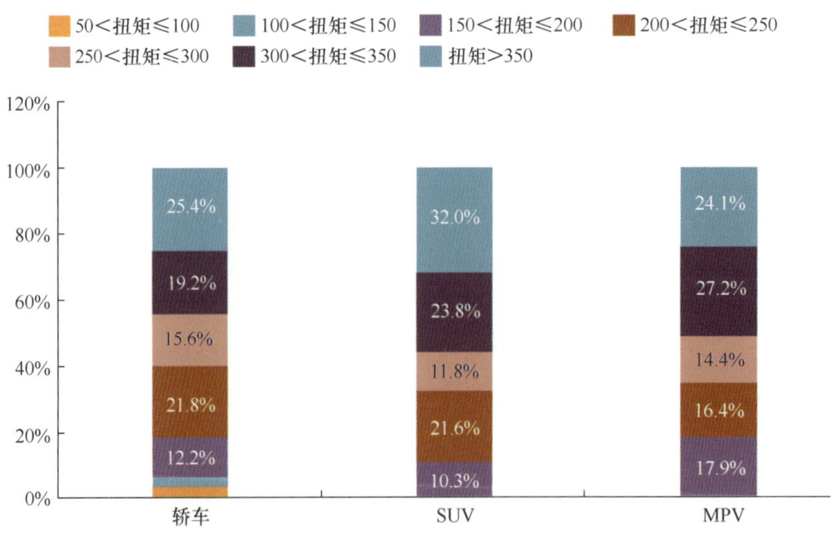

图 2-25 进口乘用车分车型扭矩段占比情况

◎2.2.4 功率 / 整备质量保持增长

功率 / 整备质量体现单位整备质量输出功率的大小，数值越大则代表车辆的动力性能越强。整备质量相近的车型，功率越大则动力性能越强；功率相近的车型，整备质量越小则动力性越强。

1. 行业功率 / 整备质量逐步提升

2012 年下半年至 2014 年，行业功率 / 整备质量由 68.6 kW/1 000 kg 逐步增长至 71.6 kW/1 000 kg，车辆动力性不断提升。其中，国产乘用车功率 / 整备质量发展趋势和行业保持一致，2014 年较 2013 年增长 2.4%；进口乘用车功率 / 整备质量增长缓慢，2012 年下半年至 2013 年一度出现下滑趋势，具体如图 2-26 所示。

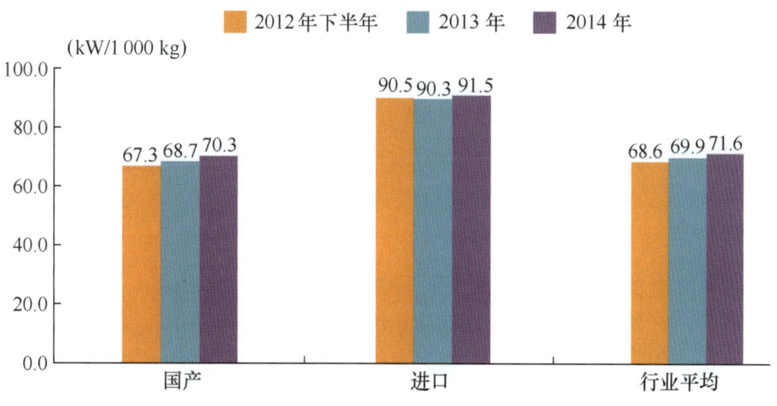

图 2-26 行业平均功率 / 整备质量年度变化情况

2. 国产轿车动力性明显提高

从细分车型的角度来看，SUV 车型的动力性能最好，2014 年功率 / 整备质量达 74.7 kW/1 000 kg，但增长较为缓慢，基本和 2013 年持平；轿车的功率 / 整备质量仅次于 SUV，2014 年为 72.2 kW/1 000 kg，较 2013 年有明显的提升；MPV 和交叉型乘用车的功率 / 整备质量较低，2014 年较 2013 年有增长的趋势，具体如图 2-27 所示。

从细分轿车级别角度看，级别越高，功率 / 整备质量越大，车辆动力性越好。除豪华型车功率 / 整备质量有所下滑，其他级别车均呈现上升趋势。小型车上升幅度较大，

2014 年功率 / 整备质量达 70.5 kW/1 000 kg，已超过紧凑型车，紧凑型车功率 / 整备质量也有所提升，同时产量最大且占比提高，决定了轿车整体功率 / 整备质量的提升，具体如图 2-28 所示。

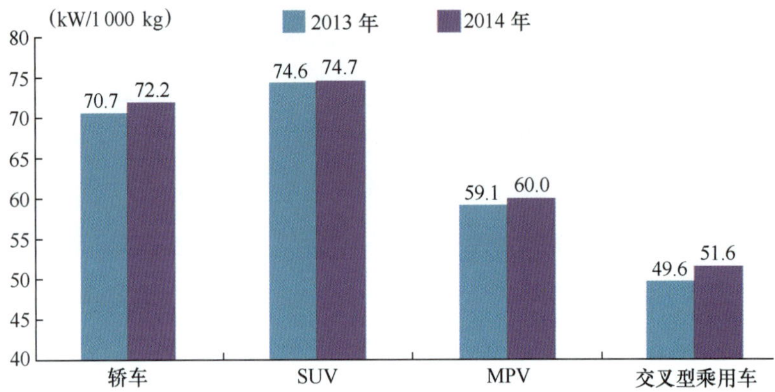

图 2-27 国产分车型平均功率 / 整备质量变化

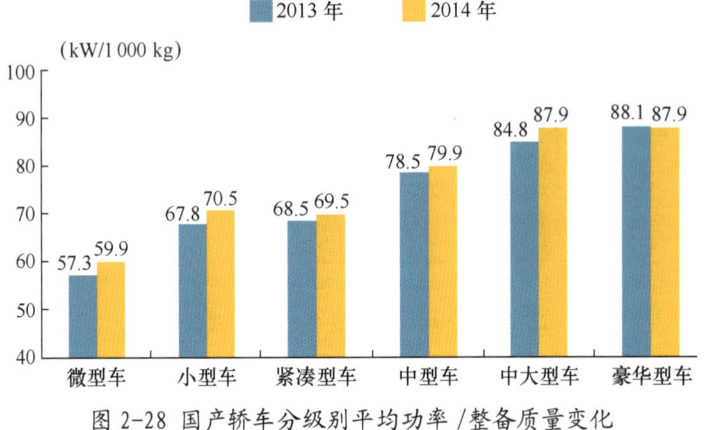

图 2-28 国产轿车分级别平均功率 / 整备质量变化

3. 进口轿车和 SUV 功率 / 整备质量有所提高

进口乘用车中，轿车平均功率 / 整备质量最高，2014 年同比增长 2.76%，达 97.0 kW/1 000 kg，车辆动力性较高；SUV 功率 / 整备质量为 89.0 kW/1 000 kg，增长速度较慢；MPV 功率 / 整备质量不升反降，在各车型中最低，但由于进口量不多，因此，不影响进口乘用车平均功率 / 整备质量的增长，具体如图 2-29 所示。

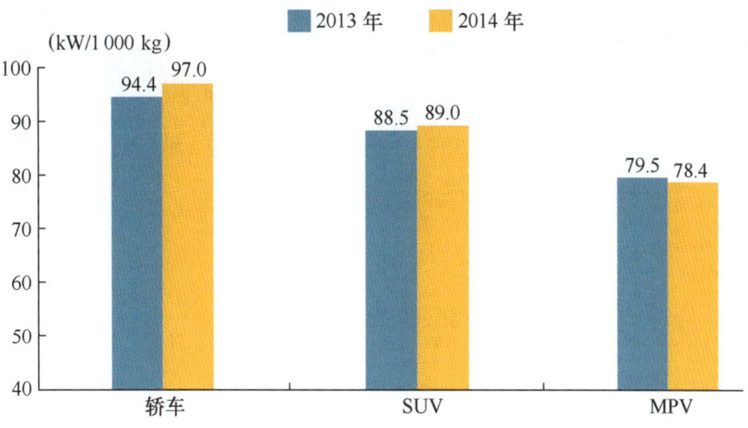

图 2-29 进口分车型平均功率 /整备质量变化

◎ 2.2.5 功率 / 排量逐步提升

功率 / 排量即升功率，表示单位气缸工作容积的利用率，数值越大表示单位气缸工作容积所发出的功率越大。排量相近车型，功率越大，则发动机的功率 / 排量越高；功率相近的车型，排量越小，则单位气缸工作容积输出的功率越大，发动机功率 / 排量越高。得益于增压技术的成熟和大范围应用，功率 / 排量这一指标增长较大。

1. 行业功率 / 排量逐步提升

自 2012 年以来，功率 / 排量呈现逐年上升趋势，即相同排量下的乘用车发动机功率逐年增大，并且上升幅度也逐步提高，2014 年达 58.3 kW/L。其中，国产乘用车发动机总体性能在功率 / 排量方面低于进口乘用车，但国产车上升幅度高于进口乘用车，2014 年较 2013 年上升 3%，达 57.6 kW/L，具体如图 2-30 所示。

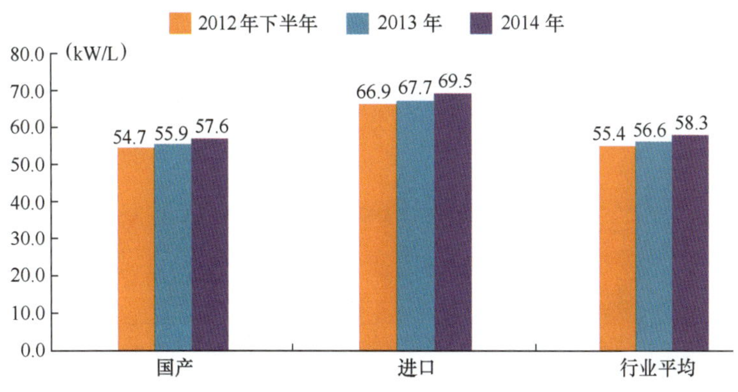

图 2-30 行业平均功率/排量年度变化情况

2. 国产各车型功率 / 排量均有所提升

SUV 车型的发动机工作效率最高，功率 / 排量为 62.1 kW/L，较 2013 年有明显的增长，拉高了国产乘用车整体的功率 / 排量；轿车的功率 / 排量为 57.5 kW/L，仅次于 SUV 车型；MPV 和交叉型乘用车的功率 / 排量相对较低，但也呈现出明显的增长态势，具体如图 2-31 所示。

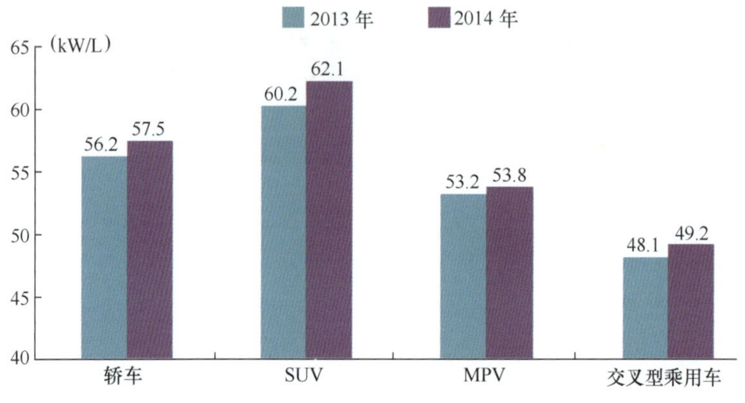

图 2-31 国产分车型平均功率/排量变化

轿车级别越高，功率 / 排量越大。豪华型车依然以较高的功率 / 排量值稳居国产车型发动机性能榜首；中大型车排量 / 功率由 2013 年的 65.4 kW/L 增长至 2014 年的 68.9 kW/L，上升幅度为 5.35%，高于其他级别轿车；中型车增长速度紧随其后，2014 年增长 3.59%，达 63.4 kW/L；产量占比最大的紧凑型车增长较为缓慢，2014 年增长至 55.7 kW/L，具体如图 2-32 所示。

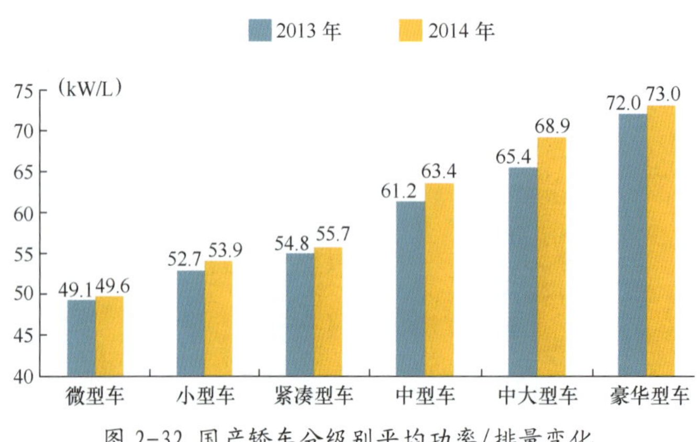

图 2-32 国产轿车分级别平均功率/排量变化

3. 进口各车型功率 / 排量均有所提升

2014 年，各车型平均功率 / 排量均呈现上升的趋势。轿车平均功率 / 排量为 72.3 kW/L，同比增长 3.07%；SUV 略低于轿车，较 2013 年增长 2.15%，达 68 kW/L；MPV 的平均功率 / 排量最低，为 66.1 kW/L，但上升幅度最快，逐步和 SUV 缩小差距，具体如图 2-33 所示。

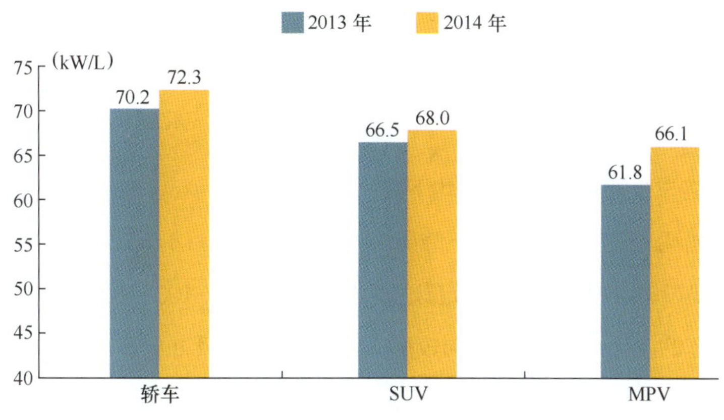

图 2-33 进口分车型平均功率/排量变化

◎ 2.2.6 油耗 / 整备质量逐渐降低

一般情况下，车辆越重，则汽车行驶过程中克服的阻力越大，所需的油耗也越高。因此，油耗 / 整备质量表示单位整备质量油耗的大小。数值越小，则表示车辆的燃油经济性越好。

1. 行业油耗 / 整备质量逐渐降低

自 2012 年以来，油耗 / 整备质量呈现逐年下降趋势，即相同整备质量下的乘用车平均燃料消耗量逐年减少，并且下降幅度越来越大。其中，国产乘用车油耗 / 整备质量年均下降 2.5%；进口乘用车年均下降 3.2%；行业平均油耗 / 整备质量年均下降 2.5% 左右，2014 年达 5.3 L/t·100 km，车辆的燃油经济性显著提升，具体如图 2-34 所示。

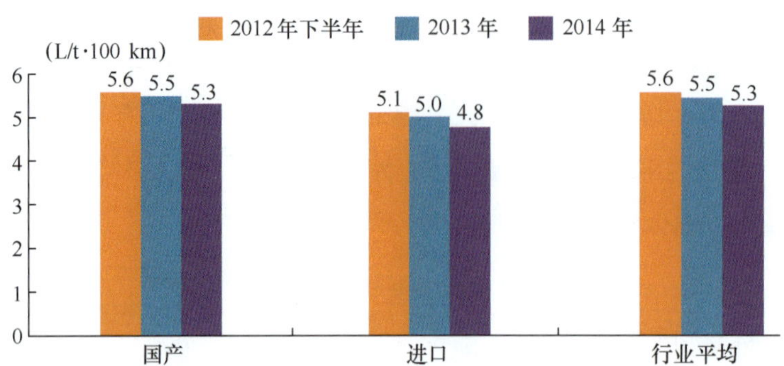

图 2-34 行业平均油耗 / 整备质量年度变化情况

2. 国产各车型油耗 / 整备质量均下降

轿车的油耗 / 整备质量最低且下降最快，2014 年较 2013 年下降 3.7%，达 5.2 L/t·100 km；SUV 和 MPV 油耗 / 整备质量则分别下降至 5.3 L/t·100 km 和 5.5 L/t·100 km；交叉型乘用车的油耗 / 整备质量相对较高，单位整备质量耗油更多，燃油经济性较差，具体如图 2-35 所示。

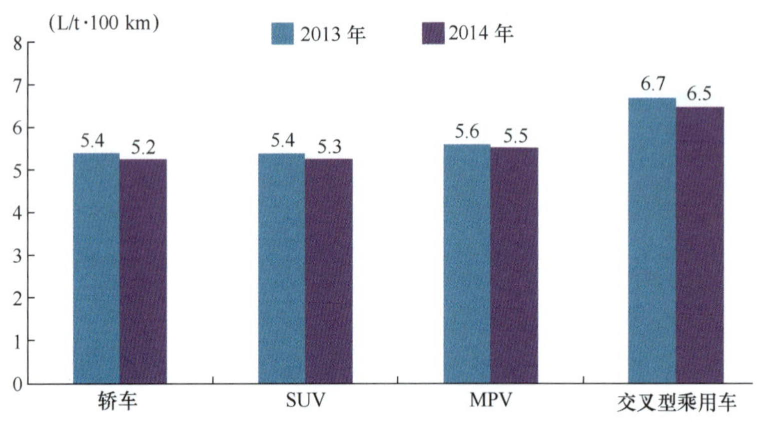

图 2-35 国产分车型平均油耗 / 整备质量变化

轿车级别越高，油耗 / 整备质量越低，燃油经济性越好。豪华型车油耗 / 整备质量仅为 4.1 L/t·100 km，而微型车油耗 / 整备质量最高，达 6.0 L/t·100 km。各级别的油耗 / 整备质量均下降，燃油经济性逐步提升，具体如图 2-36 所示。

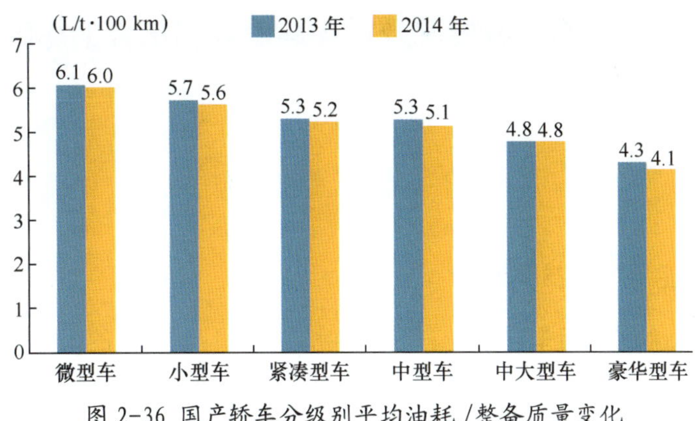

图 2-36 国产轿车分级别平均油耗 / 整备质量变化

3. 进口轿车油耗 / 整备质量最低

进口乘用车中，轿车的油耗 / 整备质量最低，且下降幅度最快；MPV 油耗 / 整备质量高于轿车，下降速度最为缓慢；SUV 的油耗 / 整备质量最大，并保持一定的下降速度，单位整备质量所耗油相对于轿车和 MPV 较多，具体如图 2-37 所示。

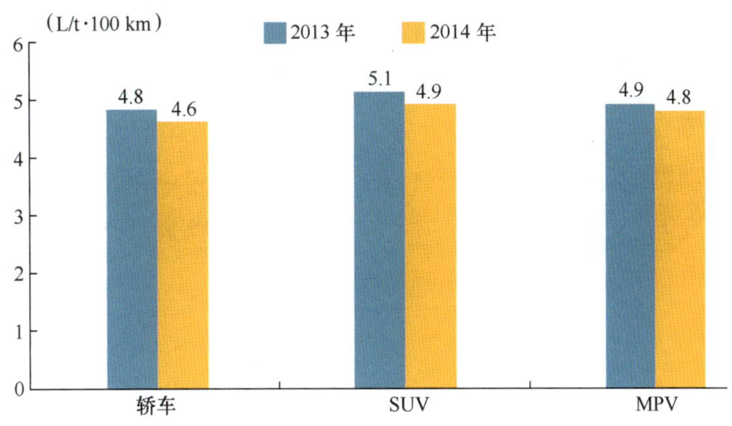

图 2-37 进口分车型平均油耗 / 整备质量变化

2.3 新能源汽车的发展情况及对燃料消耗量核算的影响

◎ 2.3.1 新能源汽车发展情况

2014 年新能源乘用车发展迅速，占乘用车总产量 / 进口量的比例由 2013 年的 0.05% 上升至 0.24%。其中，国产新能源乘用车占比由 99.42% 下降至 88.79%，进口企业加快了新能源汽车的引进速度。

从新能源汽车内部结构看，插电式混合动力的发展速度快于纯电动汽车，2014 年插电式混合动力和纯电动汽车的增长率分别为 2 615% 和 254%，插电式混合动力的份额也由 6.5% 上升至 34.9%，具体如图 2-38 所示。

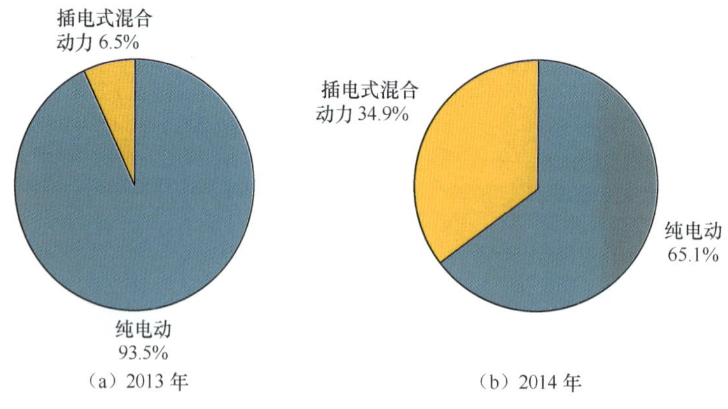

图 2-38 新能源乘用车细分技术类型市场比例

1. 插电式混合动力汽车

插电式混合动力汽车最主要的两家生产企业为比亚迪汽车和上汽乘用车，2014 年两家企业占据了全部插电式混合动力汽车产量的 94.58%，其中，比亚迪占据了插电式混合动力汽车 77% 以上的份额。

国产插电式混合动力汽车续驶里程一般在 50 ~ 70 km 区间内，因此，在计算企业平均燃料消耗量是否达到国家目标时，可以按照 5 倍核算，其中，油耗最低的为比亚迪秦，百公里综合工况油耗达到了 1.6 L/100 km。

进口插电式混合动力汽车中仅有宝马的 i3 和 i8 能够在计算是否达到国家目标时享受到核算优惠，宝马 i3 的纯电续驶里程甚至达到了 168 km，超过了一般纯电动汽车的续驶里程。主要插电式混合动力汽车品牌见表 2–3。

表 2-3 主要插电式混合动力汽车品牌

汽车类型	品牌	续驶里程（km）	油耗实际值（L/100 km）	核算倍数（计算国家目标）
国产	比亚迪秦	70	1.6	5
	荣威 550	58	2.3	5
	传祺	50	2.4	5
	宝马 5 系	58	2.0	5
	比亚迪 M3	55	2.2	5
	比亚迪唐	85	2.0	5
进口	帕纳美拉 S	36	3.2	1
	宝马 i3	168	0.7	5
	宝马 i8	37	2.1	3
	凯宴 S	38	3.4	1
	迈凯伦 P1	10	8.3	1
	918 斯派德	31	3.3	1

相比于 2013 年，插电式混合动力汽车的多项指标参数均有提高。在平均整备质量基本保持不变的前提下，平均排量、平均功率、平均续驶里程都有了大幅度提高，但平均油耗却下降了 25.2%，达到了 1.8 L/100 km，插电式混合动力汽车主要参数变化见表 2–4。

表 2-4 插电式混合动力汽车主要参数变化

指标	2013 年	2014 年	增长
平均整备质量（kg）	1 708	1 723	0.9%
平均排量（ml）	1 229	1 520	23.7%

续表

指标	2013 年	2014 年	增长
平均功率（kW）	75.3	110.0	45.9%
平均续驶里程（km）	62	68	9.2%
平均油耗（L/100 km）	2.4	1.8	-25.2%

2. 纯电动汽车

2013 ~ 2014 年，生产纯电动汽车的企业由 11 家上升为 18 家，进口纯电动汽车的企业由 1 家上升为 4 家。湖南江南汽车的主要产品为众泰云 100 和知豆；奇瑞汽车的主要产品为 QQ3；安徽江淮和比亚迪汽车工业的主要产品分别为和悦和比亚迪 E6；特斯拉纯电动汽车占据了进口纯电动汽车的 98.0%。

2013 年，中国生产或进口的纯电动汽车续驶里程大部分都低于 80 km。2014 年政府出台了新能源汽车免征购置税政策，其中规定仅对续驶里程大于等于 80 km 的纯电动汽车免征购置税，这对纯电动汽车续驶里程的增加起到了重要的推动作用，2014 年纯电动汽车的续驶里程由 2013 年的 110 km 大幅上升至 178 km。2013 ~ 2014 年纯电动汽车按续驶里程分布如图 2-39 所示。

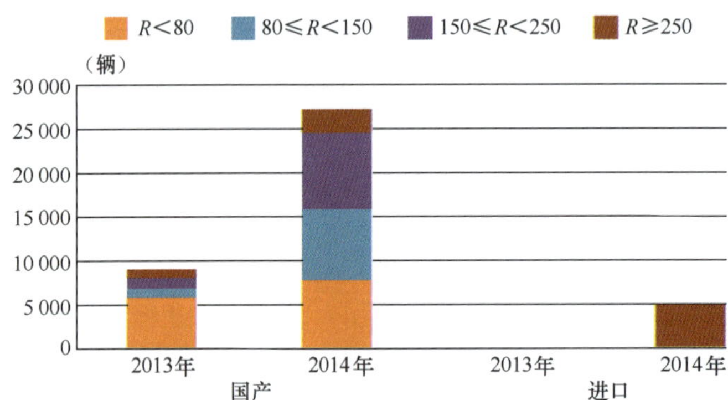

图 2-39 2013 ~ 2014年纯电动汽车按续驶里程分布

◎ 2.3.2 对燃料消耗量核算的影响

1. 对行业核算的影响

虽然新能源汽车产量 / 进口量较小，但从 2014 年开始，对行业平均燃料消耗量的影响正在逐渐加大。新能源汽车核算对行业核算的影响由 2013 年的 0.01 L/100 km 增加至 0.09 L/100 km。尤其是对进口汽车的核算影响更大，在计入新能源汽车后，进口车企业燃料消耗量实际值下降了 0.17 L/100 km，具体见表 2-5。

表 2-5 2013 ~ 2014 年计入新能源乘用车对核算的影响

车辆类型	2013 年（L/100 km）			2014 年（L/100 km）		
	不计新能源	计入新能源	差值	不计入新能源	计入新能源	差值
国产企业	7.23	7.21	0.02	7.12	7.04	0.08
进口企业	9.06	9.06	0.00	8.76	8.59	0.17
行业	7.33	7.32	0.01	7.22	7.13	0.09

2. 对企业核算的影响

虽然三阶段在核算企业平均燃料消耗量时并不计入新能源汽车，但在四阶段核算时，新能源汽车将会被计入其中，研究新能源汽车对企业核算的影响也能在一定程度上反映汽车企业在产品布局上的调整。从 2014 年新能源汽车产量 / 进口量较大的企业中可以发现以下特点。

（1）自主企业对新能源汽车的热情高于合资和进口企业

新能源汽车产量 / 进口量排名前 8 位的企业中，除特斯拉和东风汽车有限公司外，全部为自主企业，并且总量占比达到了 82.0%，合资和进口企业发展新能源汽车的步伐缓慢。

（2）企业发展路线不同

奇瑞汽车、江淮汽车新能源车型全部为纯电动车，比亚迪和上海汽车集团则是纯电动和插电式混合动力同时发展，这与企业前期技术积累和对政策的应对有很大关系。

（3）新能源车辆类型不同

奇瑞汽车虽然产量较大，但纯电动车绝大部分车型为微型车 QQ3；比亚迪汽车的插电式混合动力汽车主要为秦。多数企业均是在现有传统汽车的基础上进行研发。

通过对国内企业的实际生产车型的燃料消耗量进行核算，在计入新能源汽车后，对实际值影响较大的 10 家企业见表 2-6，大部分是自主企业。其中，主要生产纯电动汽车的湖南江南汽车和主要生产插电式混合动力汽车的比亚迪汽车受益最大，实际值分别下降 2.22 L/100 km 和 1.50 L/100 km，实际值 / 目标值也分别下降 29.3% 和 22.1%。在 2016 年实施四阶段标准时，新能源汽车纳入核算将对企业平均燃料消耗量的达标起到至关重要的作用。

表 2-6 2014 年国内部分企业平均燃料消耗量变化（计入新能源）

生产企业	实际值（L/100 km）			实际值 / 目标值		
	不计新能源	计新能源	下降	不计新能源	计新能源	下降
湖南江南汽车	7.01	4.79	2.22	97.4%	68.0%	29.4%
比亚迪汽车	6.24	4.74	1.50	88.1%	66.0%	22.1%
奇瑞汽车	7.15	6.30	0.85	99.0%	87.6%	11.4%
四川汽车工业	7.74	6.93	0.81	119.1%	106.3%	12.8%
陕西通家	7.36	6.72	0.64	108.2%	98.5%	9.7%
比亚迪汽车工业	7.60	6.92	0.68	98.4%	89.1%	9.3%
上汽乘用车	7.22	6.58	0.64	99.2%	90.1%	9.1%
安徽江淮	7.66	7.06	0.60	94.9%	87.7%	7.2%
北汽福田	9.08	8.85	0.23	102.0%	99.4%	2.6%
东南汽车	6.14	6.00	0.14	91.2%	89.0%	2.2%

>> 第 3 章　企业平均燃料消耗量分析

尽管我国汽车行业平均燃料消耗量已逐年下降，但需注意的是企业间平均燃料消耗量水平存在较大差异。在这种情况下，从微观层面分析企业平均燃料消耗量结构就十分必要。本章探讨了企业平均燃料消耗量特点、成因以及不同企业间平均燃料消耗量的差异性，并对企业燃料消耗量发展趋势、未来达标压力进行预测，以便从多角度、深层次理解企业燃料消耗量态势。

3.1 企业平均燃料消耗量现状及成因分析

◎ 3.1.1 企业平均燃料消耗量达标情况

2014 年，自主、合资企业平均燃料消耗量均实现达标。自主企业平均燃料消耗量实际值为 7.15 L/100 km，100% 目标值为 7.30 L/100 km；较 2013 年，实际值增长 1.13%，目标值升高 2.82%。与此同时，合资企业平均燃料消耗量实际值达 7.10 L/100 km，100% 目标值为 7.44 L/100 km；与 2013 年相比，实际值降低 2.61%，目标值降低 0.27%。尽管自主、合资企业平均燃料消耗量均实现达标，但自主企业平均燃料消耗量实际值与目标值均出现上升态势，反映自主企业在降低油耗方面需付出更大努力，具体分别如图 3-1 和图 3-2 所示。

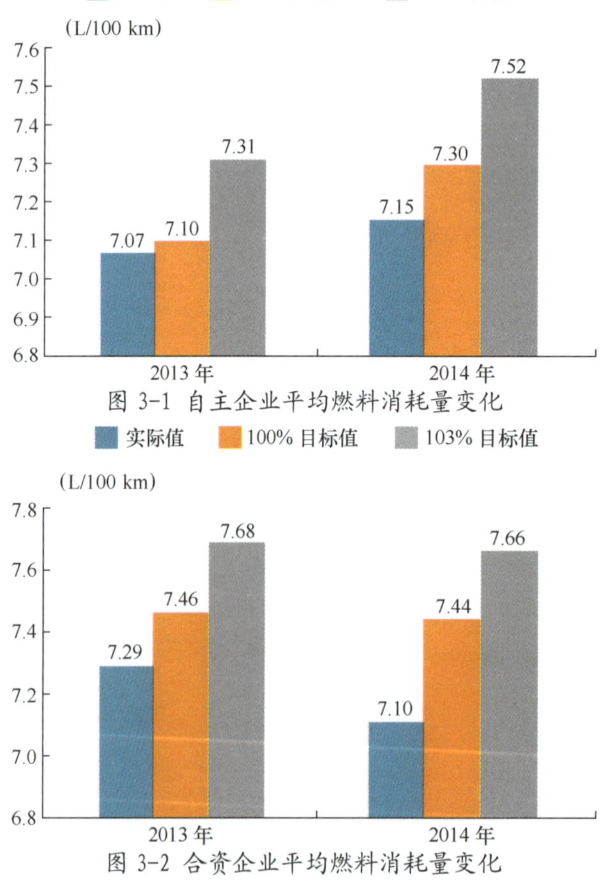

图 3-1 自主企业平均燃料消耗量变化

图 3-2 合资企业平均燃料消耗量变化

◎3.1.2 自主、合资企业平均燃料消耗量现状

1. 自主企业平均燃料消耗量不降反升

2012 年下半年到 2014 年，自主、合资企业平均燃料消耗量呈现不同走势。合资企业平均燃料消耗量持续下降，2014 年平均燃料消耗量为 7.10 L/100 km，较 2012 年的 7.39 L/100 km 累计下降 3.9%。自主企业平均燃料消耗量并未出现持续降低，反而呈“V”型分布。2013 年自主企业平均燃料消耗量比 2012 年下降 0.8%；2014 年自主企业平均燃料消耗量却增长至 7.15 L/100 km，较 2013 年的 7.07 L/100 km 提升 1.1%，具体如图 3-3 所示。

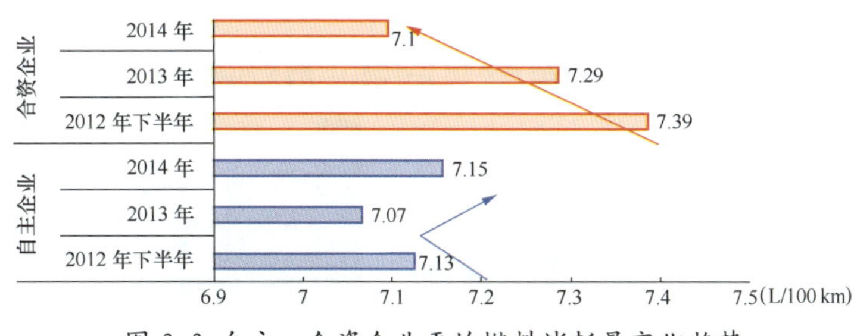

图 3-3 自主、合资企业平均燃料消耗量变化趋势

2. 自主企业平均燃料消耗量首超合资

2012 年下半年至 2014 年，自主、合资企业平均燃料消耗量差距不断变化。其中，2012 年下半年自主企业平均燃料消耗量较合资企业低 0.26 L/100 km；2013 年，自主与合资企业平均燃料消耗量差距缩小至 0.22 L/100 km，但合资企业平均燃料消耗量仍高于自主企业；2014 年，自主企业平均燃料消耗量上升至 7.15 L/100 km，合资企业则下降到 7.10 L/100 km，自主企业平均燃料消耗量开始高于合资企业，具体如图 3-4 所示。

3. 美资企业拉升合资平均燃料消耗量

2014 年合资企业平均燃料消耗量降至 7.10 L/100 km，分析内部结构可见，仅美资企业平均燃料消耗量超过合资企业整体。2014 年，美资企业平均燃料消耗量达 7.29 L/100 km，高于合资企业水平 0.19 L/100 km；除美资车企外，日资、欧资以

及韩资企业平均燃料消耗量水平均低于合资企业平均水平，具体如图 3-5 所示。

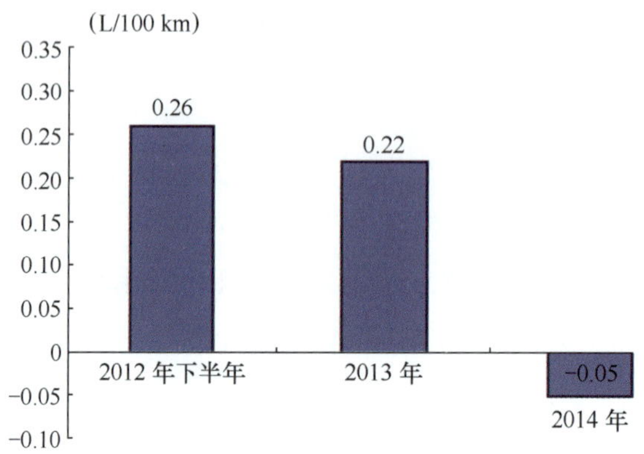

图 3-4 自主与合资企业平均燃料消耗量差距

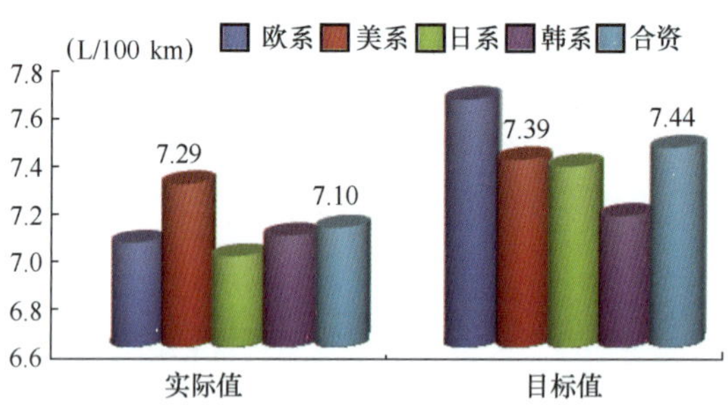

图 3-5 2014年不同系别企业平均燃料消耗量

◎ 3.1.3 企业平均燃料消耗量发展成因

2012 年下半年至 2014 年，自主、合资企业平均燃料消耗量呈不同发展走势。市场偏好、车辆性能等因素成为影响企业平均燃料消耗量的主要因素。

1. 市场需求驱动下自主企业发力 SUV

SUV 市场火热局势下，自主企业持续投入发展 SUV，市场份额快速提升。2012 年下半年到 2014 年，自主企业 MPV 和交叉型乘用车产量占比无明显变化，轿车产量占比出现较大波动，从 2012 年下半年的 56.5% 下降到 2014 年的 41.8%，而 SUV 发展迅猛，产量占比由 2012 年下半年的 17.0% 上升到 2014 年的 32.1%，具体如图 3-6 所示。

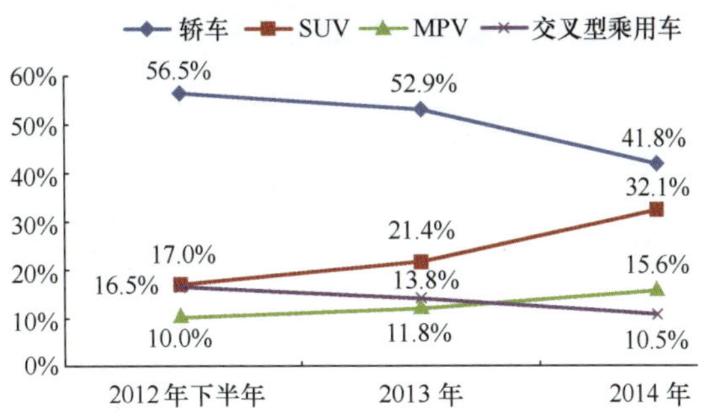

图 3-6 自主企业分产品类别产量占比变化

与自主企业发展不同，合资企业各产品类别产量占比并未发生明显变化。2012 年下半年至 2014 年间，轿车、SUV、MPV 和交叉型乘用车 4 类产品产量占比均呈平稳发展的态势。其中，MPV 和交叉型乘用车几乎未发生变化，轿车产量占比小幅下降，而 SUV 占比则由 11.2% 上涨至 2014 年的 17.0%，具体如图 3-7 所示。

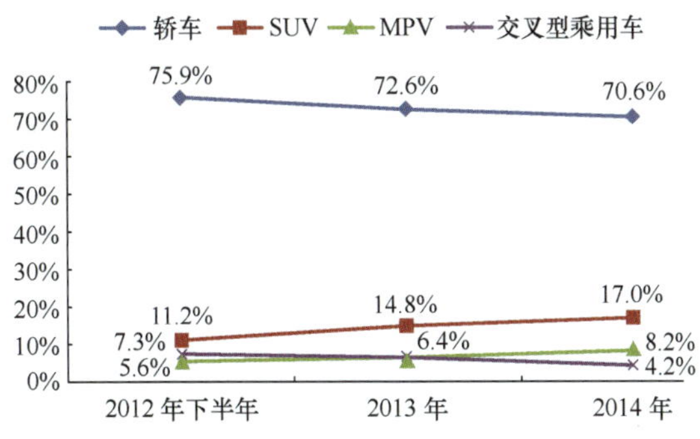

图 3-7 合资企业分产品类别产量占比变化

2. 自主企业平均整备质量增长，但仍低于合资

国产汽车企业中，自主、美资企业平均整备质量出现增长。2014 年，自主企业平均整备质量较 2013 年增长了 54 kg，达 1 321 kg，但仍低于合资企业。合资企业中，日资企业平均整备质量降幅最大，较 2013 年降低了 13 kg，达 1 321 kg，低于国产乘用车平均整备质量 19 kg；欧系合资企业整备质量微幅下降 6 kg。自主企业平均整备质量的大幅上升，直接导致 2014 年自主企业平均燃料消耗量目标值的上涨，具体如图 3-8 所示。

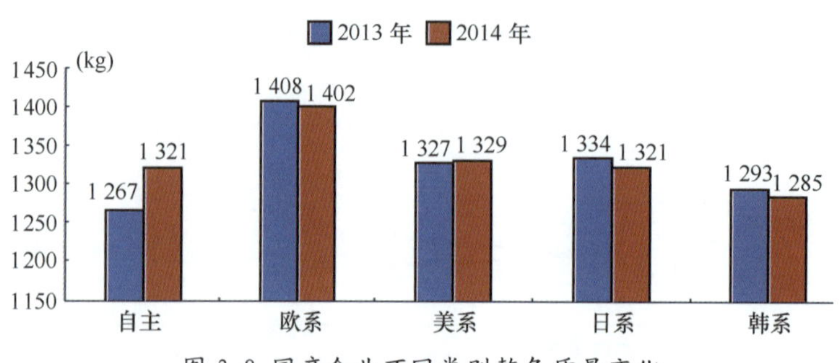

图 3-8 国产企业不同类别整备质量变化

自主企业 SUV 占比增大导致平均整备质量上涨。2012 年下半年至 2014 年，除轿车外，自主企业各类别产品平均整备质量均未发生明显增长。MPV 平均整备质量降低 37 kg，而轿车平均整备质量则上涨 40 kg。尽管轿车平均整备质量出现上涨，但产量占比下降，反而 SUV 占比由 2012 年的 17.0% 上升到 2014 年的 32.1%。由于 SUV 整备质量远高于其他产品，自主企业发力 SUV 直接导致了 2014 年平均整备质量上升，具体如图 3-9 所示。

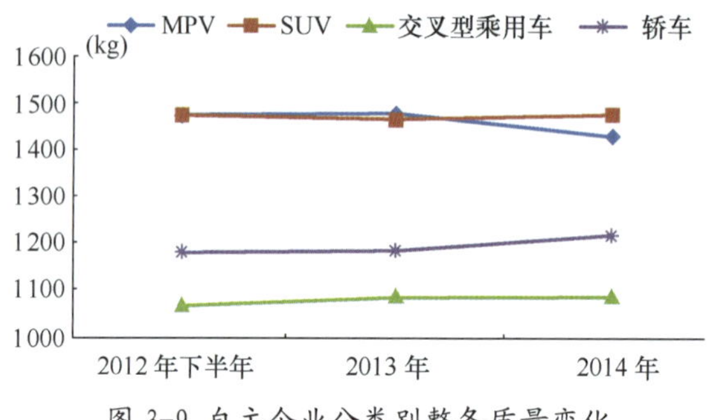

图 3-9 自主企业分类别整备质量变化

3. 企业产品动力性—经济性分布差异明显

自主企业动力性—经济性分布与合资企业存在差距。2014 年自主、合资企业汽车产品的动力性（功率、排量）和经济性（油耗）格局存在差异，自主企业产品动力性弱于合资企业，而油耗却高于合资企业。

2014 年企业产品功率—油耗格局分布如图 3-10 所示，合资企业功率分布集中在 80 ~ 120 kW 区间内，油耗集中在 6 ~ 8.5 L/100 km 区间内；而自主企业功率集中在 50 ~ 90 kW 区间内，油耗集中在 6 ~ 11 L/100 km 区间内。可见自主企业产品在节能技术应用上与合资企业仍存在一定差距。

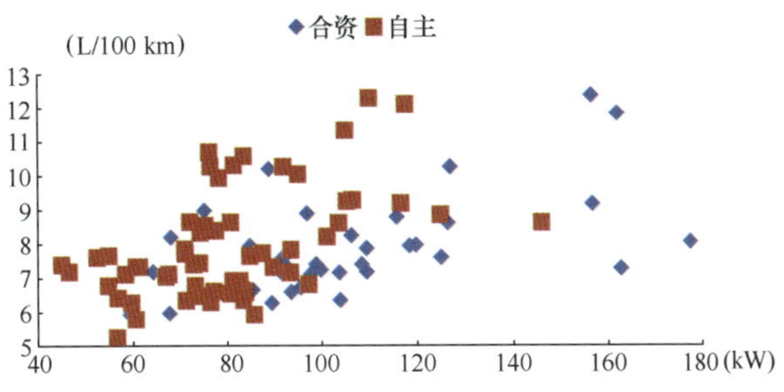

图 3-10 自主/合资企业产品功率—油耗分布

2014 年国产企业产品排量—油耗格局分布如图 3-11 所示。合资企业平均排量分布集中在 1.5 ~ 1.8 L 区间内，油耗集中在 6 ~ 7.5 L/100 km 区间内；而自主企业平均排量集中在 1.0 ~ 1.6 L 区间内，油耗集中在 6 ~ 9 L/100 km 区间内。自主企业产品性能上与合资企业仍存在一定差距，但是产品燃料消耗量水平并没有相应下降，可看出自主企业整体节能水平仍有待加强。

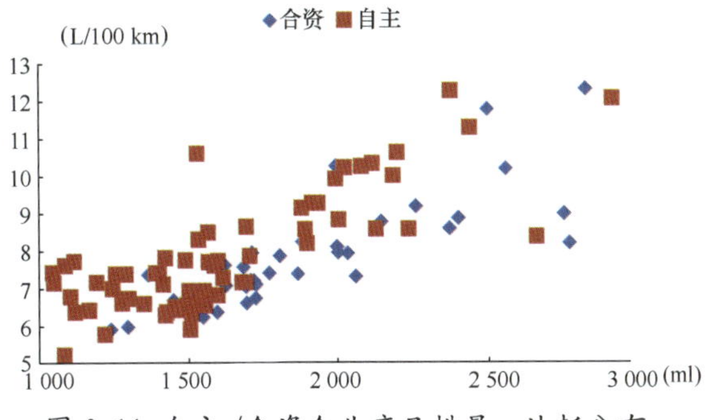

图 3-11 自主/合资企业产品排量—油耗分布

3.2 企业平均燃料消耗量达标情况分析

◎3.2.1 企业平均燃料消耗量达标分布

近七成国产企业达成 103% 目标值。2014 年参与核算的国产企业共 88 家，其中，自主企业 54 家，合资 34 家。61 家企业达成 103% 目标值，达标比例为 69.3%；50 家企业达成 100% 目标值，占比 56.8%。

自主企业达标比例比合资企业低 26 个百分点。2014 年 32 家自主企业达到 103% 目标值，比例为 59.3%；29 家合资企业达到 103% 目标值，比例为 85.3%。按照 100% 目标值进行测算时，自主、合资企业达标数量分别为 26 家和 24 家，达标比例为 48.1% 和 70.6%。自主企业平均燃料消耗量在达标上面临更大压力，具体见表 3–1。

表 3–1 2014 年国产企业平均燃料消耗量达标数量情况

企业类别	企业数量	103% 目标值达标		100% 目标值达标	
		数量	比例	数量	比例
合资企业	34	29	85.3%	24	70.6%
自主企业	54	32	59.3%	26	48.1%
国产企业	88	61	69.3%	50	56.8%

未达到 103% 目标值的自主企业产量占比为 17.6%。将企业产量考核在内判断不达标企业对行业的影响程度，按照 103% 目标值考核时，国产企业中 95% 的产量完成达标，合资企业产量达标比例达 99.5%，远超过自主企业的 82.4%；按 100% 目标值考核时，合资企业产量达标比例为 81.9%，自主企业比例则下降到 69.7%，具体见表 3–2。

表 3-2 2014 年国产企业平均燃料消耗量达标产量情况

企业类别	企业产量（万辆）	103% 目标值达标		100% 目标值达标	
		产量（万辆）	比例	产量（万辆）	比例
合资企业	1 398.2	1 391.3	99.5%	1 144.9	81.9%
自主企业	503.1	414.3	82.4%	350.8	69.7%
国产企业	1 901.3	1 805.6	95.0%	1 495.7	78.7%

◎3.2.2 企业平均燃料消耗量达标质量

1. 自主企业平均燃料消耗量达标差异明显

以平均燃料消耗量实际值 /100% 平均燃料消耗量目标值（以下简称“达标比值”）为纵坐标，企业平均油耗、核算产量为横坐标，分析自主、合资企业平均燃料消耗量达标分布格局，可看出自主企业平均油耗达标分布分散，表明自主企业达标能力差异明显。

企业达标比值、平均油耗分布结果如图 3-12 所示，合资企业集中分布在第三象限，油耗多为 6 ~ 8 L/100 km，达标比值大部分小于 100%，仅 4 家企业达标比值明显高于 100%，且散落于第二象限。相比之下，自主企业则不同象限均有分布，平均油耗以 6 ~ 9 L/100 km 居多，而达标比值则近乎过半在 100% 之上。

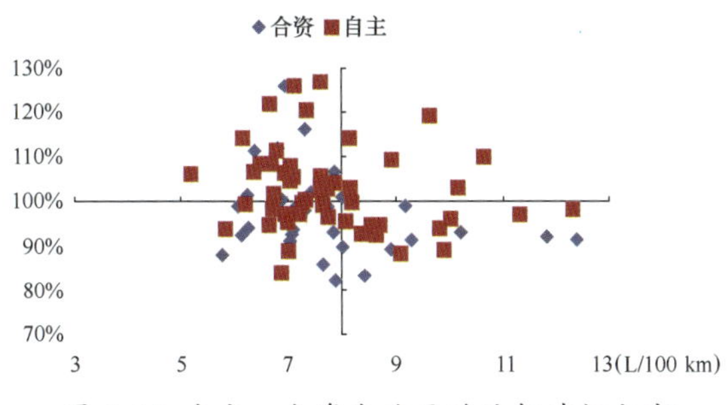

图 3-12 自主、合资企业平均油耗达标分布

产量排名靠前企业中，合资企业整体达标表现好于自主企业。对参与核算的产量前 80% 自主、合资企业进行分析，自主企业前 15 家产量占自主企业产量的 81%，6 家企业未达到 100% 目标值；合资企业前 12 家企业产量占合资企业产量的 82%，仅

1 家企业未达到 100% 目标值，且达标比值为 102%。自主不达标企业数量高于合资企业的同时，仍然存在高产量企业未达到国家要求的现象，这将对自主企业产生更大的影响。自主、合资企业分产量达标分布如图 3-13 所示。

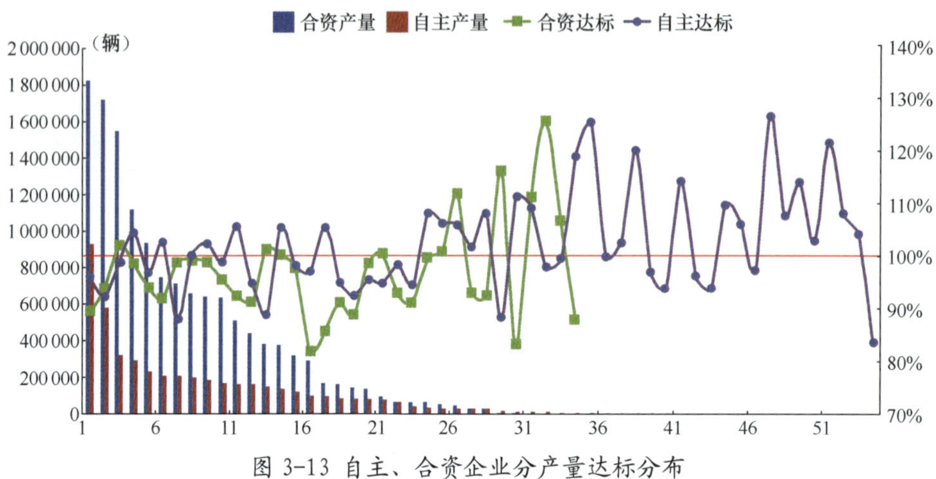

图 3-13 自主、合资企业分产量达标分布

2. 自主、合资产量前 10 名企业达标情况分析

2014 年合资企业产量共计 1 398.2 万辆，前 10 名企业为 1 054.1 万辆，占比 75.4%。产量前 10 名企业中，北京现代、长安福特、神龙汽车和上海通用 4 家企业 CAFC（企业平均燃料消耗值）高于合资企业整体水平；3 家企业 CAFC 值低于 7.0 L/100 km，其中，东风汽车有限公司 CAFC 值最低，为 6.78 L/100 km；仅 1 家企业油耗 CAFC 高于 7.50 L/100 km，为上海通用汽车有限公司，油耗值为 7.86 L/100 km，具体如图 3-14 所示。

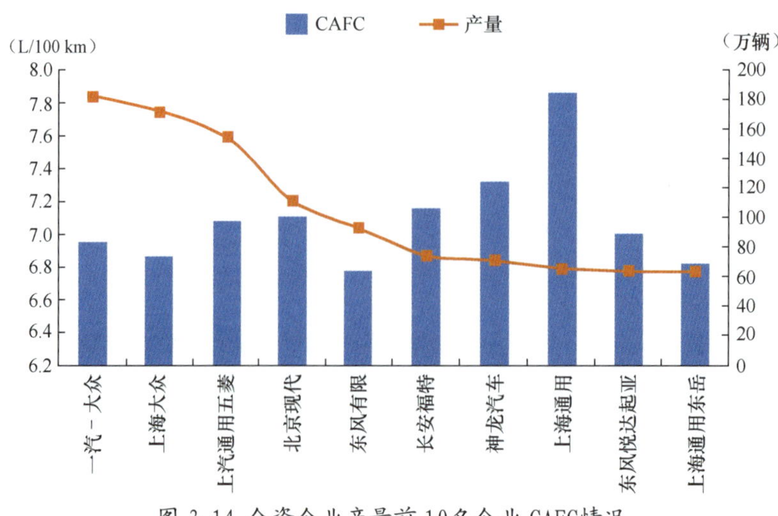

图 3-14 合资企业产量前 10名企业 CAFC情况

按 103% 目标值考核时，前 10 家企业均实现达标；按 100% 目标值考核，仅上汽通用五菱 1 家企业未达到要求。企业达标比例中仅一汽一大众、长安福特两家企业 103% 目标值达标比例低于 90%。一汽一大众达标比例最低，为 87.1%。上汽通用五菱的 103% 目标值达标比例最高，为 99.2%，具体如图 3-15 所示。

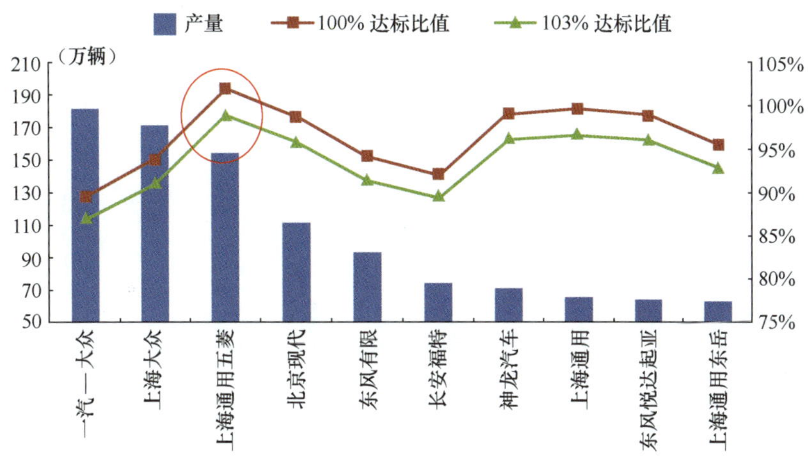

图 3-15 合资企业产量前 10名企业达标情况

2014 年自主企业产量共计 503.1 万辆，前 10 名企业生产 333.9 万辆，占比为 66.4%。产量前 10 名企业中，一汽集团、东风柳汽和上汽集团 3 家企业 CAFC 值高于自主企业平均水平。一汽集团 CAFC 值最高，为 8.18 L/100 km，高出自主企业平均油耗水平 1.02 L/100 km，具体如图 3-16 所示。

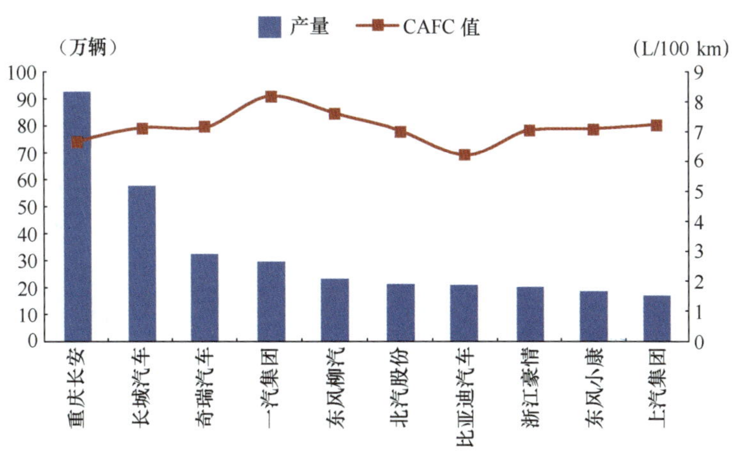

图 3-16 自主企业产量前 10名企业 CAFC情况

按 103% 目标值进行考核时，前 10 名自主企业有 2 家企业未完成达标，分别为一汽集团和北汽股份；按照 100% 目标值考核，共有 4 家企业未达到要求，分别为一汽集团、北汽股份、东风小康和浙江豪情。对 103% 目标值达标比例进行分析，比亚迪汽车和长城汽车达标比例低于 90%，其中，比亚迪汽车达 85.6%，具体如图 3-17 所示。

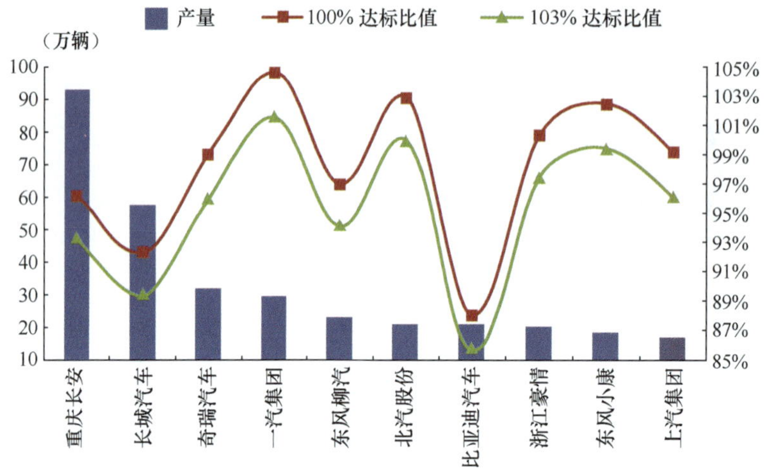

图 3-17 自主企业产量前 10名企业 CAFC达标情况

3. 合资、自主企业达标比值前 10 名

国产企业达标比值前 10 名中，合资企业占 6 家，自主企业为 4 家，其中，奇瑞捷豹路虎为 2014 年新增加企业。2014 年，华晨宝马达标最优，达标比值为 82.2%；一汽—大众位列第十名，为 89.7%。与 2013 年相比，除新增加的两家企业，前 10 企业中其余 8 家企业达标比值均下降，2014 年达标最优的华晨宝马较 2013 年下降 2.8 个百分点，具体如图 3-18 所示。

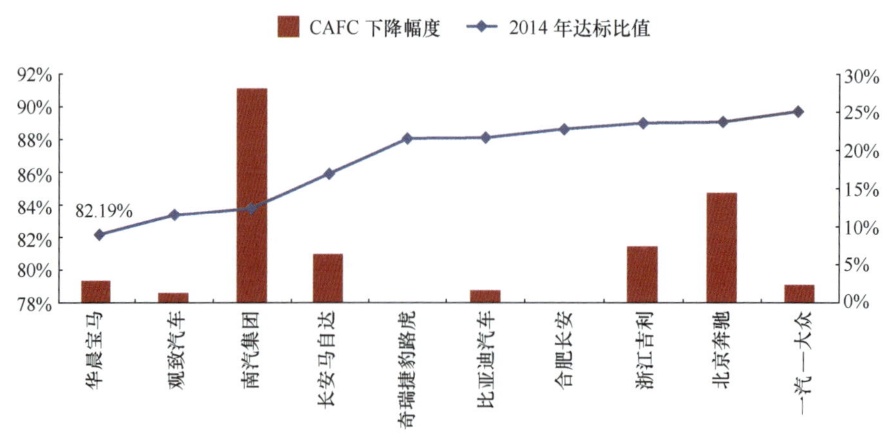

图 3-18 国产企业达标比值前 10名

2014 年自主企业达标比值前 10 名企业中，南汽集团排名首位，达标比值为 83.8%，江淮汽车排名第十，达标比值为 94.9%。达标比值前 10 名企业总产量为 126.6 万辆，占自主企业总量的 25.2%。尽管南汽集团达标比值排名首位，但是其产量仅为 9 辆。此外，广东福迪、上汽商用车产量也低于 1 万辆，自主企业达标比值前 10 名的企业对自主整体影响并不明显，具体如图 3-19 所示。

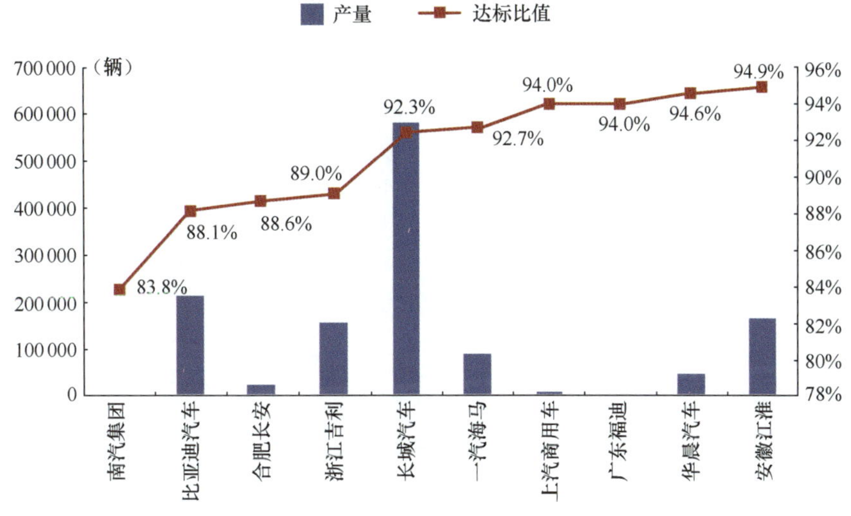

图 3-19 2014年自主企业达标比值前 10名

2014 年合资企业达标比值前 10 名企业中，华晨宝马排名首位，达标比值为 82.2%，长安福特排名第十，达标比值为 92.2%。合资企业达标前 10 名产量为 385.2 万辆，占合资企业总产量的 27.5%。2014 年达标比值前 10 名企业中，奇瑞捷豹路虎为新增企业，产量最低，仅为 320 辆；观致汽车产量也低于 1 万辆。其余企业产量均高于 6 万辆，其中，一汽一大众、长安福特两家企业名列 2014 年合资企业产量前 10 名中。合资企业达标比值前 10 名中，尽管新增加企业产量较低，但节能水平却排名前列，反映合资企业对产品节能的重视，具体如图 3-20 所示。

4. 自主、合资企业 CAFC 下降前 10 名

2014 年 CAFC 下降比例前 10 名自主企业平均油耗为 7.50 L/100 km，河北中兴排名第一，CAFC 值降低 36.7%；北汽股份排名第十，CAFC 值降低 5.4%。3 家企业未达到年度考核要求。浙江吉利表现较为突出，2014 年 CAFC 值下降 5.7%，同时达标比值达 89.2%，位列自主企业第四名。从产品结构方面来看，河北中兴、北汽福田、青年莲花、荣成华泰、浙江飞碟以及华晨金杯 6 家企业均以生产 SUV 等大型车为主，前期产品油耗普遍较高，造成目前 CAFC 值下降速度较快，具体如图 3-21 所示。

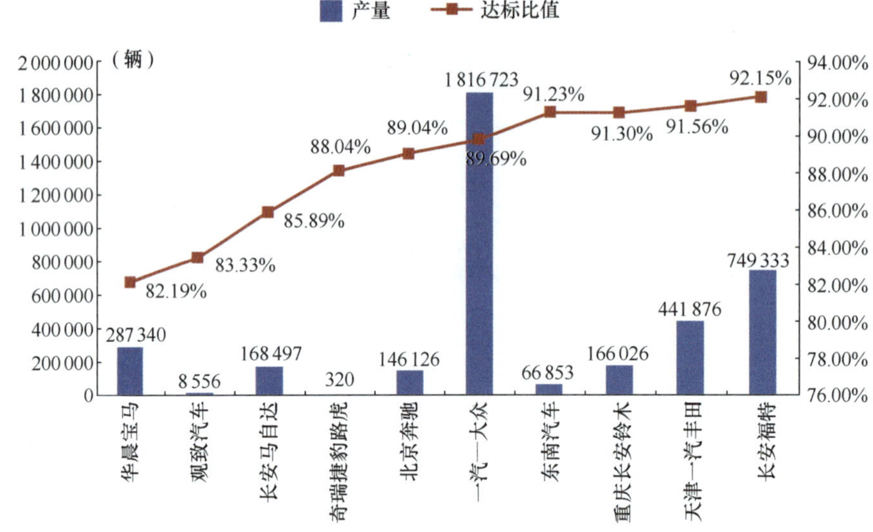

图 3-20 2014年合资企业达标比值前 10名

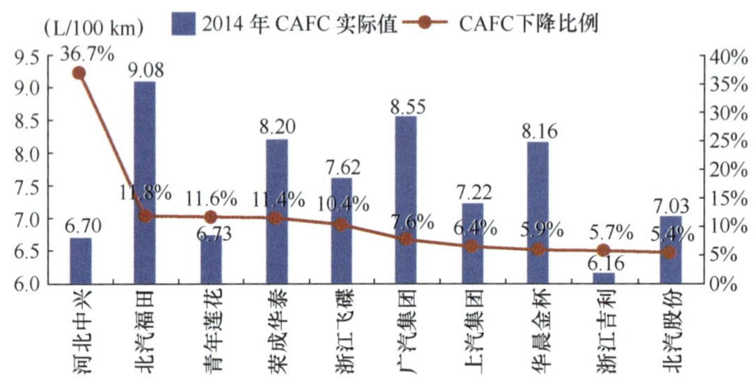

图 3-21 2014年自主企业 CAFC下降比例前 10名

CAFC 下降前 10 名的合资企业达标水平优于自主企业。2014 年 CAFC 下降比例前 10 名合资企业平均油耗为 7.20 L/100 km。其中，天津一汽丰田排名第一，CAFC 降低 13.3%；神龙汽车排名第十，CAFC 降低 3.3%。长安马自达表现较为突出，CAFC 值下降 4.9%，同时达标比值达 83.4%。合资企业 CAFC 下降前 10 名企业并未发现明显产品结构变化，反映合资企业 CAFC 降低切实与节能技术应用存在

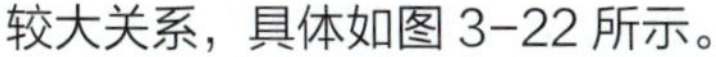
较大关系，具体如图 3-22 所示。

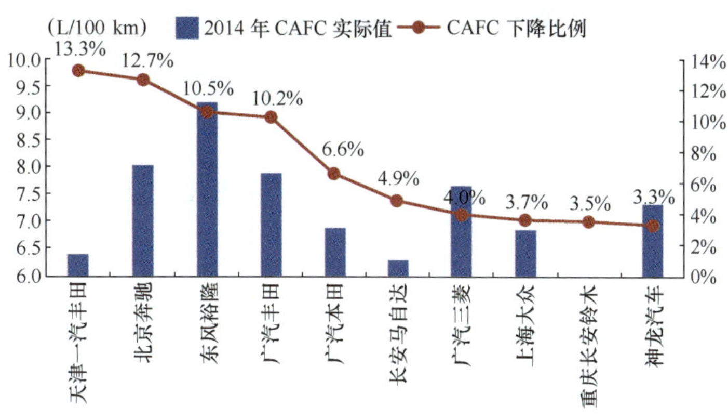

图 3-22 2014年合资企业 CAFC下降比例前 10名

◎ 3.2.3 企业平均油耗额度分析

2013 年，工业和信息化部、国家发展和改革委员会、商务部、海关总署、质检总局联合发布了《乘用车企业平均燃料消耗量核算办法》，其中对优于和劣于目标值的额度进行定义，并提出企业可将优于目标值的额度结转至下一年度使用。2015 年前，优于目标值的额度是指低于 100% 目标值以下的额度。为此，本节将根据 2014 年乘用车企业 CAFC 情况对其优于和劣于目标值额度分析，并以汽车集团为单位进行 CAFC 核算。2014 年，企业 CAFC 实际值达到目标值（$CAFC/T_{CAFC}2015 < 100\%$），即可获得优于目标值额度，而当年没有达标（2014 年达标值为目标值的 103%）将产生劣于目标值额度。

1. 自主企业产生优质额度量远低于合资企业

2014 年，49 家国产乘用车企业将获得优质额度，共计 632.1 万。其中，一汽一大众、上海大众和长安福特优质额度名列前 3，共产生 268.4 万，占比 42.5%。27 家国产乘用车企业将获得劣质额度，共计 27.1 万。其中，东风裕隆、一汽集团以及北汽银翔所产生的劣质额度排名前 3，共计 10.9 万，占比 40.2%。

优质额度主要由合资企业产生。2014 年合资企业优质额度产生 508.1 万，占国产企业优质额度的 80.4%；自主企业优质额度为 124.1 万，占国产企业优质额度的 19.6%。2014 年国产企业产生的 27.5 万劣质额度中，合资企业产生 5.8 万，占比 21.4%；而自主企业产生 21.3 万，占比达 78.6%。额度分布格局反映自主企业节能水平与合资企业仍存在较大差距，最终导致市场上优质额度分布倾斜于合资企业，具体见表 3-3。

表 3-3 2014 年国产企业积分分布情况

类别	优质额度			劣质额度		
	企业数	数量（万）	占比	企业数	数量（万）	占比
合资企业	24	508.1	80.4%	5	-5.8	21.4%
自主企业	25	124.1	19.6%	22	-21.3	78.6%
国产企业	49	632.2	100%	27	-27.1	100%

2. 自主、合资前 10 名企业额度量占总量比例超九成

2014 年合资企业优质额度前 10 名合计为 457.9 万，占合资企业产生额度总量的 90.1%。一汽一大众优质额度为 145.3 万，占合资额度的 28.6%；除此之外，上海大众、长安福特和华晨宝马所产优质额度排列第二至四位，均超过 40 万；北京奔驰优质额度位列第十，数量为 14.5 万，占合资企业所产额度的 2.8%，具体如图 3-23 所示。

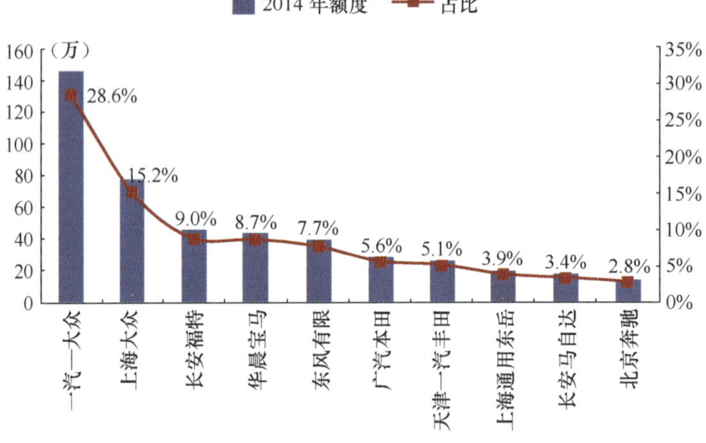

图 3-23 2014年合资企业优质额度前 10名

2014 年自主企业优质额度前 10 名合计为 112.9 万，占自主企业优质额度的 91%，仅为合资企业的 22.2%。其中，长城汽车优质额度排名第一，为 34.2 万，占自主企业额度的 27.5%；除此之外，重庆长安、比亚迪汽车和浙江吉利所产优质额度位列第二至四位，均超过 10 万，3 家优质额度占总量的 43.1%；海马轿车优质额度为 2.6

万，占 2014 年合资企业产生额度的 2.1%。可以看出，无论是额度总量还是单个企业额度数量，自主企业优质额度均与合资企业存较大差距，具体如图 3-24 所示。

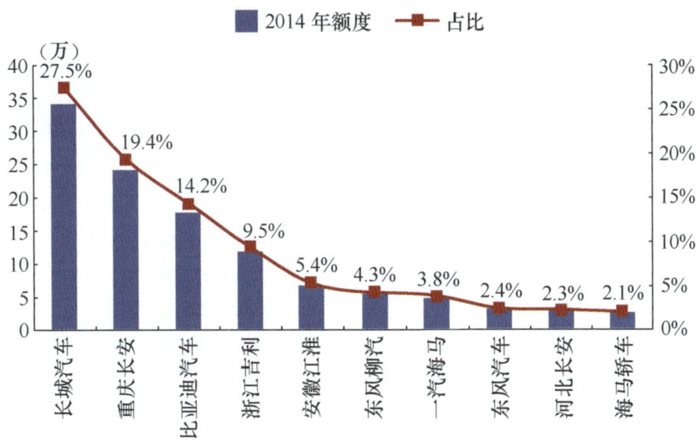

图 3-24 2014年自主企业优质额度前 10名

3. 汽车集团多存在优质额度

按照公司股权关系将国产汽车划分为 30 家集团。2014 年，21 家集团存在优质额度，数量达 607 万；8 家集团存在劣质积分，总量为 2.2 万。

2014 年，集团前 10 名优质额度总量为 584.5 万，占总量比例为 96.3%。其中，一汽集团、长安集团、上汽集团优质额度排列前 3，三大集团优质额度合计 370.8 万，占总额度的 61.1%。尽管长城汽车仅一家企业，但是凭借其 2014 年优质额度 34.2 万，名列第六位，具体如图 3-25 所示。

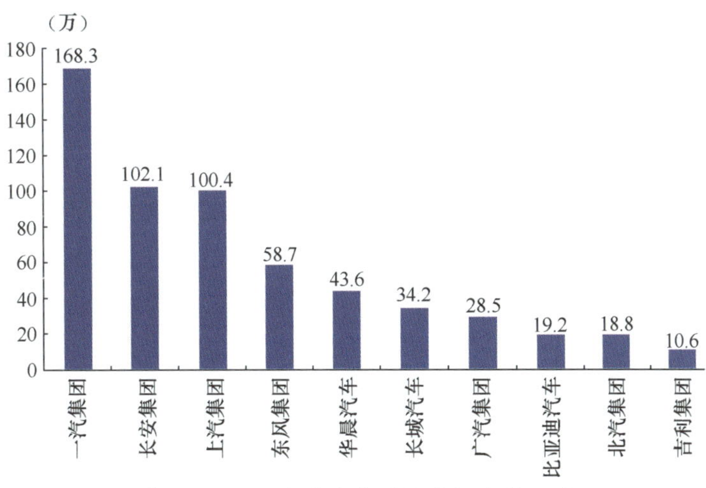

图 3-25 2014年汽车集团优质额度前 10名

2014 年，8 家集团存在劣质额度，共计 2.2 万，如图 3-26 所示。四川汽车劣质额度排名居首位，达 0.89 万，占劣质额度总量的 41.2%。此外，重庆力帆、庆铃汽车、丹东黄海、浙江飞碟、成功汽车、长丰集团以及陕汽集团在 2014 年未达到目标值要求，从而产生劣质额度。对存在劣质额度集团产品分析，发现多数集团并非专业从事乘用车产品研发，而以汽车零件厂、商用车企业以及摩托车企业为基础，进行跨类别产品生产，在产品节能上存在压力。

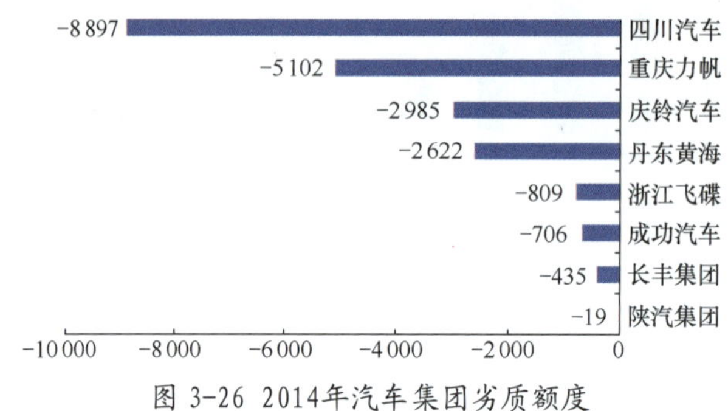

图 3-26 2014年汽车集团劣质额度

◎ 3.2.4 企业达标压力分析

1. 四阶段燃料消耗量标准下产品达标情况分析

（1）六成车型达到四阶段限值标准

2014 年 12 月，国家质检总局和国家标准化管理委员会正式发布了 GB 19578-2014《乘用车燃料消耗量限值》和 GB 27999-2014《乘用车燃料消耗量评价方法及指标》。新修订标准直接将三阶段目标值作为四阶段限值标准。为提高产品准入门槛，三排以下和三排及以上车型在四阶段的限值标准相比于二阶段限值标准分别加严了 18.8% 和 20.0%。

2014 年在产车型中有四成车型燃料消耗量未达到四阶段限值标准。由于四阶段限值标准对新认证车型的执行时间为 2016 年 1 月 1 日，在产车型的执行日期是 2018 年 1 月 1 日。标准加严后势必会造成企业加速研发节能性更好的车型，以达到国家限值标准要求。

2014 年自主、合资在产的三排以下且手动乘用车油耗分布差异较大（分别如图 3-27 和图 3-28 所示），合资企业在产车型中 64% 的车型分布在四阶段燃料消耗量限值曲线以下，自主企业为 52%。考虑到四阶段目标值较限值标准更为严格，仅依靠现有产品结构达到四阶段油耗要求，存在较大挑战。

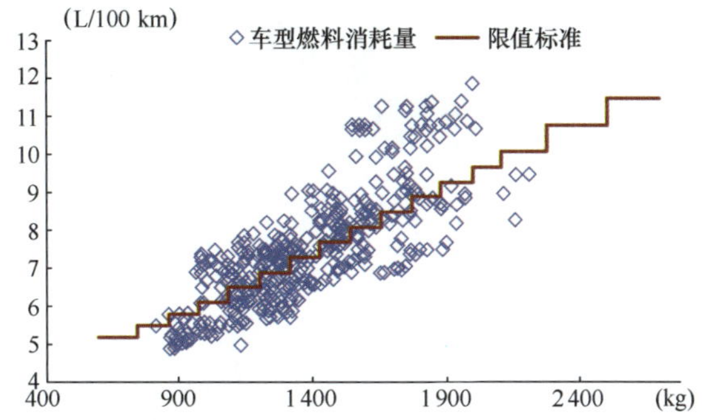

图 3-27 2014年自主乘用车（三排以下且手动）燃料消耗量分布

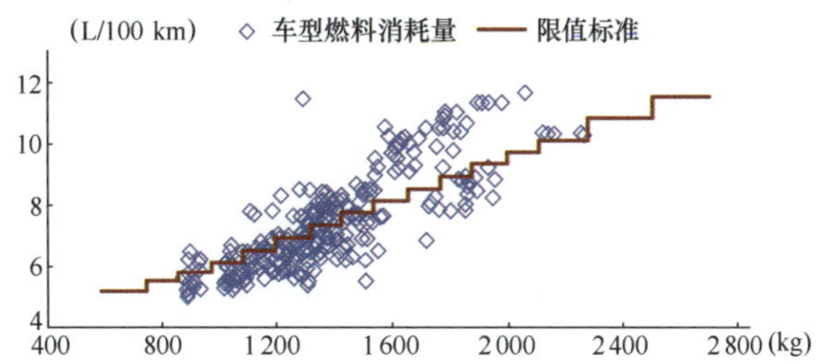

图 3-28 2014年合资乘用车（三排以下且手动）燃料消耗量分布

2014 年在产的三排及以上或非手动车型燃料消耗量分布（如图 3-29 和图 3-30 所示）中，自主企业超过半数车型燃料消耗量超过四阶段限值标准，合资企业则超过一半的车型落入燃料消耗量限值标准曲线以下，反映了合资企业在三排及以上或者非手动车型的油耗更具竞争力。

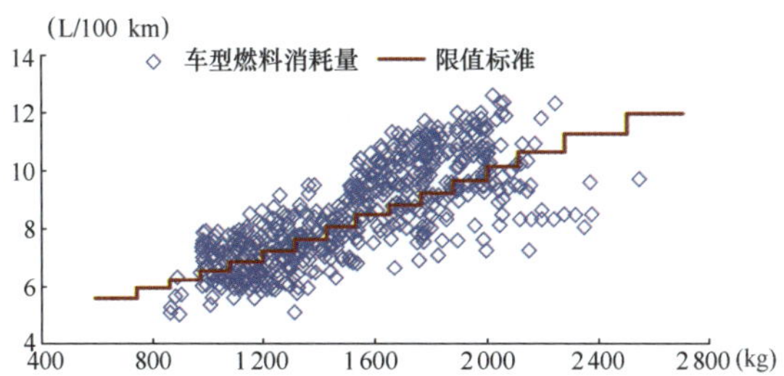

图 3-29 2014年自主乘用车（三排及以上或非手动）燃料消耗量分布

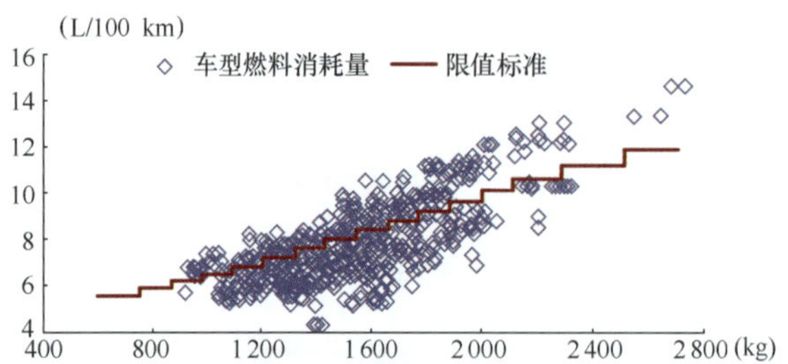

图 3-30 2014年合资乘用车（三排及以上或非手动）燃料消耗量分布

自主、合资在产车型四阶段限值标准达标比例过低，反映四阶段达标难度较大。2014 年国产乘用车型中 65.1% 达到四阶段燃料消耗量限值标准，达标车型产量占比 75.0%。自主、合资乘用车燃料消耗量与四阶段限值标准比较结果显示，自主企业燃料消耗量达标车型、达标产量比例均低于合资企业，具体见表 3-4。

表 3-4 2014 年国产企业车型燃料消耗量达标分布情况

类别	2014 年在产车型		2014 年产量	
	达标数量	比例	达标数量	比例
合资企业	1 330	71.2%	10 721 749	76.7%
自主企业	913	57.9%	3 529 853	70.2%
国产企业	2 243	65.1%	14 251 602	75.0%

（2）国产企业 CAFC 平均下降 30% 才可达到 2020 年目标值

2014 年国产汽车 CAFC 较 2020 年目标值差距如图 3-31 所示。

现有产品结构油耗水平与 2020 年目标值存在较大差距。按照现有产品结构对国产企业平均燃料消耗量的四阶段达标情况进行分析，2014 年产量大于 10 万辆的企业有 36 家，其中，合资企业有 20 家，自主企业有 16 家，产量总计 1 767.7 万辆，占国产企业产量的 93.0%。2014 年国产汽车 CAFC 与 2020 年目标值存在较大差距，36 家国产企业的燃料消耗量平均下降 28.9% 才可达到 2020 年目标值，其中，自主企业需下降 30.0%，合资企业需下降 28.1%，对自主、合资企业提出 CAFC 年均下降 5% 的要求。按目前 CAFC 的下降速度水平，达到 2020 年目标要求难度较大。

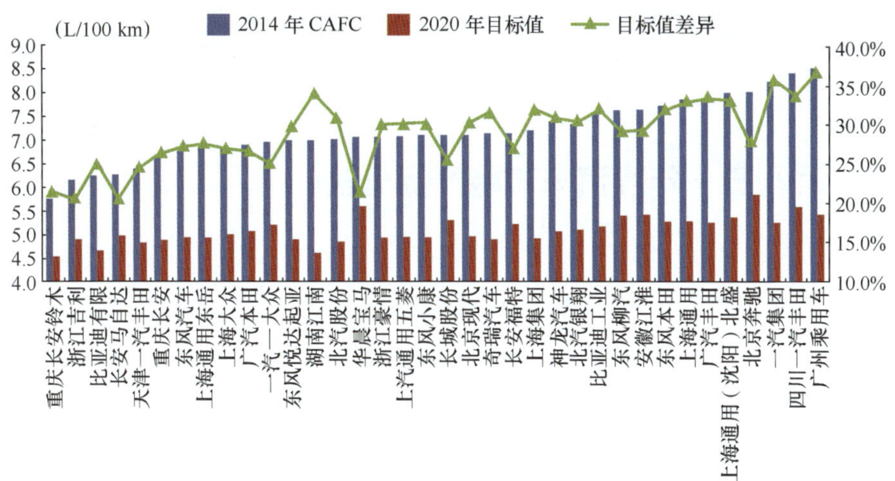

图 3-31　2014年国产汽车 CAFC较 2020年目标值差距

2. 技术升级成本下四阶段达标情况

技术升级成本直接影响企业四阶段达标格局。汽车产品燃料消耗量的持续下降与节能技术应用存在直接关系。企业为满足四阶段 CAFC 达标要求，需要不断升级节能技术。企业间节能技术现状、技术升级成本不同，造成四阶段企业达标压力存在较大差异，直接影响到企业四阶段达标格局。

国产企业达到 2020 年目标要求时，技术升级平均边际成本在 12 000 元左右，如图 3-32 所示，即国产企业传统能源车油耗水平由 6.0 L/100 km 降至 5.0 L/100 km 平均需要投入成本 12 000 元。企业技术升级边际成本分布显示，37 家汽车企业技术升级边际成本高于行业平均水平，其中，自主企业为 27 家，合资企业为 10 家。技术升级边际成本高于行业平均水平，反映 2020 年达标成本将高于行业平均水平，直接会造成这些汽车企业在后续竞争中处于劣势地位，面临更大的达标压力。

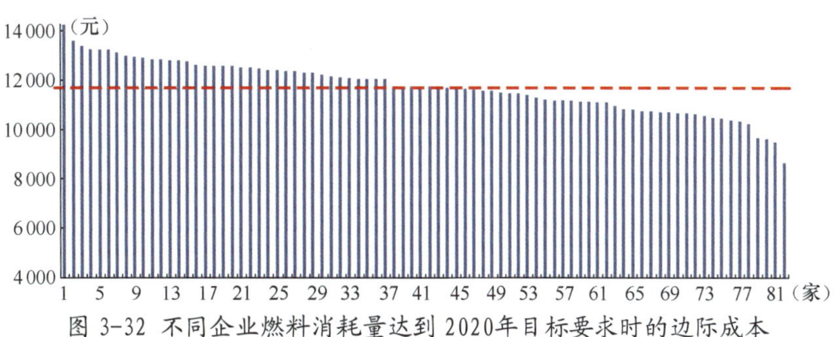

图 3-32　不同企业燃料消耗量达到 2020年目标要求时的边际成本

>> 第4章　年度汽车节能产品分析

国家在不断完善汽车产品燃料消耗量标准法规的同时，先后出台了诸如“节能产品惠民工程”“免征新能源汽车车辆购置税”“车船税减免”等一系列鼓励节能汽车消费的优惠政策。在这些政策的作用下，大批燃油经济性突出的汽车产品在市场中不断涌现。为更加全面地对节能型汽车进行展示，增加消费者对节能型汽车的认知度，本章从整备质量和排量两个维度分析汽车燃料消耗量的分布情况，进一步得出不同排量段的领跑车型和年度节能型产品，以期在引导消费者购买节能型汽车方面起到推动作用。

4.1 分整备质量段燃料消耗量分析

◎4.1.1 燃料消耗量按整备质量分布情况

《乘用车燃料消耗量评价方法及指标》按照整备质量分组的方式，对不同整备质量车型分别设定不同的目标值。数据表明，处于同一整备质量段的不同车型，其燃料消耗量水平仍存在较大差异。

通过分析传统能源汽车（不含常规混合动力汽车）燃料消耗量随整备质量的分布情况进行，发现以下特点。

（1）燃料消耗量随整备质量近似线性增加

各整备质量段的平均燃料消耗量数据表明，平均燃料消耗量随整备质量近似线性增加。进一步对大量车型进行统计，整备质量每增加 100 kg，平均燃料消耗量约增加 0.40 L/100 km。

（2）大整备质量车型燃料消耗量分布区间大

大整备质量段车型燃料消耗量最大值和最小值之差比较大，一方面反映了部分进口大整备质量乘用车燃油经济性水平较高；另一方面也反映了消费者对于大型车燃料消耗量的敏感度没有小车型高。

各整备质量段燃料消耗量的最小值相差并不大，但最大值却分布较广，这说明某些大整备质量车型由于过于注重动力性和舒适性，对降低燃料经济性的重视程度不够。

（3）产量 / 进口量随整备质量呈近似倒“V”型分布

产量 / 进口量占比最大的整备质量段为 1 205 ~ 1 320 kg，约占全部产量 / 进口量的 25%，这一整备质量段内 1.3 ~ 1.6 L 车型的占比接近 90%。2014 年不同整备质量段燃料消耗量分布情况如图 4-1 所示。

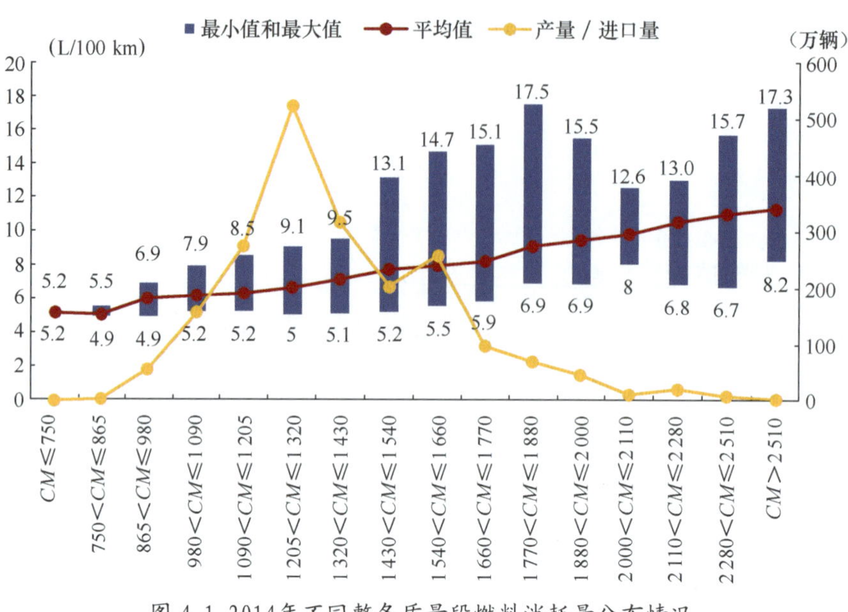

图 4-1 2014年不同整备质量段燃料消耗量分布情况

◎4.1.2 不同整备质量段达标情况

《GB 27999-2011 乘用车燃料消耗量评价方法及指标》根据整备质量、座椅排数以及变速器类型等参数为不同车型设置不同的达标要求，车型可分为两大类型，一类是三排以下手动挡车型，另一类是三排及以上车型或非手动挡车型。对这两类车型的具体要求见表 4-1。

表 4-1 车型燃料消耗量目标值

整备质量（kg）	车型燃料消耗量目标值（L/100 km）		
	三排以下手动挡车型	三排及以上车型或非手动挡车型	放松比例
$CM \leqslant 750$	5.2	5.6	7.7%
$750 < CM \leqslant 865$	5.5	5.9	7.3%
$865 < CM \leqslant 980$	5.8	6.2	6.9%
$980 < CM \leqslant 1\,090$	6.1	6.5	6.6%

续表

整备质量（kg）	车型燃料消耗量目标值（L/100 km）		
	三排以下手动挡车型	三排及以上车型或非手动挡车型	放松比例
1 090 < *CM* ≤ 1 205	6.5	6.8	4.6%
1 205 < *CM* ≤ 1 320	6.9	7.2	4.3%
1 320 < *CM* ≤ 1 430	7.3	7.6	4.1%
1 430 < *CM* ≤ 1 540	7.7	8.0	3.9%
1 540 < *CM* ≤ 1 660	8.1	8.4	3.7%
1 660 < *CM* ≤ 1 770	8.5	8.8	3.5%
1 770 < *CM* ≤ 1 880	8.9	9.2	3.4%
1 880 < *CM* ≤ 2 000	9.3	9.6	3.2%
2 000 < *CM* ≤ 2 110	9.7	10.1	4.1%
2 110 < *CM* ≤ 2 280	10.1	10.6	5.0%
2 280 < *CM* ≤ 2 510	10.8	11.2	3.7%
CM > 2 510	11.5	11.9	3.5%

图 4-2 和图 4-3 展示了两种目标值要求下 2014 年不同车型不同整备质量段的达标情况，三排以下手动挡车型在 1 430<*CM* ≤ 1 540 kg、2 000<*CM* ≤ 2 110 kg、1 770<*CM* ≤ 1 880 kg 等大整备质量段没有达标，而三排及以上车型或非手动挡车型仅在 865<*CM* ≤ 980 kg 段没有达标。可以看出，大整备质量的三排以下手动挡车型需要在燃料消耗量改善方面做出更多努力。同时，也反映了现行标准对三排及以上车型或非手动挡车型的要求过于宽松，但在即将实施的四阶段标准中，对不同整备质量车型目标值的设定已经不再以变速器类型进行区分。

另外，即便某个整备质量段内所有车型加权计算的燃料消耗量平均值能够达到目标值要求，但并不代表所有车型都能达标，图 4-4 展示了各整备质量段内达标车型的产量与进口量之和与总量的占比情况，各整备质量段之间的达标情况还存在较大差异。

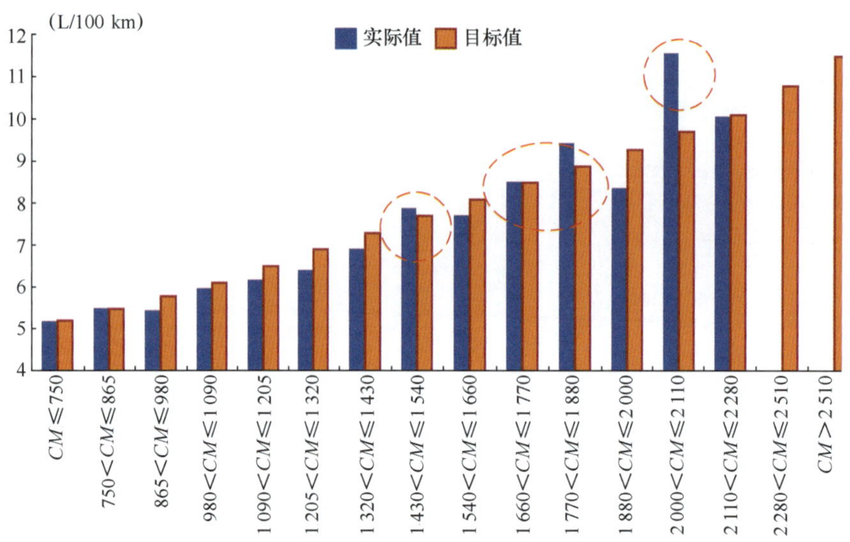

图 4-2 2014年三排以下手动挡车型燃料消耗量达标情况

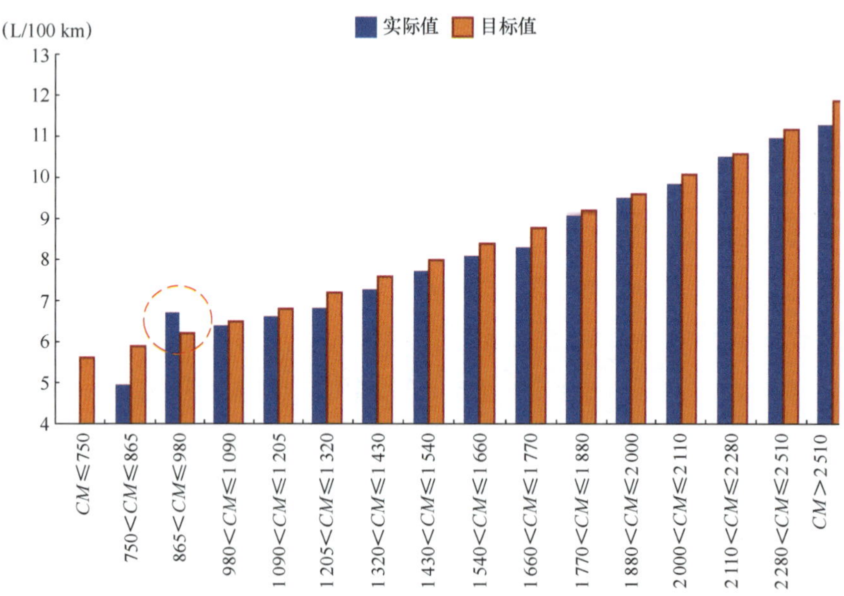

图 4-3 2014年三排及以上车型或非手动挡车型燃料消耗量达标情况

在不考虑865 kg以下、2 280 kg以上的产量/进口量极小的分段情况，可以看出，产量/进口量较大的整备质量段，达标车型数量占比较大。

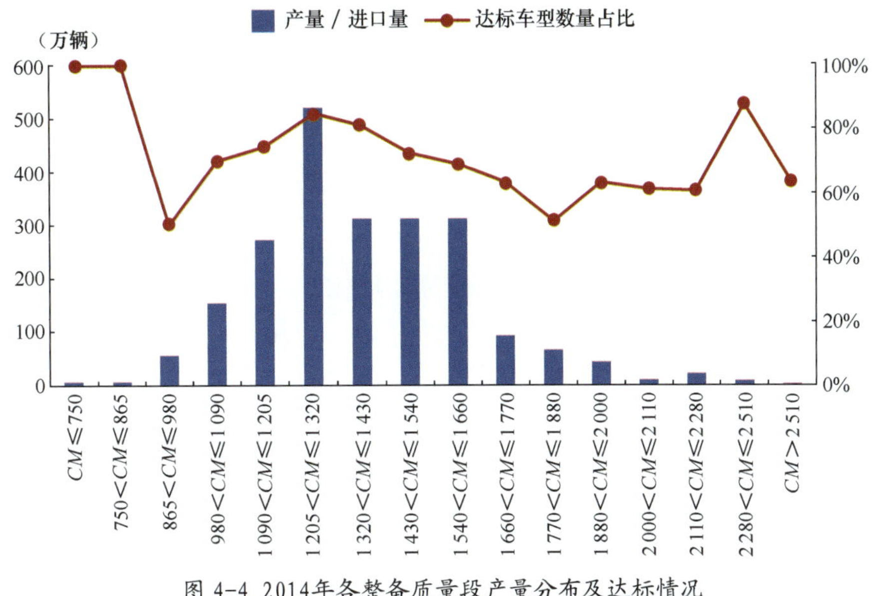

图 4-4 2014年各整备质量段产量分布及达标情况

4.2 分车型和排量燃料消耗量情况

本节对仅燃用汽油的轿车、SUV 和 MPV 在各排量段的燃料消耗量情况进行分析（不包括柴油、双燃料、常规混合动力和新能源车型），对排量的分段标准严格按照保留到个位数的情况进行划分，如 1.3 ＜排量≤ 1.6 L。

◎4.2.1 轿车

增压型轿车和自然吸气轿车在各排量段的燃料消耗量分布如图 4-5 和图 4-6 所示，虽然 1.3 ＜排量≤ 1.6 L 段内增压车型和自然吸气车型的燃料消耗量相当，但是增压车型的平均功率却要高出 20 kW 左右，动力方面提升 25% 左右，甚至出现在某些排量段内增压车型的燃料消耗量比自然吸气车型更低的情况。

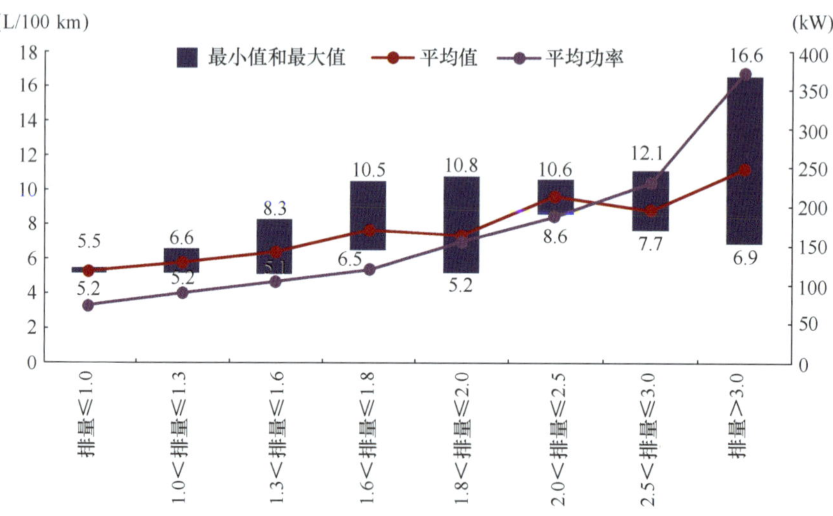

图 4-5 增压型轿车不同排量段燃料消耗量分布情况

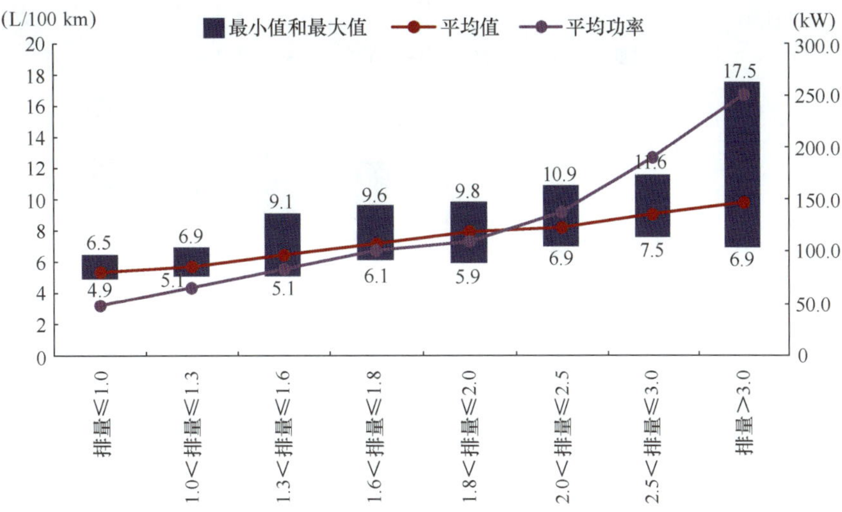

图 4-6 自然吸气型轿车不同排量段燃料消耗量分布情况

◎4.2.2 SUV

增压型SUV和自然吸气SUV在各排量段的燃料消耗量分布如图4-7和图4-8所示，增压车型SUV在1.0＜排量≤1.3 L段内没有车型，自然吸气车型在1.0 L以下没有车型。

排量在2.0 L以上时，增压型SUV的燃料消耗量平均值上升不明显；排量在2.0 L以上时，SUV车型的平均功率大幅增加。

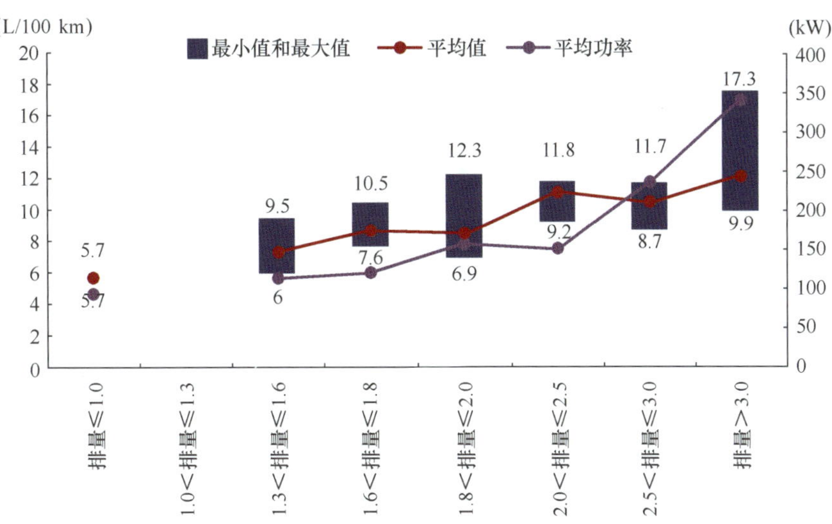

图 4-7 增压型SUV不同排量段燃料消耗量分布情况

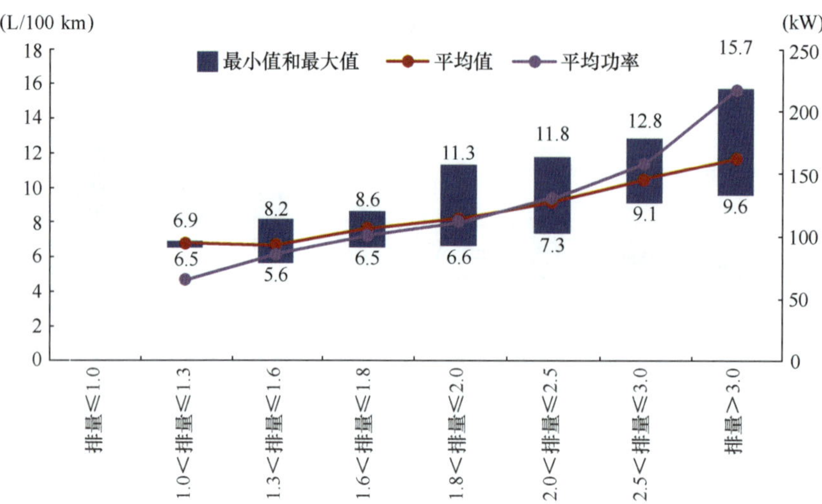

图 4-8 自然吸气型 SUV不同排量段燃料消耗量分布情况

◎4.2.3 MPV

增压型 MPV 和自然吸气 MPV 在各排量段的燃料消耗量分布如图 4-9 和图 4-10 所示，增压车型 MPV 在 1.3 L 以下没有车型，自然吸气车型在 1.0 L 以下没有车型。2.0 <排量≤ 2.5 L 段内的增压型仅有东风裕隆的 MASTER CEO，3.0 L 以上的增压型 MPV 仅有一款进口奔驰的 R 级别车型。

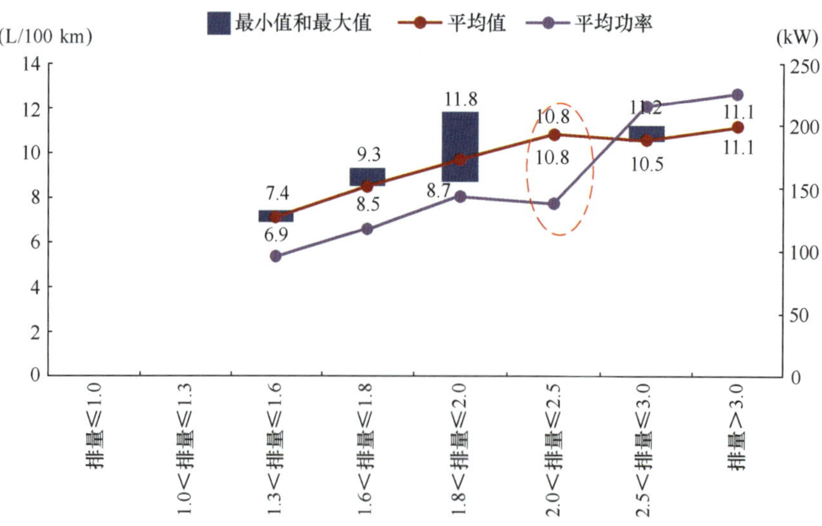

图 4-9 增压型 MPV不同排量段燃料消耗量分布情况

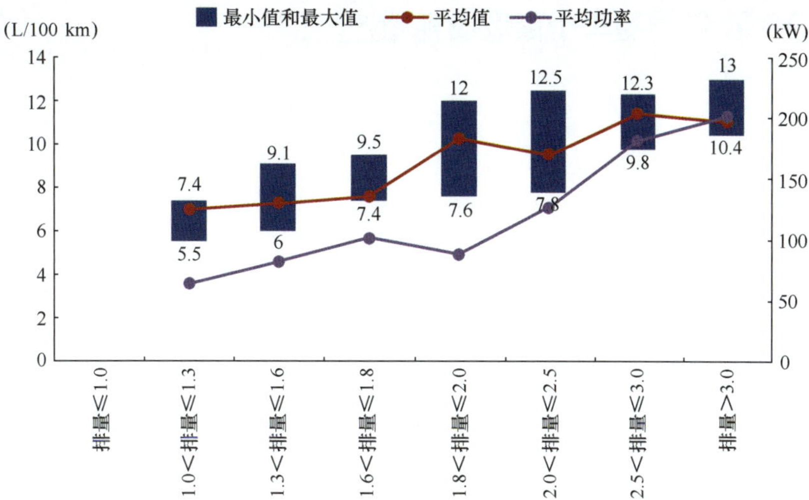

图 4-10 自然吸气型MPV不同排量段燃料消耗量分布情况

4.3 2014年乘用车十佳低油耗量产车型

车型信息及其产量或进口量来源于工业和信息化部汽车燃料消耗量数据管理系统，国产和进口汽车统一排序，分析范围为能够燃用汽油或柴油燃料的乘用车（含非插电式混合动力乘用车），暂不包括新能源乘用车和其他替代燃料乘用车。

同一排名序号内多个车型按通用名称的拼音和字母顺序排序。

车型产量或进口量共分为5级，其中，第一级和第二级仅适用于非插电式混合动力汽车，普通汽油或柴油汽车产量或进口量从第三级开始。

① 500< 产量（或进口量）⩽ 1 000;

② 1 000< 产量（或进口量）⩽ 5 000;

③ 5 000< 产量（或进口量）⩽ 10 000;

④ 10 000< 产量（或进口量）⩽ 30 000;

⑤产量（或进口量）>30 000。

1. 车型分组

十佳车型根据发动机进气方式和排量分5组进行排序，每组按照车型油耗高低排序，各种燃料类型统一排序，同一综合油耗对应一个序号，同一序号有多个车型时，按照车型通用名称的字母、数字和拼音顺序排列。具体分组情况见表4-2。

表4-2 乘用车按发动机进气方式和排量分组组别情况

组别序号	进气方式	发动机排量（L）
1	自然吸气	排量⩽ 1.3
2	自然吸气	1.3 < 排量⩽ 1.6
3	自然吸气	排量 > 1.6
4	增压	排量⩽ 1.6
5	增压	排量 > 1.6

2. 车型选取原则

参与低油耗量产车排名的车辆必须同时满足油耗达标条件和产量或进口量条件。

车型选取包括以下原则。

（1）油耗达标要求

车型油耗实际值须不高于车型整备质量对应油耗目标值当年要求，车型油耗目标值要求见 GB27999《乘用车燃料消耗量评价方法及指标》。

（2）产量或进口量要求

车型 2014 年产量或进口量要求：非插电式混合动力汽车（HEV）大于 500 辆，其他车辆大于 5 000 辆。

（3）车型属性参数

车型属性参数包括：通用名称、轴距、驱动型式、燃料类型、发动机排量。按照相同车型属性参数保留油耗最小值原则，当车型参数不唯一时，保留产量或进口量最大车型。

◎4.3.1 自然吸气排量≤ 1.3 L 十佳低油耗量产车型

自然吸气排量≤ 1.3 L 十佳低油耗量产车型见表 4-3。

表 4-3 2014 年中国乘用车十佳低油耗量产车型——发动机排量≤ 1.3 L，自然吸气

序号	通用名称	车辆型号	汽车生产企业 / 进口汽车经销企业	企业分类	燃料类型	车辆类型	驱动型式	轴距（mm）	座位排数	整备质量（kg）	排量（ml）	气缸数	供油方式	变速器型式	变速器档位数	综合油耗（L/100 km）	产量 / 进口量
1	Smart	fortwo 52kW (451380/ EJ8AA)	梅赛德斯—奔驰（中国）汽车销售有限公司	进口	汽油	轿车	后轮驱动	1 867	1	815	999	3	多点电喷	AT	5	4.9	(10 000，30 000]
2	奥拓	SC7103M	重庆长安铃木汽车有限公司	国产	汽油	轿车	前轮驱动	2 360	2	890	996	3	多点电喷	MT	5	5.0	>30 000
	奔奔mini	SC7106CYA4	重庆长安汽车股份有限公司	国产	汽油	轿车	前轮驱动	2 345	2	900	999	4	多点电喷	MT	5	5.0	(10 000，30 000]
4	奇瑞QQ3	SQR7100S111	奇瑞汽车股份有限公司	国产	汽油	轿车	前轮驱动	2 340	2	890	998	3	多点电喷	MT	5	5.1	(5 000，10 000]
5	比亚迪F0	QCJ7100L	比亚迪汽车工业有限公司	国产	汽油	轿车	前轮驱动	2 340	2	870	998	3	多点电喷	MT	5	5.2	(10 000，30 000]
	江南TT	JNJ7082AF	湖南江南汽车制造有限公司	国产	汽油	轿车	前轮驱动	2 175	2	645	796	3	多点电喷	MT	4	5.2	(5 000，10 000]
	众泰Z100	JNJ7100	湖南江南汽车制造有限公司	国产	汽油	轿车	前轮驱动	2 360	2	898	996	3	多点电喷	MT	5	5.2	(5 000，10 000]
8	奇瑞QQ	SQR7100J000	奇瑞汽车股份有限公司	国产	汽油	轿车	前轮驱动	2 340	2	936	998	3	多点电喷	MT	5	5.3	(5 000，10 000]
9	欧力威	SC6388AVY4	重庆长安汽车股份有限公司	国产	汽油	MPV	前轮驱动	2 505	2	1 095	1 243	4	多点电喷	MT	5	5.5	(10 000，30 000]
	启辰R30	DFL7120MAK2	东风汽车有限公司	国产	汽油	轿车	前轮驱动	2 450	2	901	1 198	3	多点电喷	MT	5	5.5	(5 000，10 000]

◎4.3.2 自然吸气 1.3＜排量≤ 1.6 L 十佳低油耗量产车型

自然吸气 1.3< 排量≤ 1.6 L 十佳低油耗量产车型见表 4-4。

表 4-4 2014 年中国乘用车十佳低油耗量产车型——1.3＜发动机排量≤ 1.6 L，自然吸气

序号	通用名称	车辆型号	汽车生产企业 / 进口汽车经销企业	企业分类	燃料类型	车辆类型	驱动型式	轴距（mm）	座位排数	整备质量（kg）	排量（ml）	气缸数	供油方式	变速器型式	变速器档位数	综合油耗（L/100 km）	产量 / 进口量
1	北斗星	CH7143B	江西昌河铃木汽车有限责任公司	国产	汽油	轿车	前轮驱动	2 485	2	940	1 372	4	多点电喷	MT	5	5.3	(10 000, 30 000]
	奔奔	SC7141 AY4	重庆长安汽车股份有限公司	国产	汽油	轿车	前轮驱动	2 410	2	1 020	1 370	4	多点电喷	MT	5	5.3	(10 000, 30 000]
	本田飞度	HG7155 DAC5	广汽本田汽车有限公司	国产	汽油	轿车	前轮驱动	2 530	2	1 078	1 498	4	缸内直喷	CVT	—	5.3	>30 000
	威驰	TV7133 DLXME	天津一汽丰田汽车有限公司	国产	汽油	轿车	前轮驱动	2 550	2	1 025	1 329	4	多点电喷	MT	5	5.3	(10 000, 30 000]
	赛欧	SGM7130 SMAC	上海通用东岳汽车有限公司	国产	汽油	轿车	前轮驱动	2 500	2	1 057	1 349	4	多点电喷	MT	5	5.3	(5 000, 10 000]
6	赛欧	SGM7150 SMAB	上海通用东岳汽车有限公司	国产	汽油	轿车	前轮驱动	2 500	2	1 103	1 485	4	多点电喷	MT	5	5.4	(5 000, 10 000]
7	丰田致炫	GTM71 30MB	广汽丰田汽车有限公司	国产	汽油	轿车	前轮驱动	2 550	2	1 030	1 329	4	多点电喷	MT	5	5.5	(5 000, 10 000]
	威驰	TV7151 GL-iME	天津一汽丰田汽车有限公司	国产	汽油	轿车	前轮驱动	2 550	2	1 035	1 496	4	多点电喷	MT	5	5.5	(5 000, 10 000]
9	CX20	SC7149A4	重庆长安汽车股份有限公司	国产	汽油	轿车	前轮驱动	2 450	2	1 060	1 370	4	多点电喷	MT	5	5.6	>30 000
	SC6	JL7151K14	浙江豪情汽车制造有限公司	国产	汽油	轿车	前轮驱动	2 502	2	1 132	1 498	4	多点电喷	MT	5	5.6	(5 000, 10 000]
	S-CROSS	SC7162XG	重庆长安铃木汽车有限公司	国产	汽油	SUV	前轮驱动	2 600	2	1 170	1 586	4	多点电喷	CVT	—	5.6	(10 000, 30 000]
	V3 菱悦	DN7152 MA5	东南（福建）汽车工业有限公司	国产	汽油	轿车	前轮驱动	2 500	2	1 100	1 499	4	多点电喷	MT	5	5.6	(10 000, 30 000]
	悦翔 V5	SC7151 EYA4	重庆长安汽车股份有限公司	国产	汽油	轿车	前轮驱动	2 515	2	1 135	1 499	4	多点电喷	MT	5	5.6	>30 000

◎4.3.3 自然吸气排量 >1.6 L 十佳低油耗量产车型

自然吸气排量 >1.6 L 十佳低油耗量产车型见表 4-5。

表 4-5 2014 年中国乘用车十佳低油耗量产车型——发动机排量 >1.6 L，自然吸气

序号	通用名称	车辆型号	汽车生产企业 / 进口汽车经销企业	企业分类	燃料类型	车辆类型	驱动型式	轴距（mm）	座位排数	整备质量（kg）	排量（ml）	气缸数	供油方式	变速器型式	变速器档位数	综合油耗（L/100 km）	产量 / 进口量
1	LEXUS CT200h	ZWA10L-A HXBBC2	丰田汽车(中国)投资有限公司	进口	非插电式混合动力	轿车	前轮驱动	2 600	2	1 440	1 798	4	多点电喷	CVT	—	4.6	(5 000，10 000]
2	丰田混合动力凯美瑞	GTM7251 HEVS	广汽丰田汽车有限公司	国产	非插电式混合动力	轿车	前轮驱动	2 775	2	1 605	2 494	4	多点电喷	CVT	—	5.3	(5 000，10 000]
3	LEXUS ES300h	AVV60L-B EXGBC3	丰田汽车(中国)投资有限公司	进口	非插电式混合动力	轿车	前轮驱动	2 820	2	1 690	2 494	4	多点电喷	CVT	—	5.4	(5 000，10 000]
4	LEXUS NX300h	AYZ10L-A WXLBC2	丰田汽车(中国)投资有限公司	进口	非插电式混合动力	SUV	前轮驱动	2 660	2	1 785	2 494	4	多点电喷	CVT	—	5.8	(500，1 000]
5	408	DC7186 LSBB	神龙汽车有限公司	国产	汽油	轿车	前轮驱动	2 730	2	1 370	1 813	4	多点电喷	AT	6	5.9	(10 000，30 000]
6	LEXUS NX300h	AYZ15L-A WXLBC2	丰田汽车(中国)投资有限公司	进口	非插电式混合动力	SUV	全时全轮驱动	2 660	2	1 845	2 494	4	多点电喷	CVT	—	6.1	(500，1 000]
	丰田雷凌	GTM7180 LLCB	广汽丰田汽车有限公司	国产	汽油	轿车	前轮驱动	2 700	2	1 300	1 798	4	多点电喷	CVT	—	6.1	(5 000，10 000]
	卡罗拉	TV7183 GLX-i	天津一汽丰田汽车有限公司	国产	汽油	轿车	前轮驱动	2 700	2	1 315	1 798	4	多点电喷	CVT	—	6.1	(5 000，10 000]
9	本田缤智	HG7180 HAC4A	广汽本田汽车有限公司	国产	汽油	SUV	前轮驱动	2 610	2	1 302	1 799	4	多点电喷	CVT	—	6.5	(10 000，30 000]
	本田凌派	HG7180 GAM4	广汽本田汽车有限公司	国产	汽油	轿车	前轮驱动	2 650	2	1 240	1 798	4	多点电喷	MT	5	6.5	(10 000，30 000]
	马自达 J71	CA7200 ATE5	中国第一汽车集团公司	国产	汽油	轿车	前轮驱动	2 830	2	1 447	1 998	4	缸内直喷	AT	6	6.5	(10 000，30 000]

◎4.3.4 增压排量≤ 1.6 L 十佳低油耗量产车型

增压排量≤ 1.6 L 十佳低油耗量产车型见表 4-6。

表 4-6 2014 年中国乘用车十佳低油耗量产车型——发动机排量≤ 1.6 L，增压

序号	通用名称	车辆型号	汽车生产企业 / 进口汽车经销企业	企业分类	燃料类型	车辆类型	驱动型式	轴距（mm）	座位排数	整备质量（kg）	排量（ml）	气缸数	供油方式	变速器型式	变速器档位数	综合油耗（L/100 km）	产量 / 进口量
1	MINI COOPER	MINI COOPER XM51	宝马（中国）汽车贸易有限公司	进口	汽油	轿车	前轮驱动	2 495	2	1 240	1 499	3	缸内直喷	AT	6	5.4	(5 000，10 000]
	奥迪 A3 1.4T 自动	FV7148 BADBG	一汽—大众汽车有限公司	国产	汽油	轿车	前轮驱动	2 629	2	1 345	1 395	4	缸内直喷	DCT	7	5.4	(10 000，30 000]
3	帝豪 1.3MT	MR7132 L03	浙江吉利汽车有限公司	国产	汽油	轿车	前轮驱动	2 650	2	1 322	1 299	4	多点电喷	MT	6	5.7	(5 000，10 000]
	朗行	SVW71 47LLD	上海大众汽车有限公司	国产	汽油	轿车	前轮驱动	2 610	2	1 315	1 395	4	缸内直喷	DCT	7	5.7	(5 000，10 000]
	新朗逸	SVW71 47BLD	上海大众汽车有限公司	国产	汽油	轿车	前轮驱动	2 610	2	1 305	1 395	4	缸内直喷	DCT	7	5.7	>30 000
6	高尔夫 1.4T 自动	FV7144 LBDWG	一汽—大众汽车有限公司	国产	汽油	轿车	前轮驱动	2 637	2	1 280	1 395	4	缸内直喷	DCT	7	5.8	>30 000
7	新科鲁兹	SGM714 4DAA1	上海通用（沈阳）北盛汽车有限公司	国产	汽油	轿车	前轮驱动	2 662	2	1 300	1 399	4	缸内直喷	DCT	7	5.9	(5 000，10 000]
	帝豪 1.3CVT	MR7132 C01	浙江吉利汽车有限公司	国产	汽油	轿车	前轮驱动	2 650	2	1 335	1 299	4	多点电喷	CVT	—	5.9	(5 000，10 000]
9	408	DC7166 TSAB	神龙汽车有限公司	国产	汽油	轿车	前轮驱动	2 730	2	1 415	1 598	4	缸内直喷	AT	6	6.0	(5 000，10 000]
	甲壳虫	BEET LE 1.2	大众汽车（中国）销售有限公司	进口	汽油	轿车	前轮驱动	2 538	2	1 283	1 197	4	缸内直喷	AT	7	6.0	(5 000，10 000]

◎4.3.5 增压排量 >1.6 L 十佳低油耗量产车型

增压排量 >1.6 L 十佳低油耗量产车型见表 4-7。

表 4-7 2014 年中国乘用车十佳低油耗量产车型——发动机排量 >1.6 L，增压

序号	通用名称	车辆型号	汽车生产企业 / 进口汽车经销企业	企业分类	燃料类型	车辆类型	驱动型式	轴距（mm）	座位排数	整备质量(kg)	排量（ml）	气缸数	供油方式	变速器型式	变速器档位数	综合油耗 (L/100 km)	产量 / 进口量
1	奥迪 A4L 2.0T 自动	FV7203 BECBG	一汽一大众汽车有限公司	国产	汽油	轿车	前轮驱动	2 869	2	1 600	1 984	4	缸内直喷	CVT	—	6.2	>30 000
	奥迪 A5 2.0T	A5 2.0T 8TS CNCDF5A0	一汽进出口有限公司	进口	汽油	轿车	前轮驱动	2 817	2	1 630	1 984	4	缸内直喷	CVT	—	6.2	(5 000，10 000]
3	C200L	BJ7204FEL	北京奔驰汽车有限公司	国产	汽油	轿车	后轮驱动	2 920	2	1 650	1 991	4	缸内直喷	AT	7	6.3	(10 000，30 000]
4	V60 T5	V60 T5 F W40CD1	沃尔沃汽车销售（上海）有限公司	进口	汽油	轿车	前轮驱动	2 776	2	1 635	1 969	4	缸内直喷	AT	8	6.5	(5 000，10 000]
5	E200L 2014/0	BJ7202EEL	北京奔驰汽车有限公司	国产	汽油	轿车	后轮驱动	3 014	2	1 745	1 991	4	缸内直喷	AT	7	6.7	(5 000，10 000]
	E260L 2014/0	BJ7202EL	北京奔驰汽车有限公司	国产	汽油	轿车	后轮驱动	3 014	2	1 769	1 991	4	缸内直喷	AT	7	6.7	(10 000，30 000]
	宝马 3 系	BMW7200FF (BMW320i)	华晨宝马汽车有限公司	国产	汽油	轿车	后轮驱动	2 810	2	1 530	1 997	4	缸内直喷	AT	8	6.7	(10 000，30 000]
8	520i	520i 5A31	宝马（中国）汽车贸易有限公司	进口	汽油	轿车	后轮驱动	2 968	2	1 730	1 997	4	缸内直喷	AT	8	6.8	(5 000，10 000]
9	XC60 T5	XC60 T5 DZ40CD1	沃尔沃汽车销售（上海）有限公司	进口	汽油	SUV	前轮驱动	2 774	2	1 769	1 969	4	缸内直喷	AT	8	6.9	(10 000，30 000]
	奥迪 A6L 2.0T 自动	FV7201 BACWG	一汽一大众汽车有限公司	国产	汽油	轿车	前轮驱动	3 012	2	1 740	1 984	4	缸内直喷	CVT	—	6.9	>30 000
	宝马 3 系	BMW7200HL (BMW320Li)	华晨宝马汽车有限公司	国产	汽油	轿车	后轮驱动	2 920	2	1 560	1 997	4	缸内直喷	AT	8	6.9	>30 000
	宝马 5 系	BMW7201UL (BMW520Li)	华晨宝马汽车有限公司	国产	汽油	轿车	后轮驱动	3 108	2	1 740	1 997	4	缸内直喷	AT	8	6.9	(10 000，30 000]
	宝马 X1	BMW7202HS (BMWX1)	华晨宝马汽车有限公司	国产	汽油	SUV	后轮驱动	2 760	2	1 605	1 997	4	缸内直喷	AT	8	6.9	(10 000，30 000]

4.4 2014年乘用车二十佳节油率量产车型

本章节油率指车型油耗实际值相对于标准目标值当年要求的节油程度，以百分比表示，即节油率 =（目标值 − 实际值）/ 目标值。

说明：本节数据来源和汽车类型范围与上一节相同，同样是国产和进口汽车统一排序，只是不再区分发动机进气方式和排量，具体见表4-8。

表 4-8 2014 年中国乘用车乘用车二十佳节油率量产车型

序号	通用名称	车辆型号	汽车生产企业 / 进口汽车经销企业	企业分类	燃料类型	车辆类型	驱动型式	轴距（mm）	座位排数	整备质量（kg）	排量（ml）	气缸数	供油方式	进气方式	变速器型式	变速器档位数	综合油耗（L/100 km）	比目标值当年要求节油率	产量 / 进口量
1	LEXUS CT200h	ZWA10L-AHXBBC2	丰田汽车（中国）投资有限公司	进口	非插电式混合动力	轿车	前轮驱动	2 600	2	1 440	1 798	4	多点电喷	自然吸气	CVT	—	4.6	42.5%	(5 000, 10 000]
2	LEXUS ES300h	AVV60L-BEXGBC3	丰田汽车（中国）投资有限公司	进口	非插电式混合动力	轿车	前轮驱动	2 820	2	1 690	2 494	4	多点电喷	自然吸气	CVT	—	5.4	38.6%	(5 000, 10 000]
3	LEXUS NX300h	AYZ10L-AWXLBC2	丰田汽车（中国）投资有限公司	进口	非插电式混合动力	SUV	前轮驱动	2 660	2	1 785	2 494	4	多点电喷	自然吸气	CVT	—	5.8	37.0%	(500, 1 000]
4	丰田混合动力凯美瑞	GTM7251 HEVS	广汽丰田汽车有限公司	国产	非插电式混合动力	轿车	前轮驱动	2 775	2	1 605	2 494	4	多点电喷	自然吸气	CVT	—	5.3	36.9%	(1 000, 5 000]

续表

序号	通用名称	车辆型号	汽车生产企业/进口汽车经销企业	企业分类	燃料类型	车辆类型	驱动型式	轴距（mm）	座位排数	整备质量（kg）	排量（ml）	气缸数	供油方式	进气方式	变速器型式	变速器档位数	综合油耗（L/100 km）	比目标值当年要求节油率	产量/进口量
5	S 400 L HYBRID	S 400 L HYBRID (222157/UG5HB)	梅赛德斯—奔驰（中国）汽车销售有限公司	进口	非插电式混合动力	轿车	后轮驱动	3 165	2	2 118	3 498	6	缸内直喷	自然吸气	AT	7	6.9	34.9%	(500，1 000]
6	LEXUS NX300h	AYZ15L-AWXLBC2	丰田汽车（中国）投资有限公司	进口	非插电式混合动力	SUV	全时全轮驱动	2 660	2	1 845	2 494	4	多点电喷	自然吸气	CVT	—	6.1	33.7%	(500，1 000]
7	发现	DISCOVERY (CJVN)	捷豹路虎汽车贸易（上海）有限公司	进口	柴油	SUV	全时全轮驱动	2 885	3	2 611	2 993	6	缸内直喷	增压	AT	8	8.4	29.4%	(5 000，10 000]
8	奥迪 A3 1.4T 自动	FV7148BADBG	一汽—大众汽车有限公司	国产	汽油	轿车	前轮驱动	2 629	2	1 345	1 395	4	缸内直喷	增压	DCT	7	5.4	28.9%	(10 000，30 000]
9	奥迪 A4L 2.0T 自动	FV7203BECBG	一汽—大众汽车有限公司	国产	汽油	轿车	前轮驱动	2 869	2	1 600	1 984	4	缸内直喷	增压	CVT	—	6.2	26.2%	>30 000
	奥迪 A5 2.0T	A5 2.0T 8TS CNCDF5A0	一汽进出口有限公司	进口	汽油	轿车	前轮驱动	2 817	2	1 630	1 984	4	缸内直喷	增压	CVT	—	6.2	26.2%	(5 000，10 000]
11	C200L	BJ7204FEL	北京奔驰汽车有限公司	国产	汽油	轿车	后轮驱动	2 920	2	1 650	1 991	4	缸内直喷	增压	AT	7	6.3	25.0%	(10 000，30 000]
	MINI COOPER	MINI COOPER XM51	宝马（中国）汽车贸易有限公司	进口	汽油	轿车	前轮驱动	2 495	2	1 240	1 499	3	缸内直喷	增压	AT	6	5.4	25.0%	(5 000，10 000]

续表

序号	通用名称	车辆型号	汽车生产企业/进口汽车经销企业	企业分类	燃料类型	车辆类型	驱动型式	轴距（mm）	座位排数	整备质量（kg）	排量（ml）	气缸数	供油方式	进气方式	变速器型式	变速器档位数	综合油耗（L/100 km）	比目标值当年要求节油率	产量/进口量
13	E200L 2014/0	BJ7202EEL	北京奔驰汽车有限公司	国产	汽油	轿车	后轮驱动	3 014	2	1 745	1 991	4	缸内直喷	增压	AT	7	6.7	23.9%	(5 000，10 000]
	E260L 2014/0	BJ7202EL	北京奔驰汽车有限公司	国产	汽油	轿车	后轮驱动	3 014	2	1 769	1 991	4	缸内直喷	增压	AT	7	6.7	23.9%	(10 000，30 000]
15	V40	V40 MV 485B1	沃尔沃汽车销售（上海）有限公司	进口	汽油	轿车	前轮驱动	2 647	2	1 434	1 596	4	缸内直喷	增压	AT	6	6.1	23.8%	(5 000，10 000]
16	528i	528i SZ61	宝马（中国）汽车贸易有限公司	进口	汽油	轿车	后轮驱动	3 070	2	1 980	1 997	4	缸内直喷	增压	AT	8	7.4	22.9%	(5 000，10 000]
17	520i	520i 5A31	宝马（中国）汽车贸易有限公司	进口	汽油	轿车	后轮驱动	2 968	2	1 730	1 997	4	缸内直喷	增压	AT	8	6.8	22.7%	(5 000，10 000]
18	V60 T5	V60 T5 FW40CD1	沃尔沃汽车销售（上海）有限公司	进口	汽油	轿车	前轮驱动	2 776	2	1 635	1 969	4	缸内直喷	增压	AT	8	6.5	22.6%	(5 000，10 000]
19	奔驰 B180	B 180 (246242/MH4CB)	梅赛德斯—奔驰（中国）汽车销售有限公司	进口	汽油	轿车	前轮驱动	2 699	2	1 440	1 595	4	缸内直喷	增压	AT	7	6.2	22.5%	(5 000，10 000]
20	408	DC7186 LSBB	神龙汽车有限公司	国产	汽油	轿车	前轮驱动	2 730	2	1 370	1 813	4	多点电喷	自然吸气	AT	6	5.9	22.4%	(10 000，30 000]
	帝豪 1.3CVT	MR7132C01	浙江吉利汽车有限公司	国产	汽油	轿车	前轮驱动	2 650	2	1 335	1 299	4	多点电喷	增压	CVT	—	5.9	22.4%	(5 000，10 000]

4.5 典型领跑者车型介绍

根据燃料消耗量水平、节油率、排量、功率以及节能技术应用等参数，筛选一批具有代表性的车型。这些车型能够较好地满足燃料消耗量目标值要求，同时部分性能参数具有一定的领先优势，典型领跑者车型见表 4-9。

表 4-9 典型领跑者车型

企业 / 车型	技术参数		车型
奔驰（进口）Smart fortwo52 kW（451380/EJ8AA）	排量（ml）	999	
	功率（kW）	52	
	变速器	5 AT	
	油耗实际值	4.9	
	油耗目标值	5.9	
	进气	自然吸气	
	供油	多点电喷	
	整备质量(kg)	815	
	特点	电动助力，怠速启停	
长安汽车（国产）欧力威 SC6388AVY4	排量（ml）	1 243	
	功率（kW）	66	
	变速器	5 MT	
	油耗实际值	5.5	
	油耗目标值	6.5	
	进气	自然吸气	
	供油	多点电喷	
	整备质量(kg)	1 095	
	特点	电动助力	
广汽本田（国产）本田飞度 HG7155DAC5	排量（ml）	1 498	
	功率（kW）	96	
	变速器	CVT	
	油耗实际值	5.3	
	油耗目标值	6.5	
	进气	自然吸气	
	供油	缸内直喷	
	整备质量(kg)	1 078	
	特点	电动助力	

续表

企业 / 车型	技术参数		车型
上海通用（国产）赛欧 SGM7150SMAB	排量（ml）	1 485	
	功率（kW）	83	
	变速器	5 MT	
	油耗实际值	5.4	
	油耗目标值	6.5	
	进气	自然吸气	
	供油	多点电喷	
	整备质量(kg)	1 105	
	特点	电动助力	
丰田（进口）LEXUSCT200h ZWA10L-AHXBBC2 常规混合动力	排量（ml）	1 798	
	功率（kW）	73	
	变速器	CVT	
	油耗实际值	4.6	
	油耗目标值	8.0	
	进气	自然吸气	
	供油	多点电喷	
	整备质量(kg)	1 440	
	特点	电动助力	
广汽丰田（国产）雷凌 GTM7180LLCB	排量（ml）	1 798	
	功率（kW）	103	
	变速器	CVT	
	油耗实际值	6.1	
	油耗目标值	7.2	
	进气	自然吸气	
	供油	多点电喷	
	整备质量(kg)	1 300	
	特点	电动助力	
一汽一大众（国产）奥迪 A3 FV7148BADBG	排量（ml）	1 395	
	功率（kW）	110	
	变速器	7DCT	
	油耗实际值	5.4	
	油耗目标值	7.6	
	进气	增压	
	供油	缸内直喷	
	整备质量(kg)	1 345	
	特点	电动助力，怠速启停	

续表

企业 / 车型	技术参数		车型
神龙汽车（国产） 408 DC7166TSAB	排量（ml）	1 598	
	功率（kW）	123	
	变速器	6AT	
	油耗实际值	6.0	
	油耗目标值	7.6	
	进气	增压	
	供油	缸内直喷	
	整备质量(kg)	1 415	
	特点	电动助力，怠速启停	
奔驰（国产） C200L BJ7204FEL	排量（ml）	1 991	
	功率（kW）	135	
	变速器	7AT	
	油耗实际值	6.3	
	油耗目标值	8.4	
	进气	增压	
	供油	缸内直喷	
	整备质量(kg)	1 650	
	特点	电动助力，怠速启停	
一汽一大众（国产） 高尔夫 FV7144LBDWG	排量（ml）	1 395	
	功率（kW）	96	
	变速器	7DCT	
	油耗实际值	5.8	
	油耗目标值	7.2	
	进气	增压	
	供油	缸内直喷	
	整备质量(kg)	1 280	
	特点	电动助力	

>> 第 5 章　节能技术应用现状及发展趋势

随着我国汽车保有量的持续增加和原油对外依存度的不断升高，汽车节能势在必行。车辆燃油消耗的降低离不开节能技术的发展和应用。同时，车辆动力性要求的增加，加大了油耗下降的难度。汽车动力性和经济性全面提升的背后，是节能技术的不断发展和广泛应用。

尽管混合动力、燃料电池和纯电动等新能源汽车技术正在飞速发展，但是技术的成熟和普及还需要较长时间。可以说，在未来十几年甚至几十年内，传统能源依然是汽车动力的主要来源。尤其对于我国汽车市场来说，汽油车市场数量庞大，占比较高，应用高效汽油机降低整车油耗是现阶段汽车节能的首要选择，也是缓解能源压力和环境问题的重要手段。

近年来，无论是国产乘用车还是进口乘用车，燃油消耗均不断降低，这与各项节能技术的广泛应用是息息相关的。2014 年，增压进气、缸内直喷、先进变速器、电动转向助力和怠速启停等先进节能技术的应用比例均呈现高速增长态势。本章通过对乘用车各类节能技术的相关数据进行深入挖掘分析，展现行业节能技术的发展趋势。

5.1 乘用车节能技术应用现状

◎5.1.1 增压进气技术

增压进气技术是传统能源发动机车辆节能的一项重要手段。增压技术最早应用于柴油发动机中，经历多年的发展，成熟可靠，稳定性好。增压器可将内燃机燃烧所需的空气进行预压缩，这样，在发动机排量和转速不变的情况下，增加了流入发动机的空气量，从而提高发动机的功率，进行车辆节能的同时可以在一定程度上提高其动力性。目前，中国以及欧美等汽车工业发达国家柴油机增压技术应用比例已接近100%。汽油机增压技术发展相对较晚，技术水平也落后于柴油机。相对于柴油机而言，汽油机在小排量，尤其是轿车发动机领域，有其独特的应用优势及地位，因此，对汽油机的增压研究和应用，对于节约能源和提高汽车性能都具有重要意义。

1. 国产车型增压比例提升至18.9%

汽油发动机增压技术最早应用于德系产品，美系产品紧随其后，而日系、韩系产品的增压技术应用比例则相对较少。自主品牌企业对增压技术的研究虽然起步较晚，但是投入力度很大，比亚迪、长城等自主企业纷纷推出了搭载增压汽油发动机的产品，技术应用比例也呈现增大趋势。

国产汽油乘用车的增压技术应用比例逐年上升，从2012年下半年到2014年，装配增压发动机的汽油乘用车市场份额由13.2%稳步上升到18.9%。其中，合资品牌的增压技术应用比例相对较高，2012年下半年，增压车型产量占比就已经达到了16.1%，但增速却相对较小，两年间仅增加了约4个百分点。相比而言，自主品牌虽然在2012年下半年增压车型占比只有5.8%，但2014年已经增加到15.1%，上涨接近10个百分点，具体如图5-1所示。

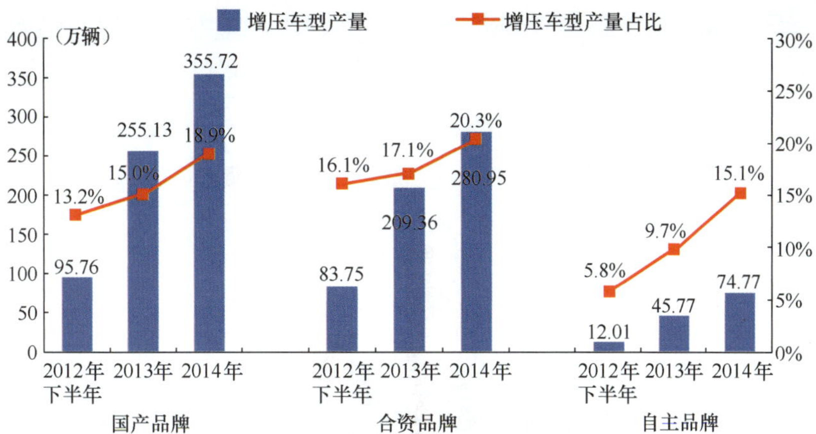

图 5-1 2012年下半年至2014年国产乘用车汽油发动机增压技术应用情况

在车型数量方面，汽油机增压技术的应用也愈加普遍。2014 年，搭载增压技术的国产汽油乘用车车型数量已达 670 个，占比 20.6%。相比 2013 年的 361 个增压车型，2014 年增加了 309 个，涨幅接近 100%。国产乘用车增压车型的增加主要源于合资品牌，其基数和涨幅都相对自主品牌较高。2014 年，合资品牌增压车型有 437 个，占比 24.3%；自主品牌增压车型则仅有 233 个，占比 16.1%，具体如图 5-2 所示。

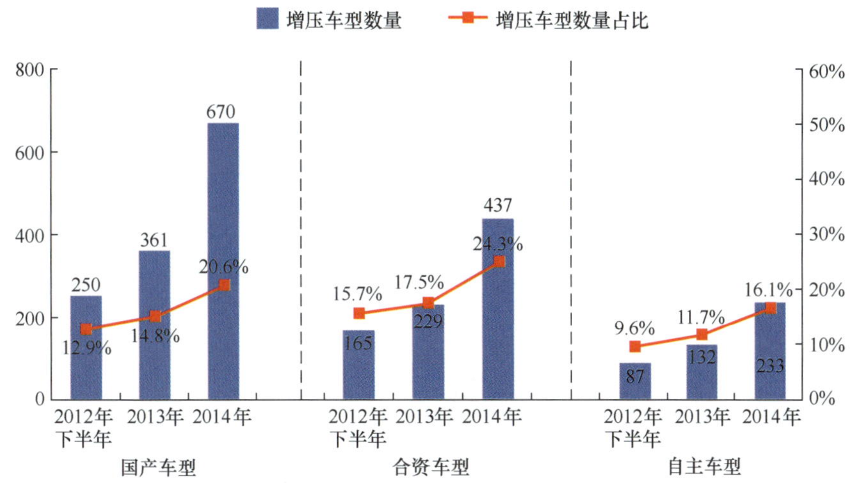

图 5-2 2012年下半年至2014年国产乘用车汽油发动机增压技术车型统计

由增压技术应用比例随发动机排量分布（如图 5-3 所示）可以看出，1.3 ~ 2.0 L 排量段的车型是应用增压技术的主力，尤其是 1.6 ~ 1.8 L 排量段，增压车型产量占比已经接近甚至突破了50%。1.8 ~ 2.0 L排量段的车型增压技术应用比例增长速度最快，从2012年下半年到2014年，其占比由23.9%增长到了36.8%，上涨接近13个百分点。1.3 L以下和2.0 L以上排量段的车型增压技术应用比例较小，基本在5%以下，且没有明显的增长趋势。

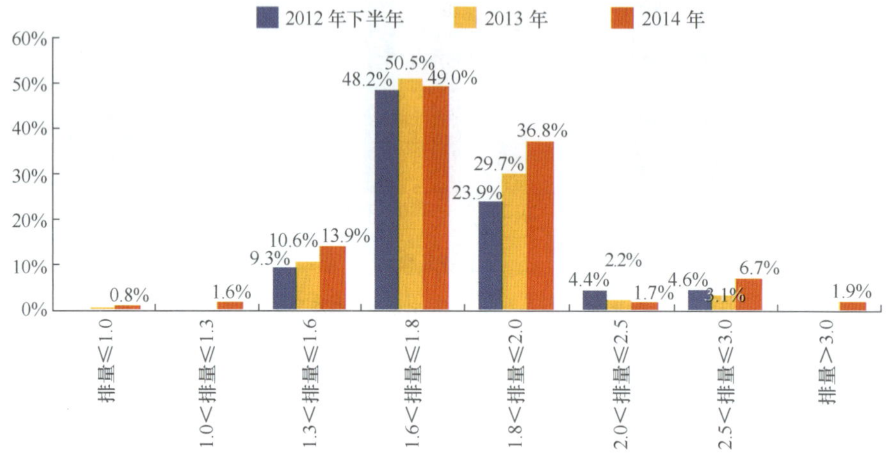

图5-3 2012年下半年至2014年国产乘用车汽油发动机增压技术分排量段应用情况

SUV车型一直是消费者眼中的“油老虎”，由于其车身尺寸和整备质量较大，油耗一般要高于同等排量的轿车车型。在能源紧张、油价较高的中国，增压技术也成为了SUV车型节能降耗的有效手段，在降低油耗的同时还能够提供足够的动力性能。近年来，SUV车型的增压技术应用比例迅速增长，由2012年下半年的22.4%增加到了2014年的37.5%，上涨超过15个百分点。国产轿车的增压技术近年来保持缓速增长，2014年增压技术应用比例达17.1%。国产MPV的增压技术应用比例则在5%以下，且有下降趋势。交叉型乘用车则没有搭载增压发动机的车型，具体如图5-4所示。

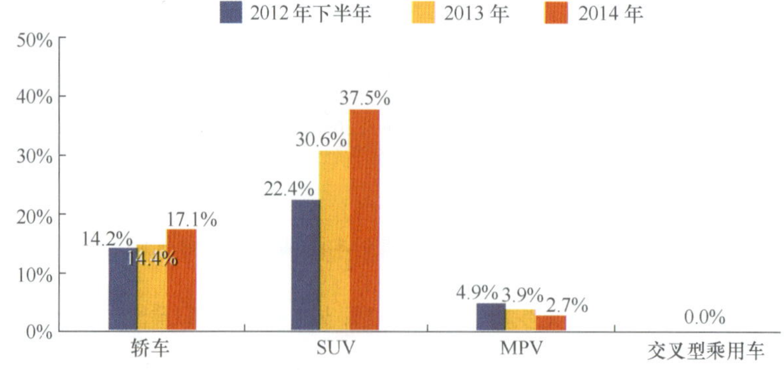

图5-4 2012年下半年至2014年国产乘用车汽油发动机增压技术分车型应用情况

在轿车车型中，随着车辆级别的增大，增压技术的应用比例也逐步提高。微型车和小型车几乎没有应用增压技术的车型，紧凑型轿车的增压技术应用比例也在 10% 以下。中型及以上级别的车型是应用增压发动机的主力车型，且其应用比例逐年增加，尤其是豪华车型，2014 年增压技术的应用比例已经超过了 75%，具体如图 5-5 所示。

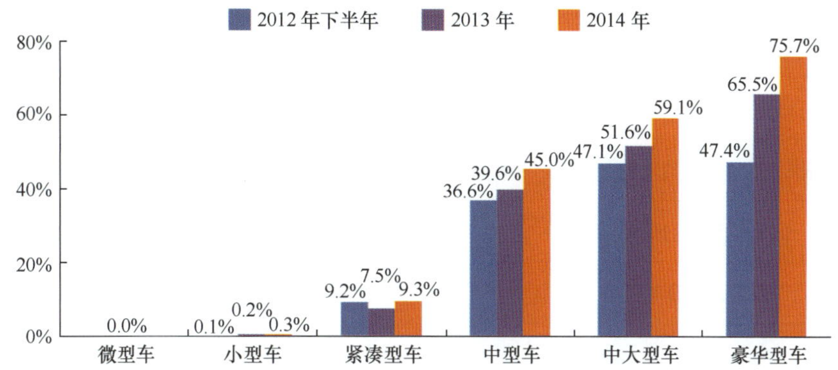

图 5-5 2012年下半年至 2014年国产乘用车汽油发动机增压技术分级别应用情况

由重点国产企业汽油乘用车增压技术的产量占比（见表 5-1）可以看出，合资企业中，一汽—大众、上海大众、长安福特和上海通用东岳应用比例较高，尤其是一汽—大众，2014 年增压车型产量占比已经超过了 50%，并且较 2013 年增加 5.4 个百分点。神龙汽车和上海通用在增压技术方面有一定比例的应用。自主企业中，长城汽车的技术应用比例最高，且增幅明显，2014 年增压车型产量占比已经突破 70%。

表 5-1 2013 ~ 2014 年重点国产企业汽油发动机增压车型产量占比变化

生产企业	2013 年	2014 年	增长
一汽—大众汽车有限公司	49.1%	54.5%	5.4%
上海大众汽车有限公司	41.0%	39.9%	-1.1%
上汽通用五菱汽车股份有限公司	0.0%	0.0%	—
北京现代汽车有限公司	1.3%	0.8%	-0.5%
东风汽车有限公司	0.0%	0.3%	0.3%
重庆长安汽车股份有限公司	1.0%	3.0%	2.0%

续表

生产企业	2013 年	2014 年	增长
长安福特汽车有限公司	25.1%	34.3%	9.2%
神龙汽车有限公司	8.8%	8.5%	-0.3%
上海通用汽车有限公司	12.5%	17.2%	4.7%
上海通用东岳汽车有限公司	12.8%	24.0%	11.2%
东风悦达起亚汽车有限公司	0.1%	0.4%	0.3%
长城汽车股份有限公司	43.7%	70.4%	26.7%
广汽本田汽车有限公司	0.0%	0.0%	—
天津一汽丰田汽车有限公司	0.0%	0.0%	—
上海通用（沈阳）北盛汽车有限公司	0.9%	2.5%	1.6%

2. 进口车型增压比例近 60%

进口汽油乘用车的增压技术应用比例要远高于国产乘用车。从 2012 年下半年到 2014 年，进口汽油乘用车增压车型进口量占比一直保持在接近 60% 的水平，相对比较稳定。进口汽油乘用车增压车型数量随年份的变化与进口量变化呈一致形态，虽然增压车型逐年增加，但是其占比相对稳定，一直维持在 50% 附近水平，具体如图 5-6 和图 5-7 所示。

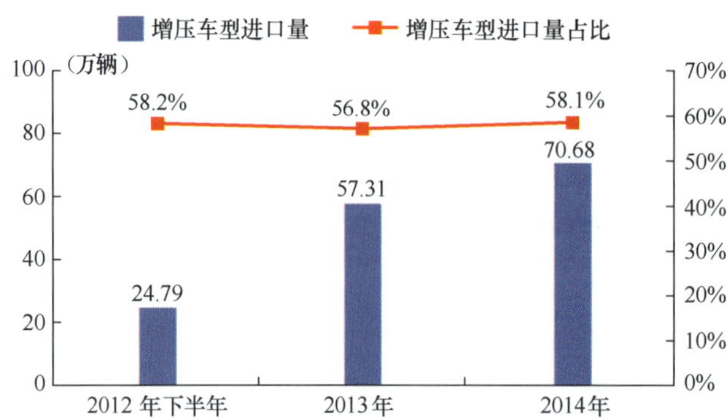

图 5-6 2012年下半年至 2014年进口乘用车汽油发动机增压技术应用情况

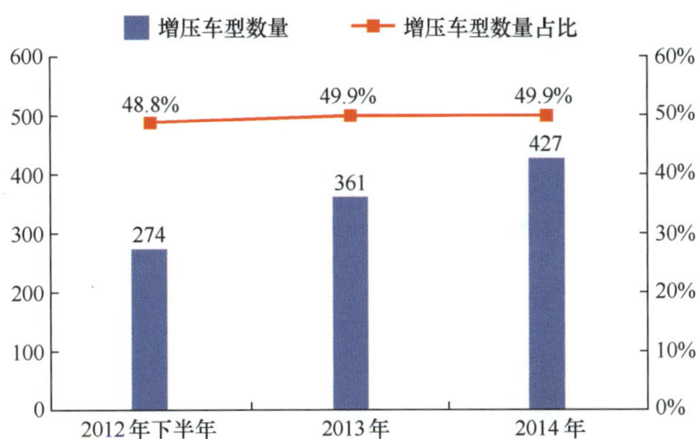

图 5-7 2012年下半年至2014年进口乘用车汽油发动机增压技术车型统计

进口乘用车中，1.0 ~ 1.3 L 和 1.6 ~ 1.8 L 排量段的车型几乎全部采用增压进气技术。1.3 ~ 1.6 L、1.8 ~ 2.0 L 和 2.5 ~ 3.0 L 排量段的车型增压技术应用比例也相对较高，占比在 60% ~ 80% 范围内，其变化趋势稳定。3.0 L 以上的大排量增压车型进口量占比由 2012 年的 51.5% 下降到 2014 年的 20.6%。此外，1.0 L 以下以及 2.0 ~ 2.5 L 排量段的进口车型较少采用增压进气技术，尤其是 2.0 ~ 2.5 L 排量段车型，几乎没有增压车型进口到国内市场，具体如图 5-8 所示。

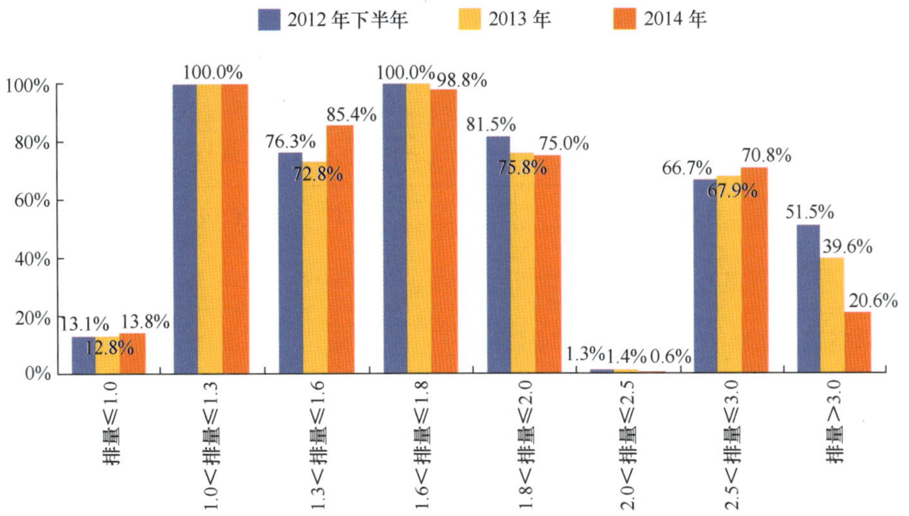

图 5-8 2012年下半年至2014年进口乘用车汽油发动机增压技术分排量段应用情况

与国产乘用车不同，进口汽油乘用车中轿车车型采用增压进气技术的比例最高，到 2014 年进口量占比已经高达 75%。SUV 技术应用比例保持在 50% 左右，有缓慢下降趋势。进口 MPV 增压技术应用比例逐年增加，2014 年已达 64.8%，具体如图 5-9 所示。

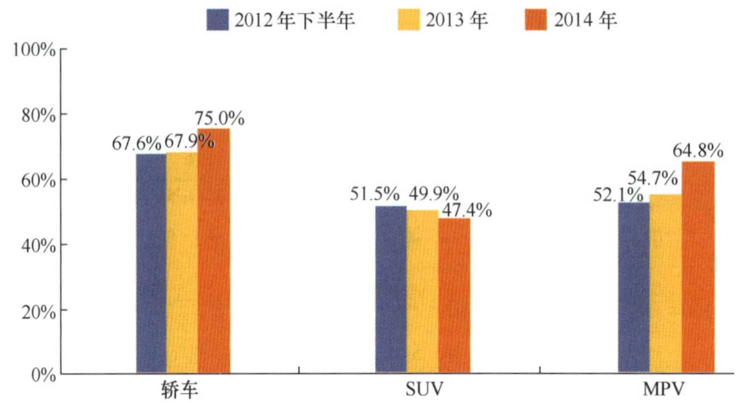

图 5-9 2012年下半年至 2014年进口乘用车汽油发动机增压技术分车型应用情况

重点进口企业中，7 家企业已经普遍采用了增压进气技术，其中，5 家企业技术应用比例超过了 90%，尤其是捷豹路虎和沃尔沃，2014 年增压车型进口量占比已经达到了 100%。宝马中国的技术应用比例增长速度较快，2014 年相对于 2013 年增加超过 7 个百分点。可见，增压进气技术在进口乘用车中的应用比例要远高于国产乘用车，几乎成为了“标配”技术，具体见表 5-2。

表 5-2 2013 ~ 2014 年重点进口企业汽油发动机增压车型进口量占比变化

生产企业	2013 年	2014 年	增长
宝马（中国）汽车贸易有限公司	79.8%	87.2%	7.4%
梅赛德斯—奔驰（中国）汽车销售有限公司	79.7%	83.9%	4.2%
克莱斯勒（中国）汽车销售有限公司	0.0%	0.0%	—
捷豹路虎汽车贸易（上海）有限公司	100.0%	100.0%	—
大众汽车（中国）销售有限公司	94.6%	97.5%	2.9%

续表

生产企业	2013 年	2014 年	增长
一汽进出口有限公司	94.5%	95.9%	1.4%
丰田汽车（中国）投资有限公司	0.0%	0.3%	0.3%
斯巴鲁汽车（中国）有限公司	4.6%	3.1%	-1.5%
保时捷（中国）汽车销售有限公司	92.5%	94.2%	1.7%
沃尔沃汽车销售（上海）有限公司	99.9%	100.0%	0.1%

◎ 5.1.2 缸内直喷技术

缸内直喷技术是汽车节能降耗的另一项重要发动机技术。其原理是将燃油直接通过喷油器喷入气缸内与空气进行混合，避免了电喷供油燃油喷雾吸附在进气管壁上的损失，还能够实现分层燃烧和稀薄燃烧，保证发动机动力性的同时有效降低燃油消耗，并且能够减小尾气中污染物排放。和增压进气技术一样，缸内直喷技术同样最早在柴油发动机中应用，20 世纪 90 年代后期才正式出现在汽油发动机领域。为了达到更好的油气混合效果，应用直喷技术的发动机往往会采用高压喷油器提高喷油压力，辅之以螺旋进气道结构，加大空气进入气缸后的旋转效果。

1. 国产车型直喷比例增加到 15.6%

2014 年缸内直喷技术的应用比例有一定幅度的增长，由 2013 年的 12.0% 增长到了 15.6%，增长主要源于合资品牌车辆，合资品牌采用直喷技术比例也远高于自主品牌。2012 年下半年和 2013 年，合资品牌应用直喷技术的产量占比均为 16.3%，2014 年则增长为 20.4%。反观自主品牌，2013 年缸内直喷应用比例仅为 0.8%，虽然有一定幅度的增长，2014 年也仅提高了 1.3 个百分点，全年直喷汽油发动机乘用车产量仅为 10 万余辆。由于缸内直喷技术相比于增压进气技术在可实现性方面难度更大，国内自主汽车企业对于该项技术的应用并不成熟，还存在较大的技术发展空间，具体如图 5-10 所示。

就车型方面而言，其变化趋势与产量变化趋势略有不同。国产汽油乘用车采用缸内直喷技术的车型数量逐年增加，其占比也稳步增长。2012 年下半年到 2014 年，车型数量占比由 8.4% 增加到 14.1%，尤其是 2014 年增幅较大，较 2013 年增加了将近 5 个百分点。合资品牌的汽油机缸内直喷车型数量和占比同样远高于自主品牌车辆，增速也相对后者较快。2012 年下半年到 2014 年，合资品牌直喷车型占比由 14.3% 增长到 22.5%，自主品牌虽有稳步增长，但仍不足 5%。可见，国产汽油乘用车的缸内直喷技术得到了越来越多汽车生产厂商的认可，更多的车型采用了这项先进的节能技术，即使是技术储备相对较少的自主汽车企业，也在不断加大投入，尝试开发更多的直喷汽油发动机车型，具体如图 5-11 所示。

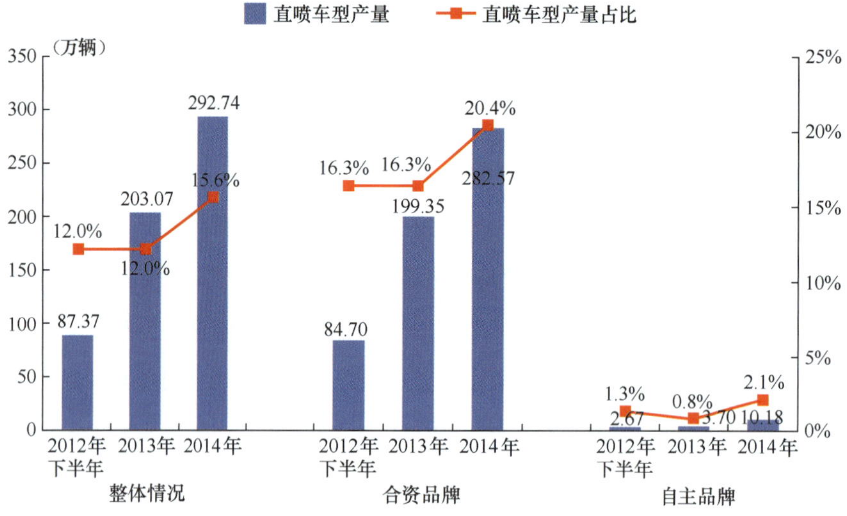

图 5-10 2012年下半年至 2014年国产乘用车汽油发动机直喷技术应用情况

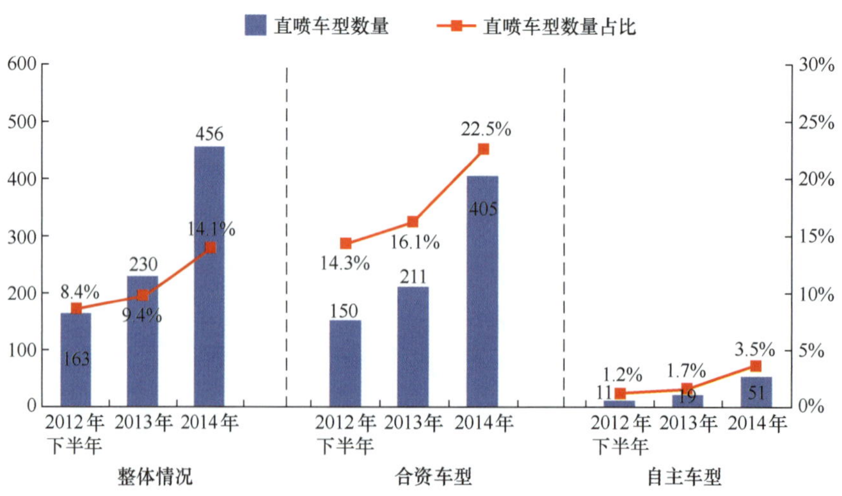

图 5-11 2012年下半年至 2014年国产乘用车汽油发动机直喷技术车型情况

国产汽油乘用车中，1.3 L 以下小排量车型和 3.0 L 以上大排量车型采用缸内直喷技术的比例相对较低，该技术主要在 1.6 ~ 3.0 L 排量段的车型上应用。其中，1.6 ~ 1.8 L 排量段的技术应用比例最高，维持在 40% ~ 45% 的水平，1.8 ~ 3.0 L 排量段的技术应用比例增长速度较快，尤其是 2.0 ~ 2.5 L 排量段车型，应用比例从 2013 年的 14.2% 一跃增长到 2014 年的 25.0%，增加了近 11 个百分点，具体如图 5-12 所示。

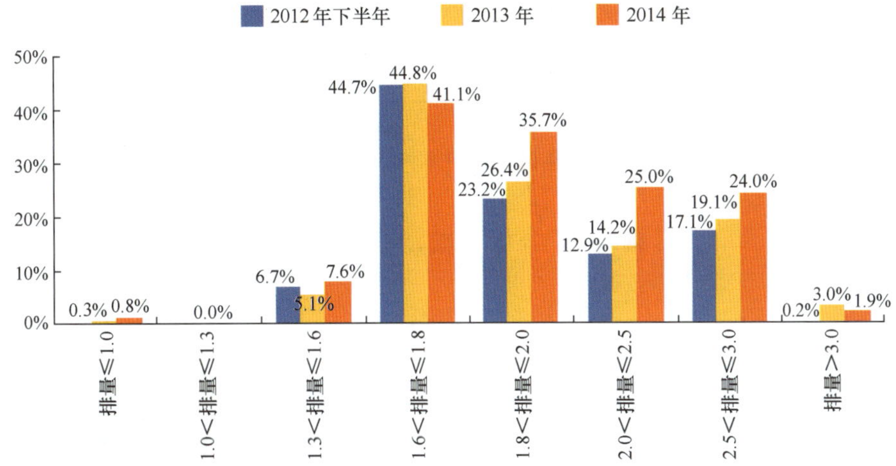

图 5-12　2012年下半年至 2014年国产乘用车汽油发动机直喷技术分排量段应用情况

与增压技术类似，国产汽油乘用车中缸内直喷技术也是在 SUV 车型上的应用比例最高，轿车车型紧随其后，MPV 车型应用相对较少，交叉型乘用车则没有应用直喷技术的车型。SUV 和轿车车型直喷技术应用占比呈现增长态势，2012 年下半年到 2014 年分别由 14.7% 和 13.8% 增长到 20.8% 和 16.9%。MPV 的技术应用比例则相对稳定，维持在 5% 左右，具体如图 5-13 所示。

随着轿车级别的提高，直喷技术的应用比例也相应提高。微型车几乎没有应用缸内直喷技术的车型，小型车也是从 2014 年才开始出现搭载直喷汽油机的车型，应用比例也仅为 4.7%。紧凑型轿车直喷技术应用比例从 2012 年下半年到 2013 年下降了 2 个百分点，但很快在 2014 年反弹回 8.2%。中型及以上级别的轿车车型缸内直喷技术应用比例相对较高，其中，2014 年中大型车的技术占比已经接近 80%，豪华型车的技术占比更是从 2012 年下半年的 45.7% 飞速增长到 2014 年的 83.0%，具体如图 5-14 所示。

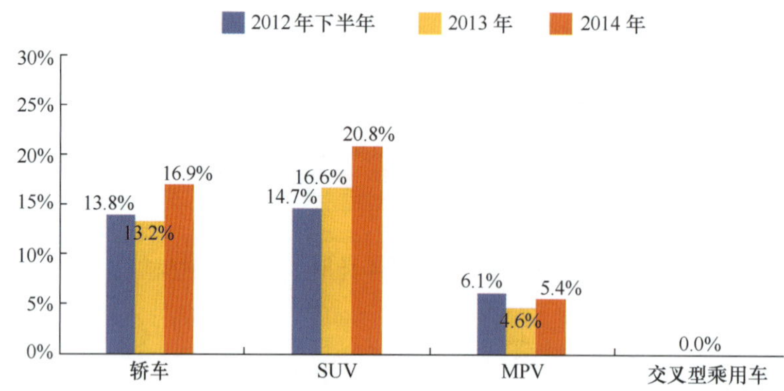

图 5-13 2012年下半年至 2014年国产乘用车汽油发动机直喷技术分车型应用情况

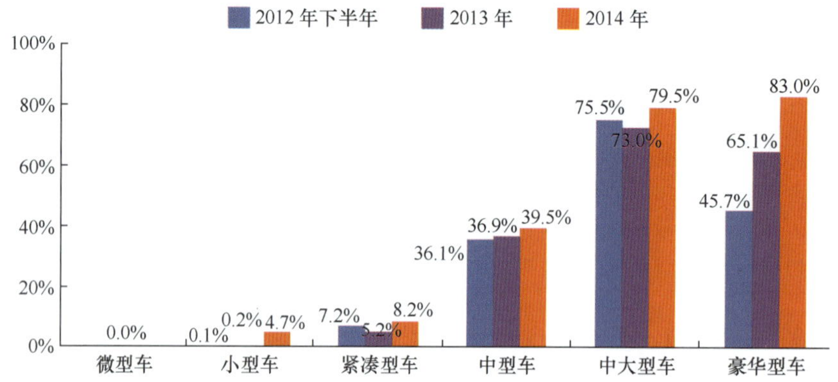

图 5-14 2012年下半年至 2014年国产乘用车汽油发动机直喷技术分级别应用情况

由重点国产企业缸内直喷车型产量占比及变化趋势（见表 5-3）可以看出，合资企业中，一汽一大众、上海大众、上海通用和广汽本田在直喷技术应用方面投入力度较大，其中，一汽一大众的技术应用比例已经超过了 50%，2013 年到 2014 年有将近 7 个百分点的增幅；广汽本田的增长速度最快，由 2013 年的 7.4% 快速增长到 2014 年的 30.7%。此外，长安福特和神龙汽车也有一定比例车型应用了直喷技术。自主企业采用直喷技术的比例相对合资企业较低，长城汽车到 2014 年仅有 1.2% 的汽油发动机乘用车采用了缸内直喷技术。

表 5-3 2013 ~ 2014 年重点国产企业发动机缸内直喷车型产量占比变化

生产企业	2013 年	2014 年	增长
一汽一大众汽车有限公司	50.0%	56.6%	6.6%
上海大众汽车有限公司	41.1%	40.0%	-1.1%
上汽通用五菱汽车股份有限公司	0.0%	0.0%	—
北京现代汽车有限公司	0.4%	0.8%	0.4%
东风汽车有限公司	0.0%	8.0%	8.0%
重庆长安汽车股份有限公司	0.1%	0.1%	—
长安福特汽车有限公司	11.0%	12.3%	1.3%
神龙汽车有限公司	8.8%	8.5%	-0.3%
上海通用汽车有限公司	23.8%	22.1%	-1.7%
上海通用东岳汽车有限公司	0.0%	3.3%	3.3%
东风悦达起亚汽车有限公司	0.1%	0.4%	0.3%
长城汽车股份有限公司	0.1%	1.2%	1.1%
广汽本田汽车有限公司	7.4%	30.7%	23.3%
天津一汽丰田汽车有限公司	0.0%	0.0%	—
上海通用（沈阳）北盛汽车有限公司	7.0%	14.7%	7.7%

2. 进口车型直喷比例超 60%

由于直喷技术在国外已经发展的较为成熟，进口汽油乘用车中采用直喷技术的比例也要远高于国产汽油乘用车。与国产乘用车不同的是，进口车型汽油发动机直喷技术的应用比例要高于其增压技术应用比例，其进口量占比稳定维持在 60% 以上。因为直喷发动机具有更好的燃油雾化效果并且能够实现分层燃烧，使增压技术能够更好地发挥节油效果，因此，技术相对成熟的国外汽车生产企业往往优先采用直喷技术进行分层燃烧，再进一步采用增压进气技术降低燃油消耗。通过这一数据也侧面反映出国产乘用车尤其是自主品牌车辆在缸内直喷技术方面还存在一定不足，具体如图 5-15 所示。

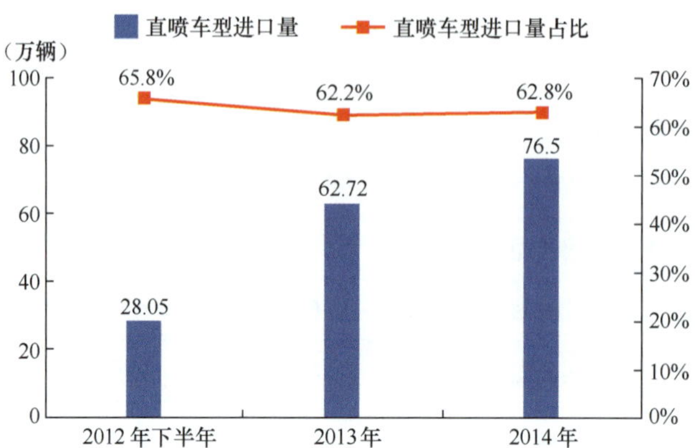

图 5-15 2012年下半年至 2014年进口乘用车汽油发动机直喷技术应用情况

进口汽油乘用车的直喷车型数量占比呈现出与进口量占比相似的变化规律。虽然搭载直喷发动机的车型持续增长，但是其占比一直稳定维持在 62% 左右。可以看出，直喷技术在国外已经发展的较为成熟，具体如图 5-16 所示。

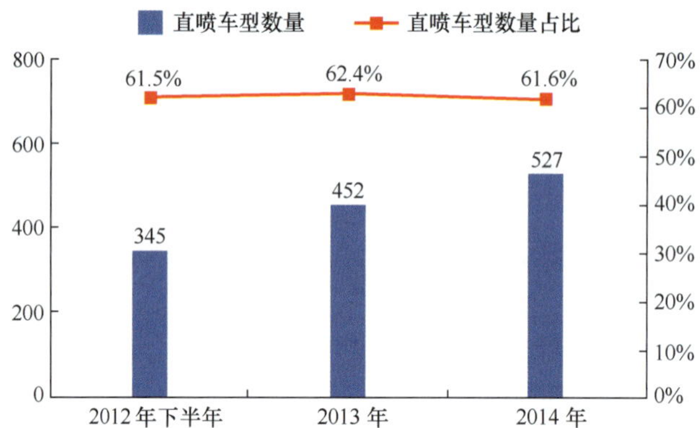

图 5-16 2012年下半年至 2014年进口乘用车汽油发动机直喷技术车型统计

进口车除 1.0 L 以下排量段的车型以外，大部分排量段车型都较大比例地应用了直喷技术。其中，1.0 ~ 1.3 L 和 1.6 ~ 1.8 L 排量段车型汽油机直喷技术应用比例几乎为 100%；1.3 ~ 1.6 L、1.8 ~ 2.0 L 和 2.5 ~ 3.0 L 排量段车型技术应用比例均在 70% 以上，甚至超过 80%；2.0 ~ 2.5 L 和 3.0 L 以上排量段车型的直喷技术应用比例则有不同程度的下降，具体如图 5-17 所示。

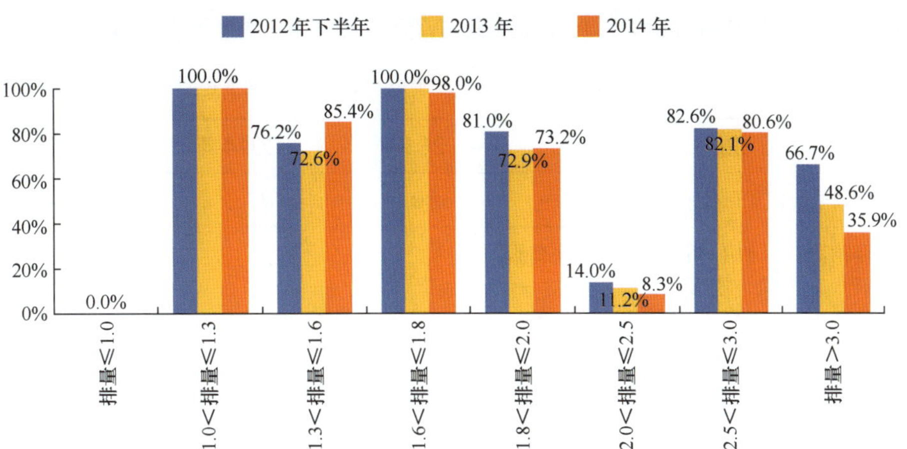

图 5-17 2012年下半年至2014年进口乘用车汽油发动机直喷技术分排量段应用情况

与国产车不同，进口车轿车车型采用直喷汽油机的比例最高。2014 年技术应用比例已经达到 76.3%。SUV 和 MPV 车型技术应用比例相似，不同的是，SUV 车型直喷技术应用呈现逐年减少的趋势，2014 年相对 2012 年下半年下降 6.6 个百分点，而 MPV 车型则呈现逐年递增趋势，2014 年相对 2012 年下半年增长 12.7%，具体如图 5-18 所示。

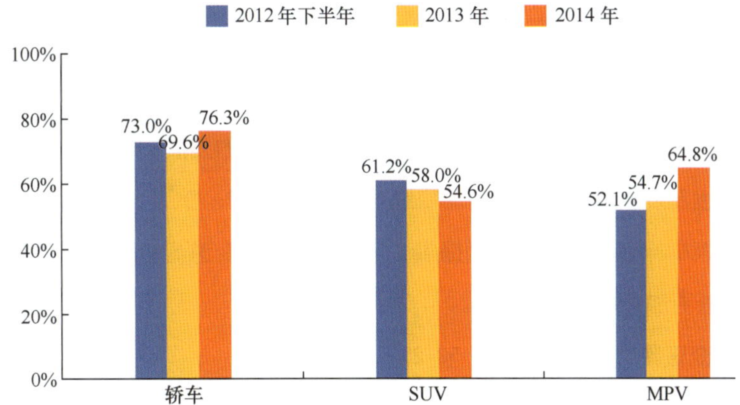

图 5-18 2012年下半年至2014年进口乘用车汽油发动机直喷技术分车型应用情况

重点进口企业中，7 家企业已经普遍采用了缸内直喷技术，其中，4 家企业技术应用比例超过了 90%，尤其是捷豹路虎、一汽进出口和保时捷，2014 年直喷车型进口量占比已经达到了 100%。宝马中国的技术应用比例增长速度最快，由 2013 年的

80.0% 上升到 2014 年的 87.3%，增幅超过了 7 个百分点，具体见表 5-4。

表 5-4 2013 ~ 2014 年重点进口企业汽油发动机缸内直喷车型进口量占比变化

生产企业	2013 年	2014 年	增长
宝马（中国）汽车贸易有限公司	80.0%	87.3%	7.3%
梅赛德斯—奔驰（中国）汽车销售有限公司	83.2%	85.4%	2.2%
克莱斯勒（中国）汽车销售有限公司	0.0%	0.0%	—
捷豹路虎汽车贸易（上海）有限公司	100.0%	100.0%	—
大众汽车（中国）销售有限公司	98.9%	99.4%	0.5%
一汽进出口有限公司	100.0%	100.0%	—
丰田汽车（中国）投资有限公司	0.6%	1.1%	0.5%
斯巴鲁汽车（中国）有限公司	4.5%	3.0%	-1.5%
保时捷（中国）汽车销售有限公司	100.0%	100.0%	—
沃尔沃汽车销售（上海）有限公司	80.3%	73.6%	-6.7%

◎ 5.1.3 变速器技术

5.1.3.1 国产车型应用情况

变速器是汽车传动系统的重要组成部分。经过多年的发展，汽车变速器已经由经典的手动变速器发展为多元化的自动变速器，AT、AMT、DCT、CVT 等变速器形式的出现，为汽车行驶中的换档过程提供了不同的方式，变速器的不断进步也使汽车的传动系统朝着更加省油的方向发展。

1. 自动变速器比例稳步升高至 50.2%

目前国产乘用车主流的变速器依然是手动变速器，但其所占比例正在逐年减少。2012 年下半年到 2014 年，手动变速器占比由 57.9% 下降到 49.8%。相反，自动变速器占比正在逐年上升，尤其是 AT 变速器，在自动变速器中占据了主力地位，由 2012 年下半年的 27.6% 增长到了 2014 年的 32.2%。CVT 变速器也越来越受重视，占比由 4.4% 上升到了 8.2%，DCT 变速器占比变化相对稳定，一直维持在 8% 左右，

AMT 变速器应用比例在 3% 以下，且没有增长趋势。

合资品牌车型各类变速器的应用趋势与整体国产车市场相似，MT 和 AT 变速器占据 80% 甚至更多的市场份额，且二者占比分别呈现出逐年下降和上升的趋势。2014 年，合资品牌车型 DCT 和 CVT 变速器的应用比例均已超过 10%。自主品牌车型中 MT 变速器占据了主导地位，市场份额在 80% 以上。AT 变速器应用比例呈现上升趋势，2014 年比例已达 11.7%。其他类型变速器在自主品牌车型中的应用均非常少，具体如图 5-19 所示。

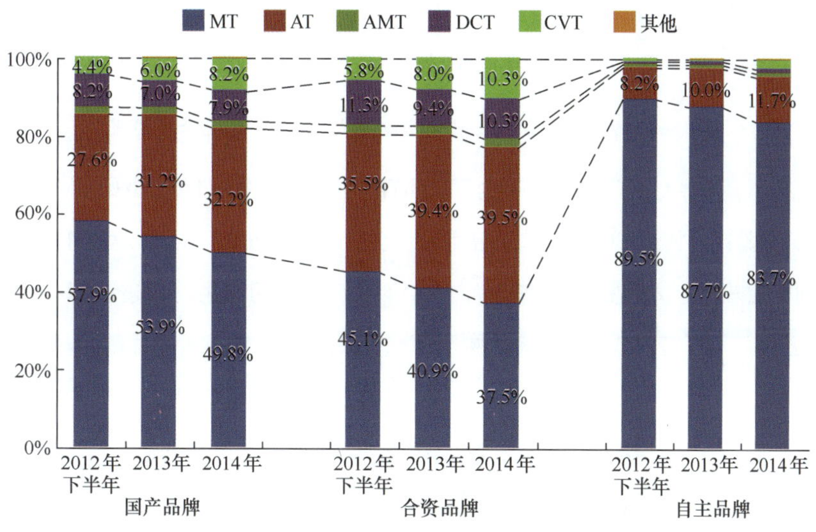

图 5-19 2012年下半年至 2014年国产乘用车变速器形式统计

随着排量的增大，MT 变速器的应用比例呈现出非常明显的下降趋势。1.3 L 以下的国产乘用车几乎全部为 MT 变速器，2.5 L 以上的车型则只有不到 5% 的比例应用 MT 变速器。AT 变速器在 1.3 L 以上车型中应用比例较大，尤其是 3.0 L 以上的大排量车型，98.8% 的车型应用 AT 变速器。DCT 变速器主要在 1.3 ~ 2.0 L 排量段以及 2.5 ~ 3.0 L 排量段的车型中应用，其中，1.6 ~ 1.8 L 排量段车型应用 DCT 变速器的比例最高，达 25.5%；CVT 变速器在 1.3 ~ 2.5 L 排量段车型中有较大比例应用，且排量段越大，应用比例越高；2.0 ~ 2.5 L 排量段的占比高达 23.8%，具体如图 5-20 所示。

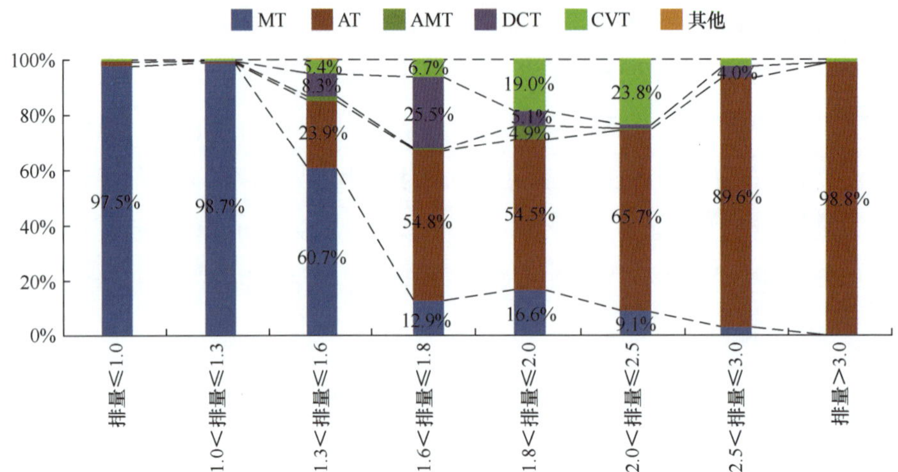

图 5-20 2014年国产乘用车变速器形式随排量段分布情况

国产乘用车中交叉型乘用车全部为 MT 变速器，MPV 除较小比例应用 AT 和 CVT 变速器外，将近 90% 的车型应用 MT 变速器。轿车和 SUV 车型 MT 变速器应用比例相对较小，尤其是 SUV 车型，其 AT 变速器应用比例已经超过 MT 变速器，达 45.2%；DCT 变速器在轿车车型中应用比例最高，达 10.9%；而 CVT 变速器则在 SUV 车型中应用最多，占比 10.7%，具体如图 5-21 所示。

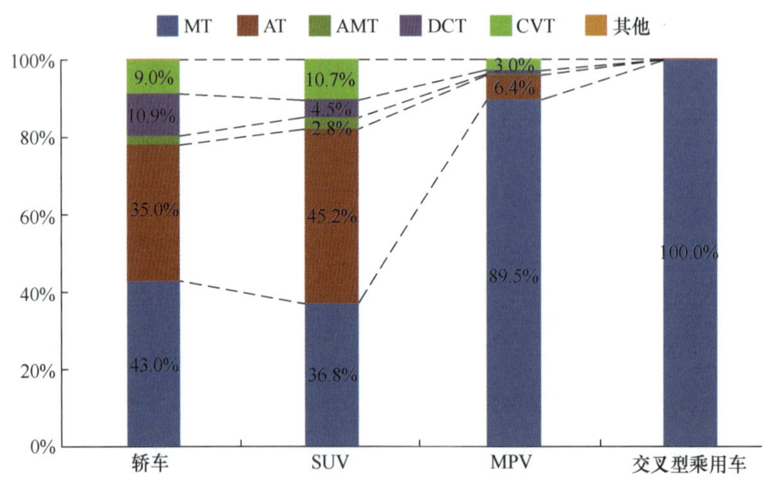

图 5-21 2014年国产乘用车变速器形式随车型分布情况

随着轿车级别的提高，MT 变速器应用比例呈明显下降趋势，中型及以上级别车型只有极少比例采用 MT 变速器。AT 和 CVT 变速器则随车型级别的提高呈现上升趋势，其中，中大型及豪华型车均有超过 90% 的车型采用了 AT 或 CVT 变速器。DCT 变速器在中型车中应用比例最高，为 25.0%，具体如图 5-22 所示。

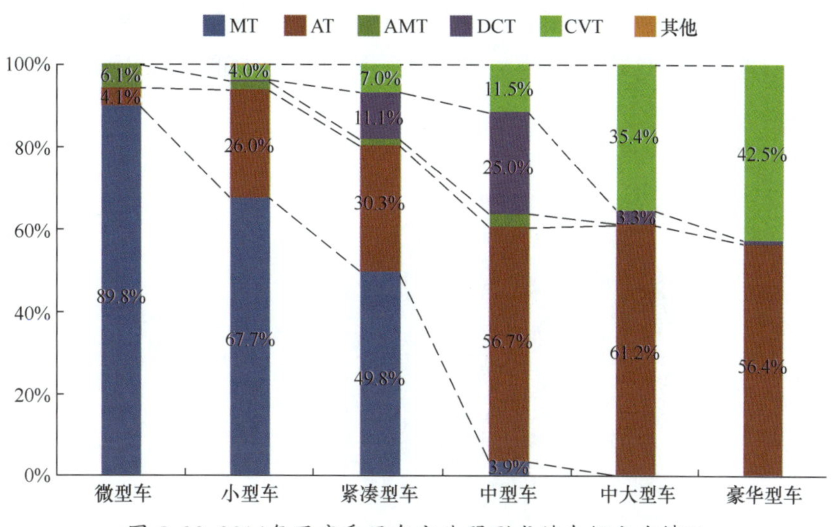

图 5-22 2014年国产乘用车变速器形式随车级分布情况

2. 细分变速器形式应用情况

（1）CVT 车型主要为日系品牌

CVT 车型较多的企业主要为日系合资企业。其中，东风汽车有限公司 CVT 车型款数最多，达 92 款；东南汽车、广汽本田、天津一汽丰田和四川一汽丰田也均有 10 款以上的 CVT 车型，分列第二到五位。2014 年国产乘用车 CVT 车型款数情况如图 5-23 所示。

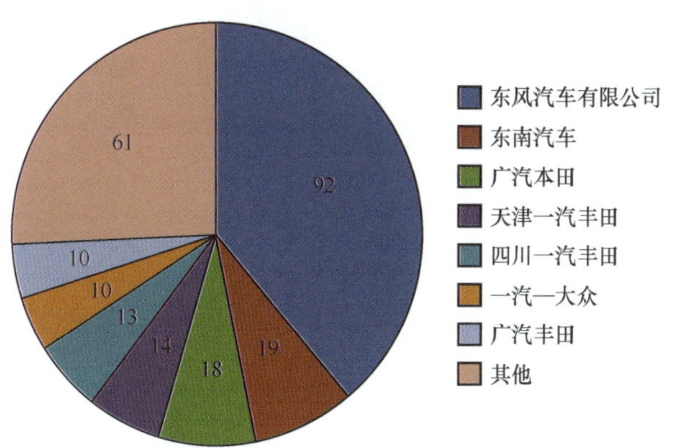

图 5-23 2014年国产乘用车 CVT车型款数情况

在应用 CVT 变速器的车型中，1.3 ~ 1.6 L 和 1.8 ~ 2.0 L 排量段车型市场份额较大，分别为 37.4% 和 40.7%，如图 5-24 所示。CVT 变速器的应用范围正在由低排量、低扭矩车型逐渐向大排量、大扭矩车型过渡。轿车和 SUV 车型是应用 CVT 变速器的主要车型，尤其是轿车车型，市场份额高达 69%，如图 5-25 所示。交叉型乘用车则没有应用 CVT 变速器的车型。

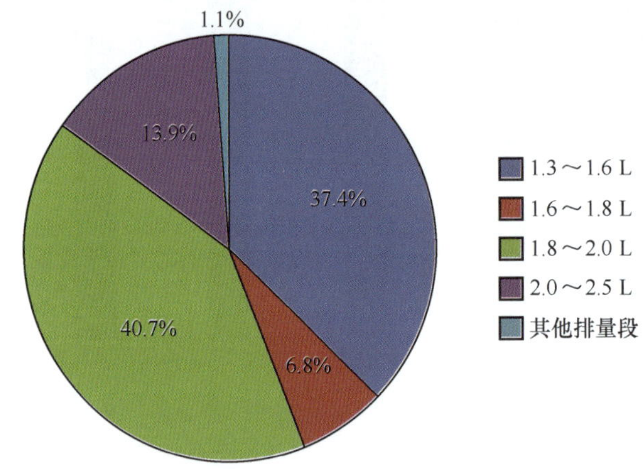

图 5-24 2014年国产乘用车 CVT变速器技术分排量段应用情况

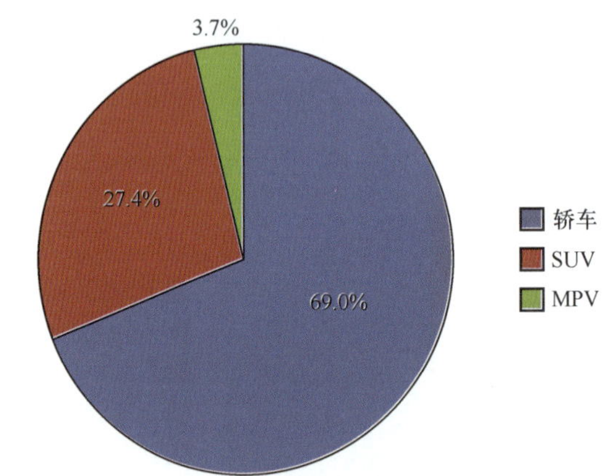

图 5-25 2014年国产乘用车 CVT变速器技术分车型应用情况

CVT 车型产量前 10 的企业中，5 家企业产量占比较大。2014 年，东风汽车有限公司、四川一汽丰田和广汽三菱 3 家企业的 CVT 车型产量占比高于 50%，其中，广汽本田增长速度最快，2014 年相对 2013 年增长了 34.3%，具体变化趋势见表 5-5。

表 5-5 2013 ~ 2014 年各国产企业 CVT 车型产量占比变化趋势

企业名称	2013 年	2014 年	增长
东风汽车有限公司	58.2%	59.5%	1.3%
一汽一大众汽车有限公司	17.0%	15.0%	-2.0%
广汽本田汽车有限公司	12.9%	47.2%	34.3%
天津一汽丰田汽车有限公司	4.7%	29.0%	24.3%
四川一汽丰田汽车有限公司	30.4%	60.4%	30.0%
广汽丰田汽车有限公司	7.2%	17.9%	10.7%
奇瑞汽车股份有限公司	4.8%	20.2%	15.4%
广汽三菱汽车有限公司	44.4%	51.2%	6.8%
重庆长安铃木汽车有限公司	1.0%	18.5%	17.5%
浙江吉利汽车有限公司	5.5%	13.4%	7.9%

（2）DCT 车型主要为欧美系产品

应用 DCT 变速器车型较多的企业主要为欧美合资企业，尤其是德系合资企业 DCT 车型款数众多，分列前两名的上海大众和一汽一大众拥有的 DCT 车型分别为 81 款和 53 款，遥遥领先其他企业。中国自主汽车企业比亚迪汽车有限公司和比亚迪汽车工业有限公司在 DCT 变速器方面也有较大投入，分别拥有 13 款和 9 款 DCT 车型，具体如图 5-26 所示。

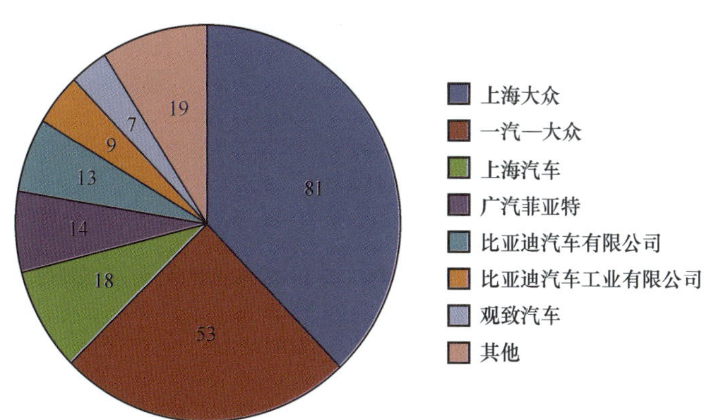

图 5-26 2014年国产乘用车 DCT变速器车型款数情况

1.3 ~ 2.0 L 排量段的车型应用 DCT 变速器的市场份额最大，占比将近 99%。尤其是 1.3 ~ 1.6 L 排量段的车型占比最高，达 60.5%，如图 5-27 所示。就车型而言，应用 DCT 变速器的车型绝大多数都是轿车，市场份额占比 86.7%。SUV 次于轿车，占比为 12.0%。MPV 只有少数车型应用 DCT 变速器，市场份额占比为 1.3%，交叉型乘用车则没有应用 DCT 变速器的车型，如图 5-28 所示。

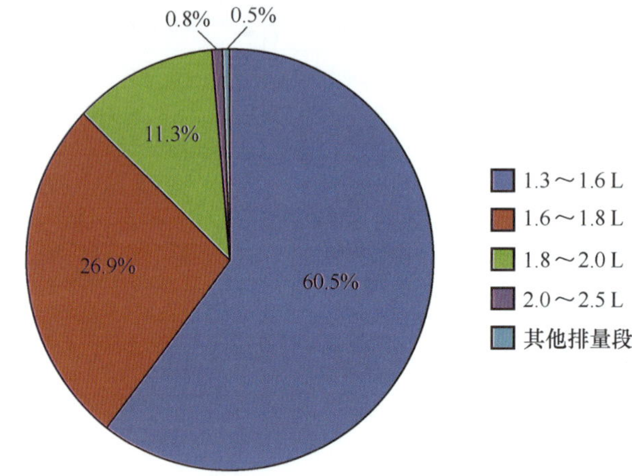

图 5-27 2014年国产乘用车 DCT变速器技术分排量段应用情况

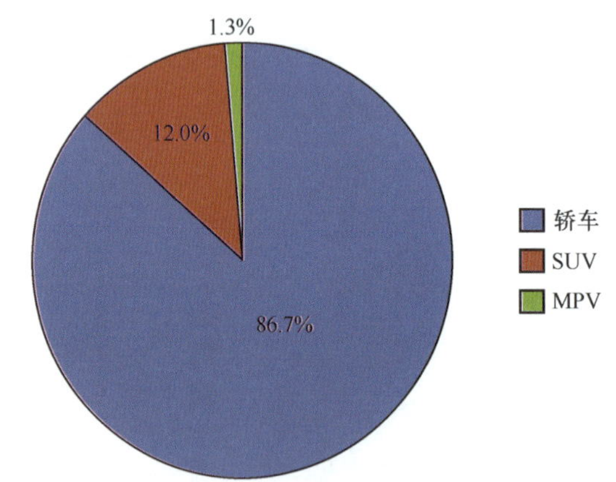

图 5-28 2014年国产乘用车 DCT变速器技术分车型应用情况

DCT 车型产量前 10 名的企业中，5 家企业产量占比较大，尤其是广汽菲亚特和观致汽车，2014 年 DCT 技术占比均高于 70%。DCT 车型产量排名前 3 名的一汽一大众、上海大众和长安福特产量占比均在 20% 以上。自主企业中比亚迪汽车工业有限公司增长速度最快，2014 年相对 2013 年增长了 8.5%。DCT 变速器的应用发展速度较为平稳，众多企业都在根据实际情况适当加大技术投入力度，具体见表 5-6。

表 5-6 2013 ~ 2014 年各国产企业 DCT 车型产量占比变化趋势

企业名称	2013 年	2014 年	增长
一汽一大众汽车有限公司	35.1%	41.2%	6.1%
上海大众汽车有限公司	22.5%	21.4%	-1.1%
长安福特汽车有限公司	36.8%	34.3%	-2.5%
广汽菲亚特汽车有限公司	70.8%	75.8%	5.0%
比亚迪汽车有限公司	8.1%	12.2%	4.1%
比亚迪汽车工业有限公司	5.8%	14.2%	8.4%
上海汽车集团股份有限公司	4.4%	7.4%	3.0%
观致汽车有限公司	90.5%	85.6%	-4.9%
广州汽车集团乘用车有限公司	0.0%	4.9%	4.9%
东风本田汽车有限公司	0.0%	1.9%	1.9%

（3）AT 变速器向多档化发展

由国产乘用车 AT 变速器档位数分布情况（如图 5-29 所示）可以看出，4 档 AT 变速器市场占比快速下降，2012 年下半年到 2014 年，由 28.4% 下降到 16.6%；同时，5 档 AT 变速器也出现小幅下降，2012 年下半年到 2014 年下降 4.2 个百分点；相反，6 档 AT 变速器的市场占比则迅速上升，2014 年较 2012 年下半年技术占比上升将近 16 个百分点，占比达 63.2%；6 档以上的 AT 变速器在国产乘用车中应用比例尚小，但也有缓慢上升趋势。可见，由于多档化（6 档及以上）AT 变速器能够更好地满足汽车行驶时不同工况的需求，其节油效果已经得到了越来越多汽车企业和消费者的认可，国产乘用车低档位数（4 档、5 档）AT 变速器的比例正在逐年缩减，而 6 档及以上的多档位数 AT 变速器应用愈加广泛，占据了将近 70% 的市场份额。

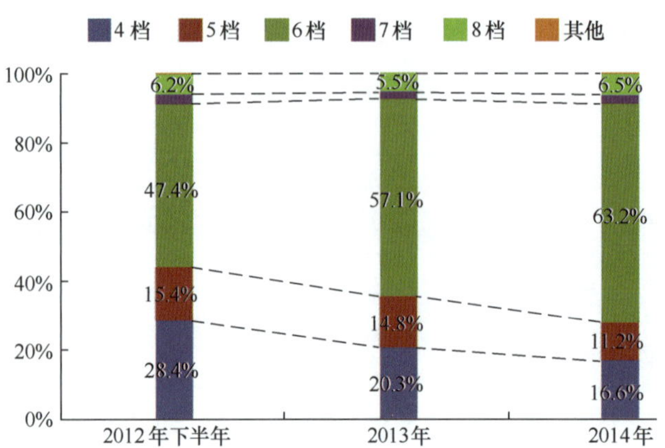

图 5-29 2012年下半年至2014年国产乘用车AT变速器档位数分布情况

AT 车型产量前 10 名的企业中，绝大多数企业 6 档及以上 AT 变速器车型占比超过了 70%，其中，上海大众、上海通用、一汽—大众、华晨宝马、上海通用东岳和上海通用北盛等 6 家企业 2014 年 6 档及以上 AT 变速器车型占 AT 车型产量比例均为 100%。长安福特增长速度最快，2014 年相比 2013 年增长了 15.2%，具体见表 5-7。可以看出，6 档及以上的 AT 变速器在很多技术领先的企业中已经成为标配技术。

表 5-7 2013 ~ 2014 年各国产企业 6 档及以上 AT 变速器占 AT 车型产量比例变化

企业名称	2013 年	2014 年	增长
上海大众汽车有限公司	100.0%	100.0%	—
北京现代汽车有限公司	78.0%	82.0%	4.0%
上海通用汽车有限公司	95.9%	100.0%	4.1%
一汽—大众汽车有限公司	100.0%	100.0%	—
华晨宝马汽车有限公司	100.0%	100.0%	—
上海通用东岳汽车有限公司	100.0%	100.0%	—
长安福特汽车有限公司	65.3%	80.5%	15.2%
上海通用（沈阳）北盛汽车有限公司	100.0%	100.0%	—
神龙汽车有限公司	63.9%	57.7%	-6.2%
中国第一汽车集团公司	100.0%	99.5%	-0.5%

（4）6 档及以上 MT 变速器应用比例增至 11.9%

对于 MT 车型，经典的 5 档 MT 变速器依然是主流配置，占据了 90% 左右的市场份额。同时可以看出，其市场占比也在逐年减小，2012 年下半年到 2014 年下降了 5.3%，2014 年占比已缩减到 90% 以下。而前进档位更多的 6 档 MT 变速器的应用比例则逐年增加，从 2012 年下半年的 6.5% 上升到 2014 年的 11.8%。具体如图 5-30 所示。可见，多档位的 MT 变速器应用比例也在逐渐提高。

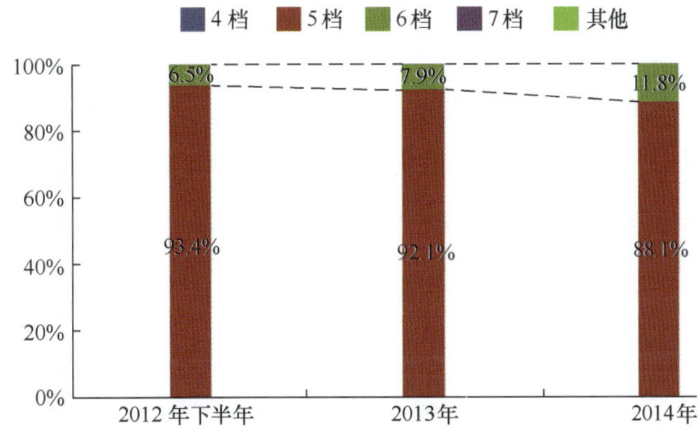

图 5-30 2012年下半年至 2014年国产乘用车 MT变速器档位数分布情况

MT 车型产量前 10 名的企业中，5 家企业 6 档及以上 MT 变速器占比大于 50%，尤其是东风小康和中国一汽集团两家企业，占比已经超过 90%。一汽海马的增长速度最快，2014 年相比 2013 年增加了 61.1%，具体见表 5-8。

表 5-8 2013 ~ 2014 年各国产企业 6 档及以上 MT 变速器占 MT 车型产量比例变化

企业名称	2013 年	2014 年	增长
长城汽车股份有限公司	33.5%	67.9%	34.4%
东风小康汽车有限公司	97.6%	95.0%	-2.6%
北京现代汽车有限公司	20.2%	24.8%	4.6%
中国第一汽车集团公司	99.2%	97.7%	-1.5%
安徽江淮汽车股份有限公司	25.4%	51.9%	26.5%
东风悦达起亚汽车有限公司	26.5%	26.6%	0.1%
重庆长安汽车股份有限公司	0.0%	4.9%	4.9%

续表

企业名称	2013 年	2014 年	增长
一汽海马汽车有限公司	0.4%	61.5%	61.1%
比亚迪汽车工业有限公司	9.5%	30.8%	21.3%
上海通用东岳汽车有限公司	3.1%	6.6%	3.5%

5.1.3.2 进口车型应用情况

1. 自动变速器市场份额占 80% 以上

进口乘用车变速器应用情况与国产车有较大区别，其主要以应用 AT 和 CVT 变速器为主，MT 车型非常少。其中，AT 变速器占据了 80% 以上的市场份额，变化趋势也相对稳定。CVT 变速器的市场份额为 14% 左右，同样无明显的增减趋势。DCT 变速器从 2013 年开始逐渐取代 AMT 变速器的市场份额，呈现增长趋势，具体如图 5-31 所示。

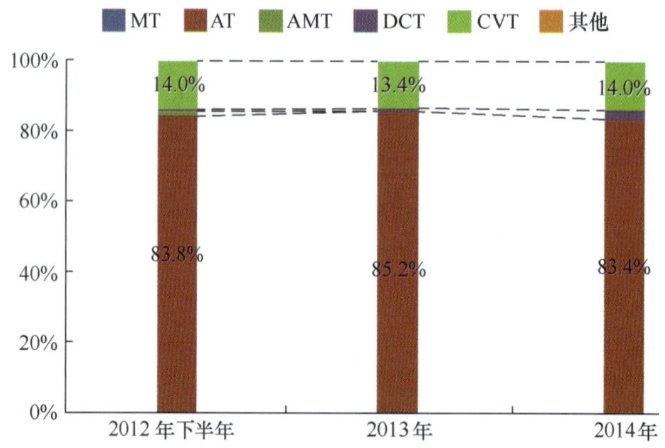

图 5-31 2012年下半年至 2014年进口乘用车变速器形式统计

进口乘用车中，CVT 变速器主要应用在 1.6 ~ 2.5 L 排量段的车型。尤其是 1.6 ~ 1.8 L 和 2.0 ~ 2.5 L 排量段，应用 CVT 变速器的车型进口量占比超过了 30%。AT 变速器在各个排量段车型应用均比较广泛，尤其在 1.6 L 以下和 2.5 L 以上排量段，AT 变速器应用比例均在 90% 以上。DCT 变速器则在 1.8 ~ 2.0 L 和 2.5 L 以上排量段车型中有较小比例的应用，具体如图 5-32 所示。

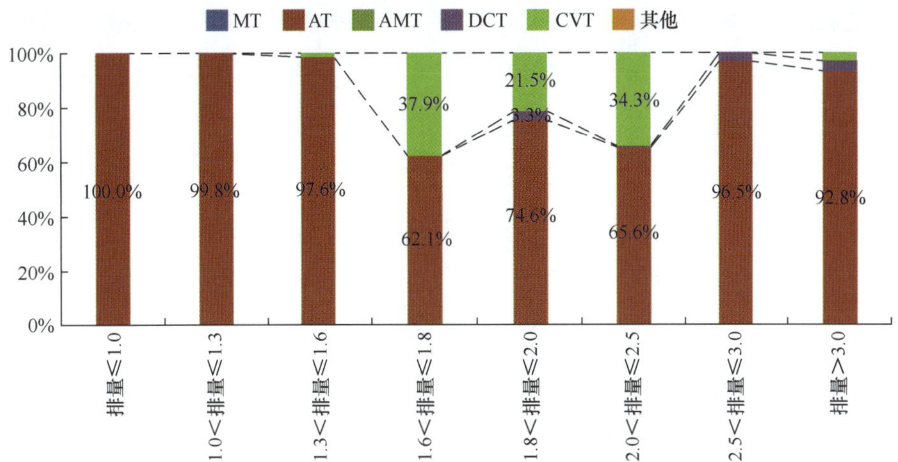

图 5-32 2014年进口乘用车变速器形式随排量段分布情况

进口乘用车各类车型都是以应用不同类别的自动变速器为主。其中，96.5% 的 MPV 车型应用 AT 变速器，还有 3.3% 车型应用 CVT 变速器。CVT 变速器在轿车和 SUV 中应用比例相对较大，尤其是 SUV 车型，CVT 变速器应用比例达到了 18.2%。而 DCT 变速器则只在轿车和 SUV 车型中有较小比例的应用，具体如图 5-33 所示。

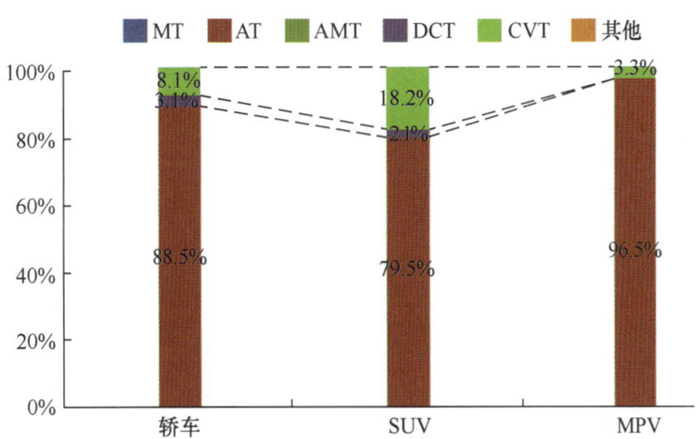

图 5-33 2014年进口乘用车变速器形式随车型分布情况

2. 细分变速器形式应用情况

（1）CVT 车型主要为日系品牌

通过各个企业 CVT 车型款数（如图 5-34 所示）可以看出，进口乘用车 CVT 变速器的应用主要集中在日系产品。CVT 车款数量最多的两家企业分别是斯巴鲁和丰田中国，分别拥有 CVT 车型 37 款和 19 款。同时，雷诺作为欧系品牌也拥有 14 款 CVT 车型，位列第三。

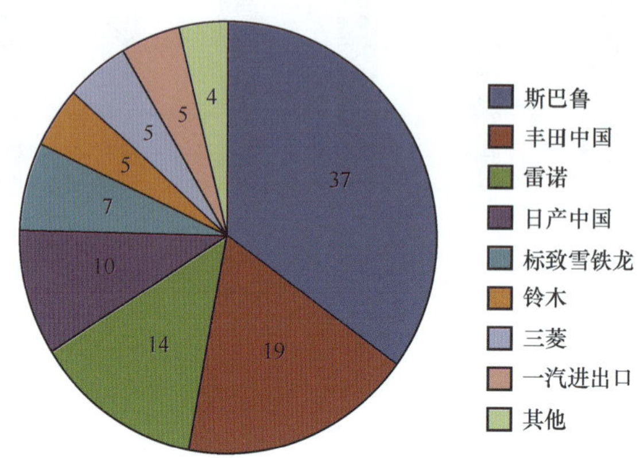

图 5-34 2014年进口乘用车 CVT变速器车型款数情况

CVT 变速器主要应用在 1.6 ~ 2.5 L 中间排量段的车型中。市场份额占比已经超过了 90%，小排量段和大排量段车型则应用 CVT 变速器比例较少，如图 5-35 所示。就车型而言，应用 CVT 变速器的进口车型主要为 SUV，市场份额达到了 78.2%，轿车 CVT 车型的进口量大于 MPV 车型，占比为 20.9%，如图 5-36 所示。

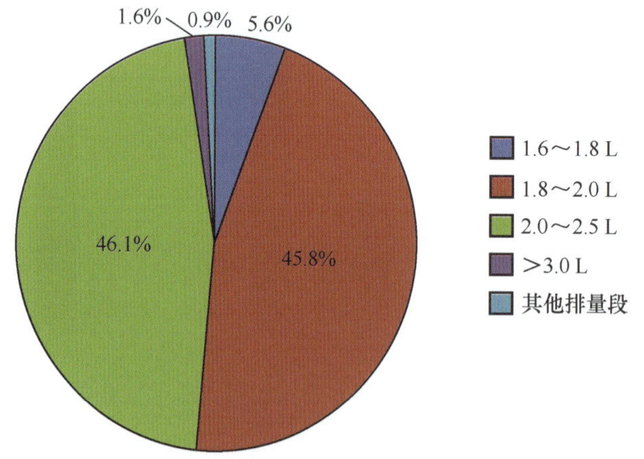

图 5-35 2014年进口乘用车 CVT变速器技术分排量段应用情况

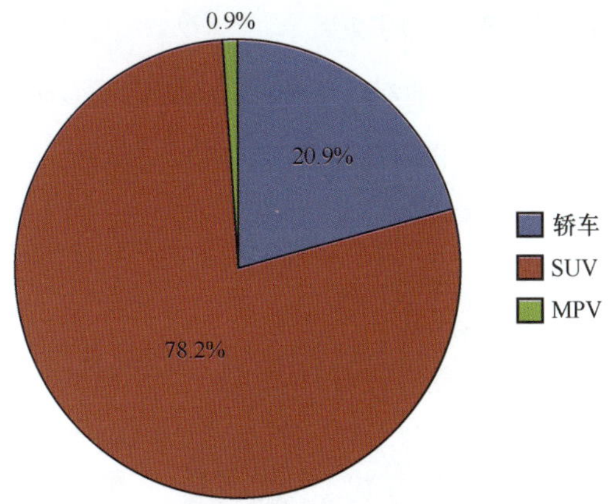

图 5-36 2014年进口乘用车 CVT变速器技术分车型应用情况

CVT 车型进口量前 10 名企业中，5 家企业 CVT 车型占比超过 50%，尤其是斯巴鲁和雷诺两家企业，CVT 车型占比已经接近 100%。增长速度最快的是三菱中国，2014 年相比 2013 年技术占比增加 11.1%，达 79.5%。标致雪铁龙作为欧系品牌，CVT 车型的进口量占比也达到了 80% 以上，侧面反映出 CVT 变速器以其特有的优势受到了越来越广泛的关注和应用，具体见表 5-9。

表 5-9 2013 ~ 2014 年各进口企业 CVT 车型进口量占比变化趋势

企业名称	2013 年	2014 年	增长
斯巴鲁汽车（中国）有限公司	96.7%	99.1%	2.4%
雷诺（北京）汽车有限公司	98.9%	99.2%	0.3%
丰田汽车（中国）投资有限公司	23.8%	27.8%	4.0%
克莱斯勒（中国）汽车销售有限公司	12.7%	16.0%	3.3%
三菱汽车销售（中国）有限公司	68.4%	79.5%	11.1%
一汽进出口有限公司	9.9%	11.6%	1.7%
日产（中国）投资有限公司	30.4%	23.6%	-6.8%
标致雪铁龙（中国）汽车贸易有限公司	83.7%	87.3%	3.6%
东风汽车有限公司	84.0%	67.4%	-16.6%
铃木（中国）投资有限公司	3.2%	4.8%	1.6%

（2）DCT 变速器在进口车型应用较少

进口乘用车产品采用 DCT 变速器技术的企业数量较少，只有保时捷、宝马中国、法拉利和本田技研 4 家。其中，保时捷拥有 46 款 DCT 车型，远多于宝马中国、法拉利以及本田技研车型款数，具体如图 5-37 所示。

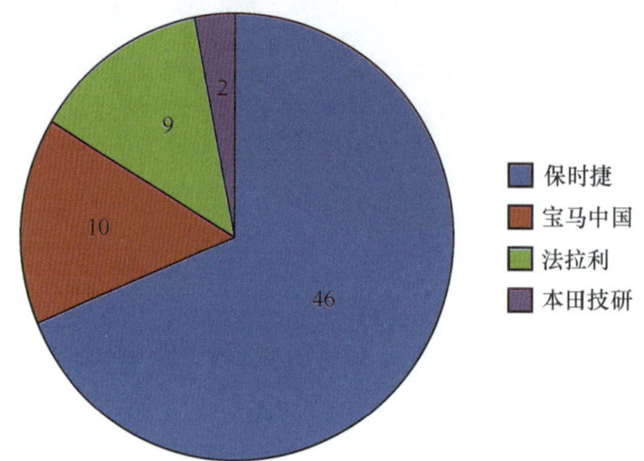

图 5-37 2014年进口乘用车 DCT变速器车型款数情况

从发动机排量层面分析，1.8 ~ 2.0 L 以及 2.5 L 以上排量段的车型采用 DCT 变速器技术比例较大，尤其是 1.8 ~ 2.0 L 和 2.5 ~ 3.0 L 排量段，所占市场份额分别为 41.7% 和 47.1%，如图 5-38 所示。进口乘用车中 MPV 车型没有采用 DCT 变速器的车型，SUV 的 DCT 车型市场份额略高于轿车，二者分别为 52.5% 和 47.5%，如图 5-39 所示。

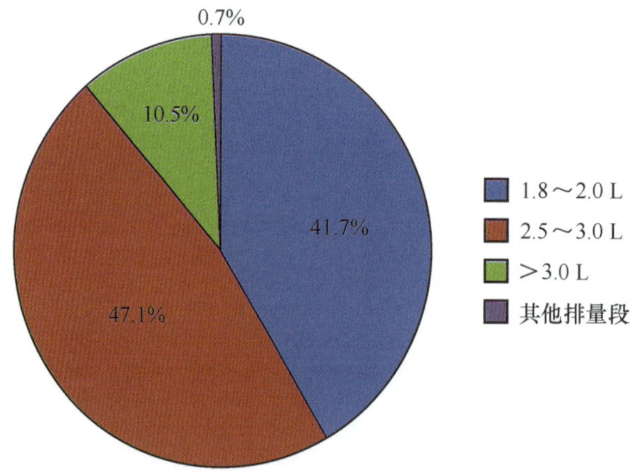

图 5-38 2014年进口乘用车 DCT变速器技术分排量段应用情况

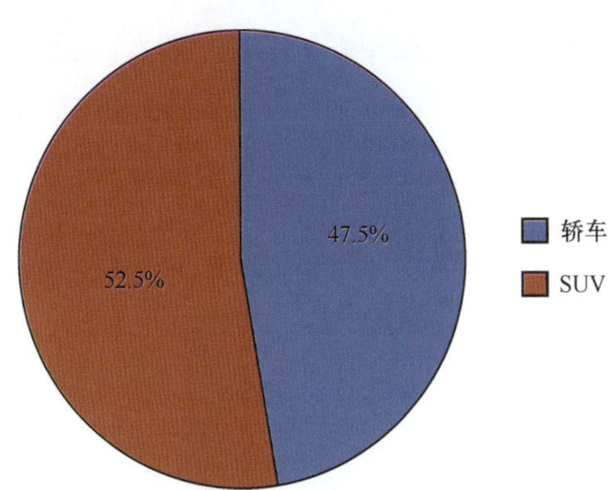

图 5-39 2014年进口乘用车 DCT变速器技术分车型应用情况

4 家拥有 DCT 车型的进口汽车企业中，法拉利的 DCT 车型占比为 100%，保时捷 2013 年有接近 1/3 的车型采用 DCT 变速器，2014 年已达到了 56.8%，增长了 27 个百分点。宝马中国 DCT 车型进口量不大的同时，年进口车辆总数较大，导致 DCT 车型进口量占比小于 1%，具体见表 5-10。

表 5-10 2013 ~ 2014 年各进口企业 DCT 车型进口量占比变化趋势

企业名称	2013 年	2014 年	增长
保时捷（中国）汽车销售有限公司	29.8%	56.8%	27.0%
宝马（中国）汽车贸易有限公司	0.1%	0.5%	0.4%
法拉利汽车国际贸易（上海）有限公司	100.0%	100.0%	—
本田技研工业（中国）投资有限公司	0.0%	3.9%	3.9%

（3）7 档及以上 AT 变速器比例过半

进口乘用车 AT 变速器不但在应用比例上高于国产车，档位数目也高于国产乘用车。2012 年下半年，4 档和 5 档 AT 变速器的占比分别为 3.6% 和 4.2%，到 2014 年，4 档 AT 变速器更是基本退出进口乘用车市场，5 档 AT 变速器车型进口量占比也下降到 3.9%。而 6 档 AT 变速器占比在 2013 年小幅上升之后，2014 年出现了将近 8 个百分点的回落。7 档及以上的 AT 变速器占比则涨幅明显，2014 年占比达 57.8%。2014 年 7 档 AT 变速器车型进口量占比达 18.5%，8 档 AT 变速器更是相对 2012 年下半年增长 7.7 个百分点，达 34.6%，基本与 6 档 AT 变速器占比持平。同时，2014

年的进口乘用车还有接近 5% 的比例采用了 8 档以上的 AT 变速器。可见，6 档 AT 变速器技术在国外已经相当成熟，更高档位的 AT 变速器也在逐步占领 AT 变速器车型的市场份额，具体如图 5-40 所示。

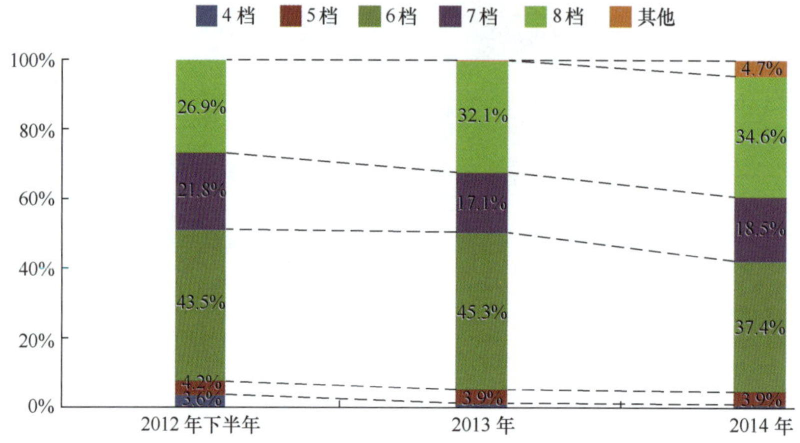

图 5-40 2012年下半年至2014年进口乘用车 AT变速器档位数分布情况

7 档及以上 AT 变速器车型进口量前 10 名的企业中，8 家企业技术占比超过了 50%，其中，保时捷全部 AT 车型均采用 7 速以上档位。2014 年进口 AT 车型数量排在前 3 位的宝马、奔驰和捷豹路虎，7 档及以上 AT 变速器进口量占比均在 80% 以上。沃尔沃在 2013 年 7 档以上 AT 变速器占比较小，仅有 0.1%，但是其增长速度最快，2014 年占比已达 41.1%，具体见表 5-11。

表 5-11 2013 ~ 2014 年各进口企业 7 档及以上 AT 变速器占 AT 车型比例变化趋势

企业名称	2013 年	2014 年	增长
宝马（中国）汽车贸易有限公司	75.7%	81.8%	6.1%
梅赛德斯—奔驰（中国）汽车销售有限公司	84.2%	88.1%	3.9%
捷豹路虎汽车贸易（上海）有限公司	44.0%	80.8%	36.8%
一汽进出口有限公司	97.5%	85.7%	-11.8%
大众汽车（中国）销售有限公司	61.2%	59.5%	-1.7%
克莱斯勒（中国）汽车销售有限公司	16.9%	36.8%	19.9%

续表

企业名称	2013 年	2014 年	增长
保时捷（中国）汽车销售有限公司	100.0%	100.0%	—
日产（中国）投资有限公司	100.0%	83.7%	-16.3%
沃尔沃汽车销售（上海）有限公司	0.1%	41.1%	41.0%
玛莎拉蒂（中国）汽车贸易有限公司	88.4%	95.8%	7.4%

◎5.1.4 转向助力技术

为了能够让驾驶员轻松省力地通过调整方向盘控制汽车方向，转向助力已经成为了现代乘用车中一项重要的技术。汽车的转向助力系统先后经历了 4 个阶段的发展：机械式助力系统、液压式助力系统、电子液压式助力系统以及电动助力系统。其中，电动助力是现阶段最为先进的转向助力系统，不但让驾驶员在驾驶过程中调整方向盘更加省力、精准，也使调节过程更加节省燃油。

1. 国产车型电动助力比例攀升至 56.6%

国产乘用车的转向助力形式主要以液压助力和电动助力为主。2012 年下半年到 2014 年，液压助力的市场份额不断减少，电动助力则不断增加。2012 年下半年，液压助力占比为 55.9%，同期电动助力仅为 35.5%。截至 2014 年，液压助力车型产量占比下降到 35.4%；电动助力车型占比则增加到 56.6%，上涨超过 21 个百分点；机械助力系统应用比例变化较为稳定，2014 年较之前年份有小幅下降，占比为 6.8%。合资品牌车型的助力系统应用与国产乘用车变化趋势相似，其电动助力车型比例较后者更大，2014 年达 68.7%，相应的机械助力和液压助力应用比例则相对较小。自主品牌车型的转向助力系统以液压助力为主，虽然有下降趋势，但截至 2014 年，占比依然高达 65.2%。同时，自主品牌的机械助力车型占比也相对合资车型更大，2014 年有 11.7% 的自主车型应用机械助力系统。自主车型电动助力系统应用比例尚小，但保持了上升趋势，2014 年占比为 23.0%。电液助力转向系统作为由液压助力向电动助力过渡的中间产品，在各类品牌车型中的应用比例均较小，具体如图 5-41 所示。

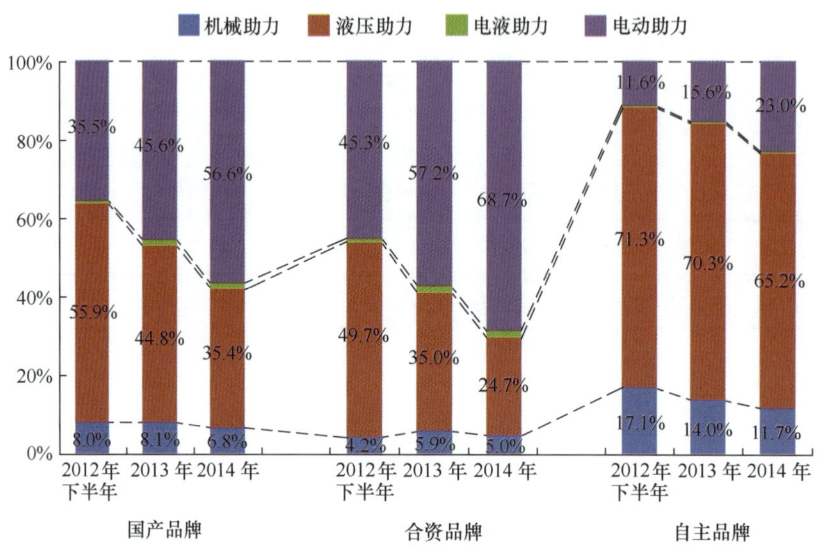

图 5-41 2012年下半年至 2014年国产乘用车转向助力形式统计

机械式转向助力系统在 1.6 L 以下小排量段的车型中有一定比例的应用，尤其是 1.0 L 以下排量段，有 68.4% 的车型采用机械助力系统。液压助力系统在各个排量段车型中均有应用，在 1.0 ~ 1.3 L 和 3.0 L 以上排量段中分别有 61.5% 和 80.9% 的车型采用液压助力系统。电动助力系统应用范围也较为广泛，1.3 ~ 3.0 L 排量段有超过 60% 的车型采用电动转向助力系统。电液助力系统则仅在 1.8 ~ 2.5 L 排量段车型中有较小比例的应用，具体如图 5-42 所示。

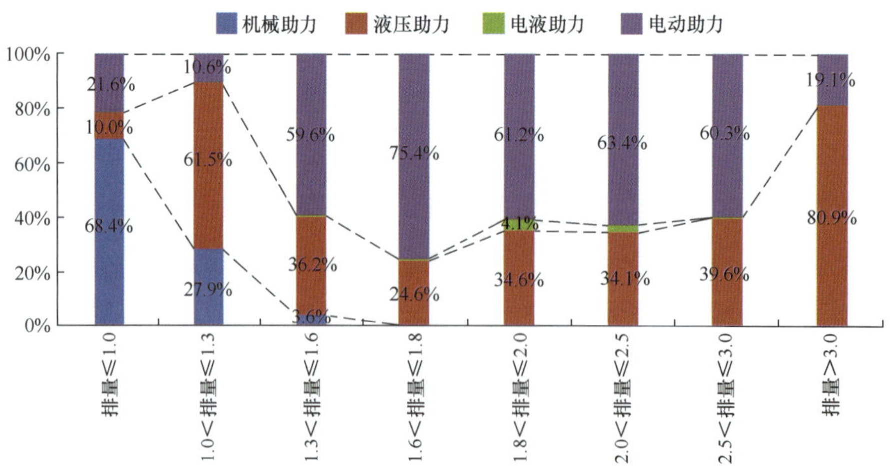

图 5-42 2014年国产乘用车转向助力形式随排量段分布情况

机械转向助力系统在交叉型乘用车中应用比例较大，占比高达 73.9%，同时在 MPV 车型中也有 8.3% 的应用比例，轿车和 SUV 车型则鲜有机械助力系统车型。液压助力系统在轿车、SUV 和 MPV 车型中均有较大比例的应用，其中，MPV 车型技术应用比例最大，达 53.9%。电动助力系统在轿车和 SUV 车型中已经占据了主要地位，成为了应用比例最高的助力形式，其中，轿车的电动助力车型市场份额高达 63.9%，高出同类型车的液压助力车型 31.6 个百分点，具体如图 5-43 所示。

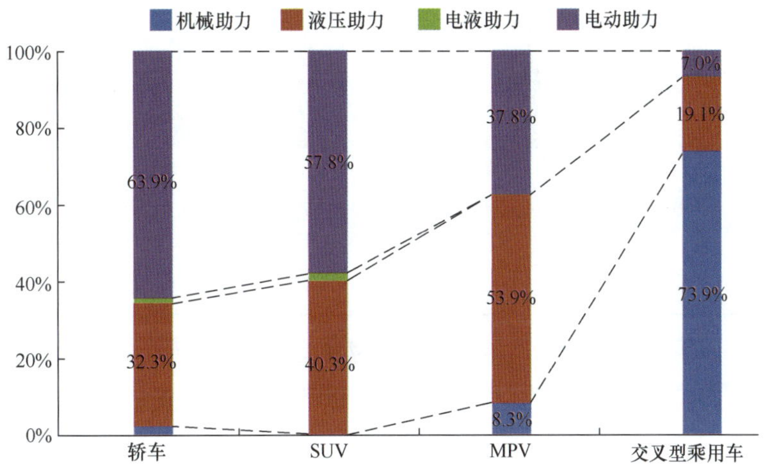

图 5-43 2014年国产乘用车转向助力形式随车型分布情况

国产轿车车型中，只有微型车和紧凑型车有非常小的比例应用机械式助力系统。中型车及以下级别采用液压助力的车型较多，尤其是小型车，有 54.2% 采用液压助力系统。电动助力系统已经在轿车车型得到普及，各个级别的车型中均有较大比例应用，尤其是中大型和豪华型车，电动转向助力应用比例已经接近甚至超过 90%，几乎成为了两级别车型的标配，具体如图 5-44 所示。

在重点国产汽车企业中，有 9 家企业电动转向助力技术应用比例已经超过了 50%，其中，天津一汽丰田全部车型均采用电动助力，上海大众和广汽本田技术应用比例紧随其后，分别为 98.4% 和 93%。神龙汽车虽然在 2013 年电动助力车型产量占比仅为 4.5%，但其增长速度非常快，2014 年增长超过 31 个百分点，占比达 35.7%。自主企业中长城汽车在 2014 年有 10.4 个百分点的技术占比增长，但其电动助力车型比例依然较低，也从侧面反映出自主品牌车型在电动转向助力技术应用方面还有待提升，具体见表 5-12。

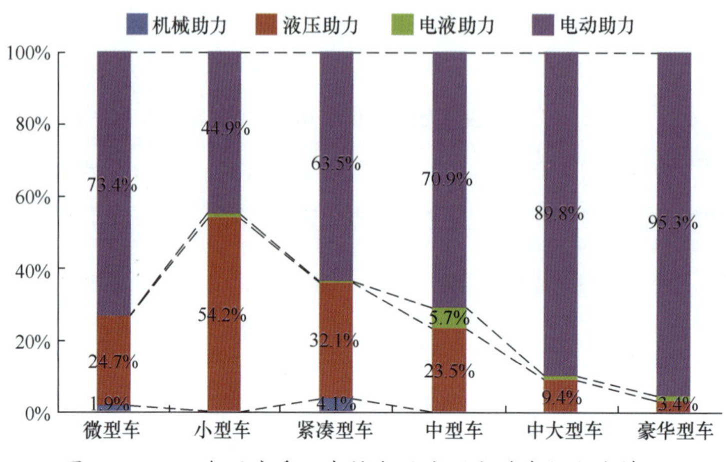

图 5-44 2014年国产乘用车转向助力形式随车级分布情况

表 5-12 2013 ~ 2014 年重点国产企业电动转向助力车型产量占比变化

生产企业	2013 年	2014 年	增长
一汽一大众汽车有限公司	79.7%	87.5%	7.8%
上海大众汽车有限公司	83.4%	98.4%	15.0%
上汽通用五菱汽车股份有限公司	0.9%	26.6%	25.7%
北京现代汽车有限公司	31.2%	44.0%	12.8%
东风汽车有限公司	88.2%	88.0%	-0.2%
重庆长安汽车股份有限公司	34.1%	43.1%	9.0%
长安福特汽车有限公司	42.9%	56.0%	13.1%
神龙汽车有限公司	4.5%	35.7%	31.2%
上海通用汽车有限公司	47.8%	52.6%	4.8%
东风悦达起亚汽车有限公司	40.1%	33.7%	-6.4%
上海通用东岳汽车有限公司	57.3%	68.1%	10.8%

续表

生产企业	2013 年	2014 年	增长
长城汽车股份有限公司	1.2%	11.6%	10.4%
广汽本田汽车有限公司	68.9%	93.0%	24.1%
天津一汽丰田汽车有限公司	100.0%	100.0%	—
上海通用（沈阳）北盛汽车有限公司	68.0%	70.3%	2.3%

2．进口车型电动助力市场份额稳居 60% 以上

进口乘用车主要采用液压助力、电液助力和电动助力，没有采用机械助力的车型。其中，电动助力技术应用比例最高，达到了 65% 以上。电液助力应用比例略高于液压助力，两者车型进口量占比分别在 18% 和 14% 左右。可见，进口乘用车不同转向助力车型占比变化相对平稳，说明国外各类转向助力技术都相对国内成熟，且已经形成了较稳定的市场，具体如图 5-45 所示。

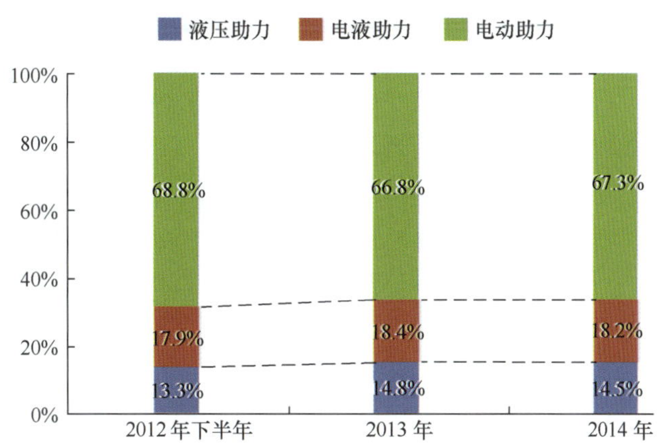

图 5-45 2012年下半年至 2014年进口乘用车转向助力形式统计

随着发动机排量的增大，电动转向助力的应用比例有减小趋势。1.8 L 以下排量段车型中电动助力的应用比例超过 90%，尤其是 1.3 L 以下的小排量车型，100% 均采用电动助力技术。而 3.0 L 以上的大排量车型则只有 51.9% 采用电动转向助力。液压助力和电液助力技术应用比例则随着排量的增大有上升趋势。3.0 L 以上排量段采用液压助力和电液助力技术的车型进口量占比分别为 18.9% 和 29.2%，具体如图 5-46 所示。

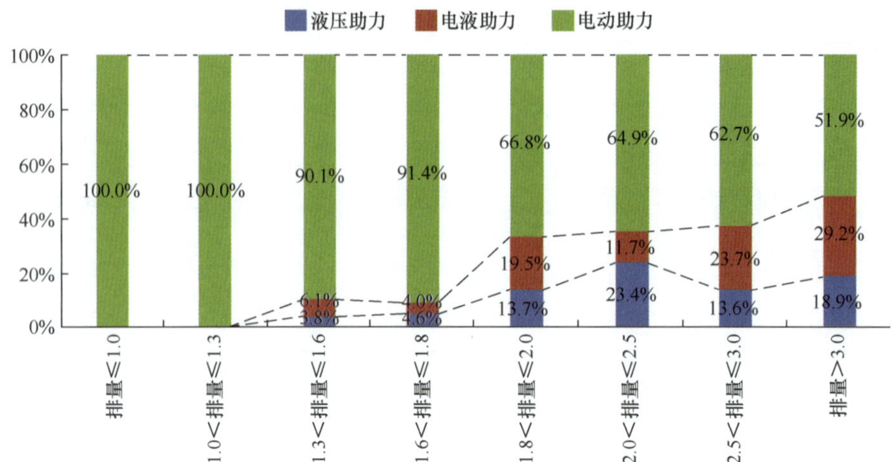

图 5-46 2014年进口乘用车转向助力形式随排量段分布情况

电动助力技术在进口乘用车各车型中均有较大比例应用，其中，轿车的应用比例最高，达 81.5%；SUV 最低，为 58.7%。电液助力技术的应用比例要高于液压助力，SUV 和 MPV 车型均有超过 20% 的车型应用了电液助力系统。液压助力系统仅在 SUV 车型中有较大比例应用，占比为 20.4%，具体如图 5-47 所示。

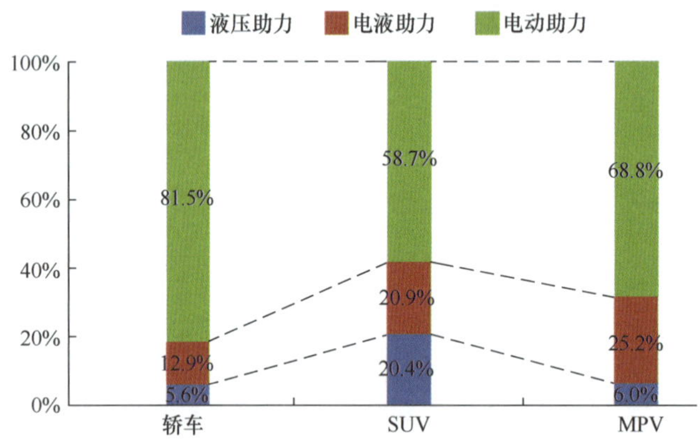

图 5-47 2014年进口乘用车转向助力形式随车型分布情况

在重点进口企业中，有 7 家企业电动转向助力车型的进口量占比超过了 50%，其中，5 家企业达到了 80% 以上，尤其是宝马和斯巴鲁两家企业，技术应用占比已经接近 100%。保时捷电动助力车型比例增长速度最快，2014 年相比 2013 年增长 26.9%，占比达 56.8%，具体见表 5-13。

表 5-13 2013 ~ 2014 年重点进口企业电动转向助力车型进口量占比变化

生产企业	2013 年	2014 年	增长
宝马（中国）汽车贸易有限公司	99.4%	99.1%	－0.3%
梅赛德斯—奔驰（中国）汽车销售有限公司	77.3%	84.0%	6.7%
克莱斯勒（中国）汽车销售有限公司	13.3%	20.1%	6.8%
捷豹路虎汽车贸易（上海）有限公司	70.4%	71.0%	0.6%
丰田汽车（中国）投资有限公司	85.9%	86.6%	0.7%
大众汽车（中国）销售有限公司	80.8%	82.5%	1.7%
一汽进出口有限公司	41.8%	42.5%	0.7%
斯巴鲁汽车（中国）有限公司	99.9%	99.9%	—
保时捷（中国）汽车销售有限公司	29.9%	56.8%	26.9%
沃尔沃汽车销售（上海）有限公司	48.0%	40.7%	－7.3%

◎ 5.1.5 怠速启停技术

随着我国汽车保有量的持续增加，国内各大一、二线城市交通拥堵问题非常严重，甚至一些三、四线城市在上下班早晚高峰期间也存在不同程度的交通拥堵现象。汽车低速行驶以及走走停停，导致发动机经常处于怠速运行状态。发动机在怠速运转时，其燃烧完善程度较差，运转效率较低，且燃油消耗并没有用于驱动车辆行驶，而是用于维持自身运转以及为其他部件供能，比如维持刹车助力泵的压力、驱动空调压缩机等，无形间增加了汽车燃油消耗。搭载怠速启停系统的车辆能够在怠速或短暂停车工况时停转发动机，节省燃油消耗，降低尾气排放。当驾驶员有启动意图时，控制系统通过启动电机快速平稳地带动发动机重新启动，使车辆正常行驶。乘用车新车油耗限值不断降低，CAFC 管理办法出台的预期也促进了怠速启停系统的应用，使该项技术已经成为了未来乘用车尤其是中高端车型的重点应用技术。

1. 国产怠速启停车型比例不足 10%

目前，国产乘用车搭载怠速启停系统的车型比例尚小。2012 年下半年，只有 1.8% 的国产乘用车采用了怠速启停技术，但是技术应用比例增速较快，2014 年已经有 6.4% 的国产乘用车搭载了怠速启停系统。合资品牌车型技术应用变化趋势与整体国产乘用车市场一致，2012 年下半年到 2014 年保持了持续快速增长的态势，2014 年怠速启停车型产量占比为 7.1%。自主品牌应用怠速启停技术的车型比例低于合资品牌，2012 年下半年占比仅有 0.4%，2014 年增速较快，技术占比增加为 4.4%，具体如图 5-48 所示。

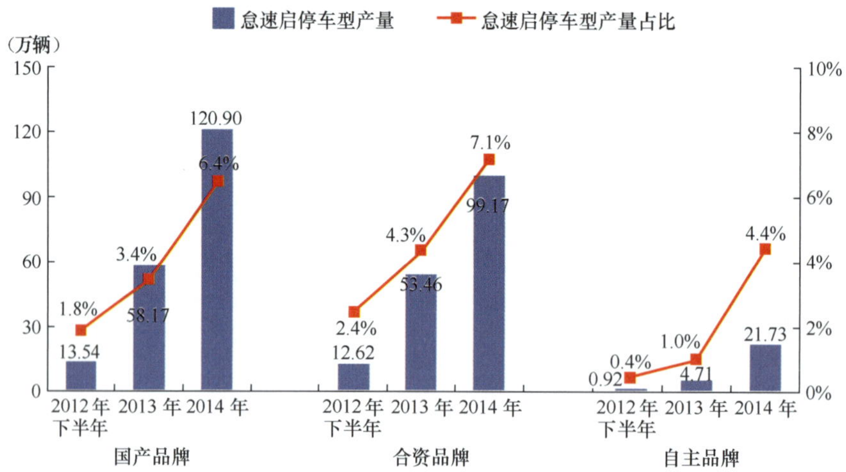

注：在处理怠速启停“选配”车型时，按照总产量的 30% 计入，下同。

图 5-48 2012年下半年至2014年国产乘用车怠速启停技术应用情况

怠速启停车型款数的变化趋势与产量变化趋势相似，同样保持了从 2012 年下半年到 2014 年的持续快速增长，车型款数占比由 1.4% 增长到了 6.5%。合资车型怠速启停车技术应用比例的增长速度要高于国产乘用车整体市场水平，2014 年怠速启停车款数量为 161 款，是 2013 年 58 款的近 3 倍，车型款数占比也由 2013 年的 4.2% 增长至 2014 年的 8.7%，涨幅超过 4 个百分点。自主车型怠速启停车款数量虽然相比合资车型较少，但是其增长速度同样较快。2012 年下半年怠速启停车款数量占比仅为 0.8%，2014 年则翻了 5 倍，增长至 4.0%，具体如图 5-49 所示。

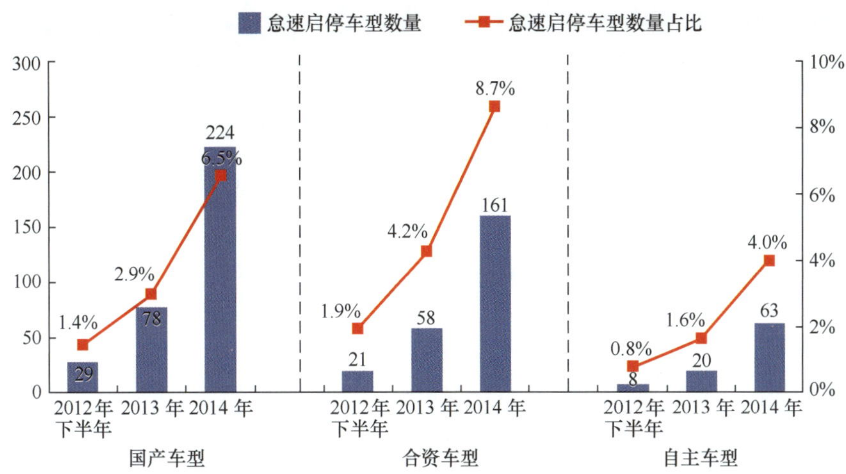

图 5-49 2012年下半年至2014年国产乘用车怠速启停技术车型统计

应用怠速启停技术较多的车型主要集中在 1.3 ~ 3.0 L 的中间排量段车型。2012 年下半年，1.8 ~ 2.0 L 排量段已经有 6.9% 的车型应用怠速启停系统，并且每年保持 7% 以上的增长速度，2014 年技术占比已达 21.4%。相比之下，2.0 ~ 3.0 L 排量段的车型怠速启停技术应用比例并没有明显的上升趋势，从 2012 年下半年到 2014 年在 7% ~ 12% 区间内波动。1.3 L 以下排量段则没有采用怠速启停技术的车型，具体如图 5-50 所示。

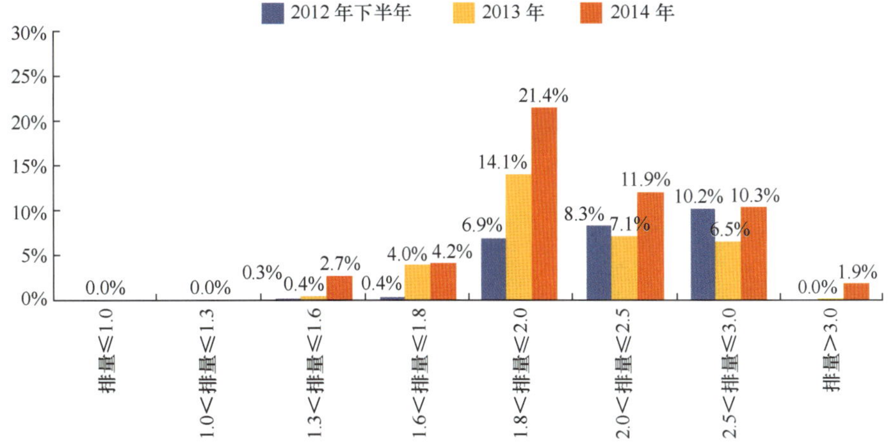

图 5-50 2012年下半年至2014年国产乘用车怠速启停技术分排量段应用情况

怠速启停技术主要在轿车和 SUV 应用较多。从 2012 年下半年到 2014 年，轿车中搭载怠速启停系统的车型产量占比由 2.5% 增加到 6.1%。油耗较高的 SUV 车型技术占比增长则更快，2012 年下半年只有 0.4% 的 SUV 车型采用了怠速启停技术，到 2014 年则上升到了 11.3%。MPV 从 2014 年开始出现较小比例的怠速启停车型，而交叉型乘用车则没有车型采用该项技术，具体如图 5-51 所示。

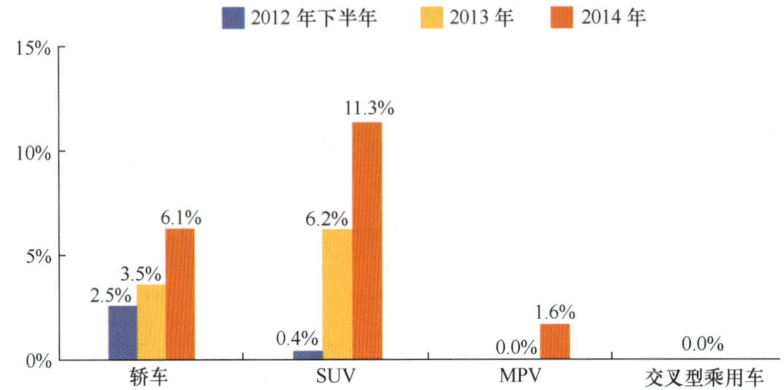

图 5-51 2012年下半年至 2014年国产乘用车怠速启停技术分车型应用情况

从轿车分级别怠速启停技术应用情况（如图 5-52 所示）可以看出，随着车型级别的提高，技术应用比例明显上升。中型及以上级别车辆的技术应用比例逐年提高，2014 年已经有 6.0% 的中型车和 23.3% 的中大型车采用了启停技术，而豪华型车的技术应用比例则在 2012 年下半年就已经达到了 59.7%，经过近两年的不断发展，2014 年已经有 94.3% 的豪华型轿车搭载了怠速启停系统，应用比例远高出其他级别车型。

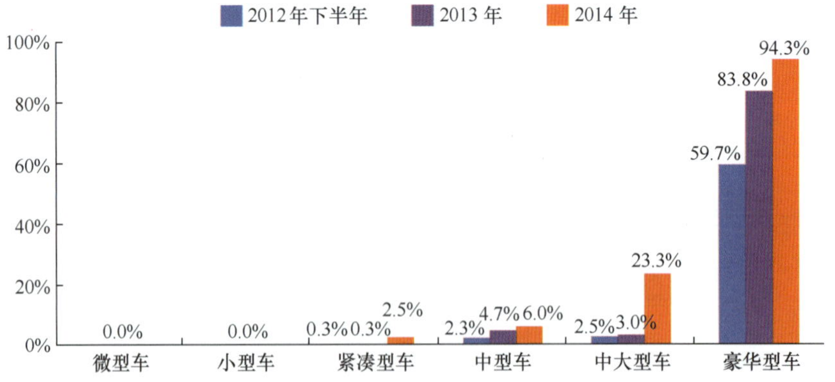

图 5-52 2012年下半年至 2014年国产乘用车怠速启停技术分级别应用情况

2013 年应用怠速启停技术的企业比较少，主要以一汽一大众、华晨宝马和北京奔驰等德系合资企业为主，3 家企业占据了 87.6% 的市场份额。2014 年多家企业开始增加怠速启停技术的研发力度，投产搭载启停系统的车型，包括以长城汽车为主的自主企业也开始涉足这一技术领域，这使得上述 3 家德系合资企业的市场份额缩小到 63.2%，拥有怠速启停车型的企业数量也由 2013 年的 16 家增加到 2014 年的 27 家，具体如图 5-53 所示。

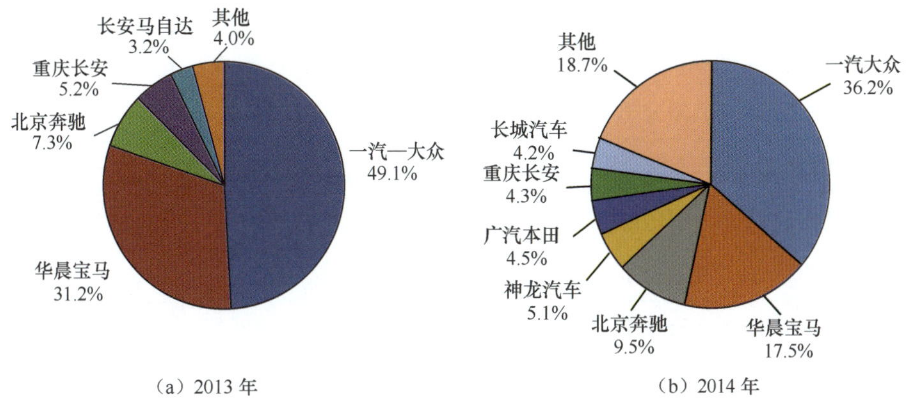

图 5-53 2013～2014年国产乘用车怠速启停车型分企业市场份额

尽管怠速启停技术在近两年得到快速发展，但是重点国产汽车企业中只有 4 家企业怠速启停车型产量占比达到了国产乘用车的整体水平。一汽—大众以 24.1% 的比例遥遥领先，广汽本田、神龙汽车和自主企业长城汽车则均是在 2013 年技术占比较小甚至是零占比的情况下，通过 2014 年的大幅投入，启停车型迅速增加，到 2014 年占比分别达 10.6%、8.7% 和 8.7%，分列第二到四位。此外，重庆长安和上海通用东岳也均有一定比例的怠速启停车型在产。从表 5-14 数据可以看出，国产乘用车的怠速启停技术应用比例尚小，还存在较大发展空间。

表 5-14 2013 ～ 2014 年重点国产企业怠速启停车型产量占比变化

生产企业	2013 年	2014 年	增长
一汽—大众汽车有限公司	18.7%	24.1%	5.4%
上海大众汽车有限公司	0.1%	0.3%	0.2%
上汽通用五菱汽车股份有限公司	0.0%	0.0%	—
北京现代汽车有限公司	0.0%	0.0%	—

续表

生产企业	2013 年	2014 年	增长
东风汽车有限公司	0.0%	0.3%	0.3%
重庆长安汽车股份有限公司	4.1%	5.6%	1.5%
长安福特汽车有限公司	0.4%	1.9%	1.5%
神龙汽车有限公司	0.5%	8.7%	8.2%
上海通用汽车有限公司	0.0%	0.0%	—
东风悦达起亚汽车有限公司	0.0%	0.0%	—
上海通用东岳汽车有限公司	0.0%	3.5%	3.5%
长城汽车股份有限公司	0.2%	8.7%	8.5%
广汽本田汽车有限公司	0.0%	10.6%	10.6%
天津一汽丰田汽车有限公司	0.0%	0.0%	—
上海通用（沈阳）北盛汽车有限公司	0.0%	0.0%	—

2. 进口怠速启停车型比例超过 40%

进口乘用车怠速启停系统车型进口量逐年增加，但是占比基本保持不变，2012 年下半年到 2014 年分别为 42.9%、40.7% 和 41.8%，如图 5-54 所示。车型款数的变化趋势与进口量变化趋势一致，怠速启停车款数不断增多，但占比始终在 35% 左右小幅度变化，如图 5-55 所示。可以看出，怠速启停技术在国外汽车厂商已经被广泛采用，并且技术成熟，已经形成了稳定的市场格局。

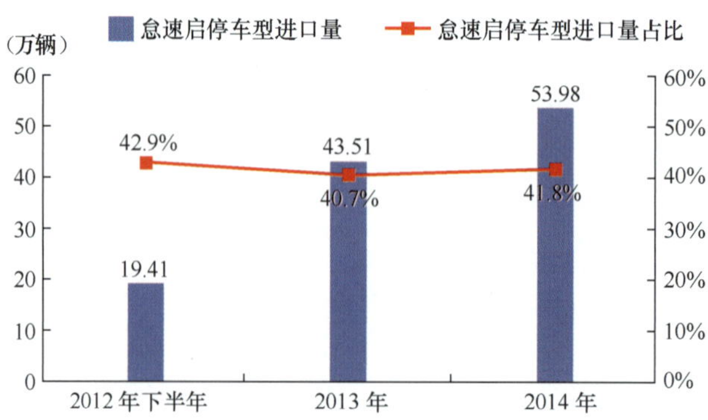

图 5-54 2012年下半年至2014年进口乘用车怠速启停技术应用情况

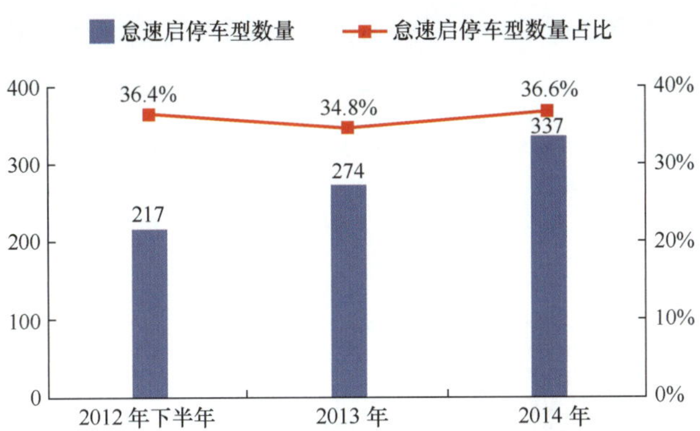

图 5-55 2012年下半年至2014年进口乘用车怠速启停技术车型统计

各个排量段的进口乘用车都有一定比例应用怠速启停技术。其中，1.0 L 以下、1.8 ~ 2.0 L 和 2.5 ~ 3.0 L 排量段车型的技术应用比例较为稳定，分别维持在 86%、55% 和 50% 左右的水平。1.0 ~ 1.3 L 排量段车型从 2014 年开始大幅增加搭载启停系统的车型，技术占比快速上升到 30.1%。1.3 ~ 1.6 L 排量段应用怠速启停系统的车型进口量占比逐年提升，2014 年已有 62.0% 的车型应用怠速启停技术。1.6 ~ 1.8 L 排量段怠速启停应用比例在经过 2013 年的大幅下降之后，2014 年又迅速增长至 30.7%。2.0 ~ 2.5 L 和 3.0 L 以上排量段的车型技术应用比例有不同程度的下降，尤其是 3.0 L 以上排量段车型，由 2012 年下半年的 50.9% 大幅下降至 2014 年的 17.5%，具体如图 5-56 所示。

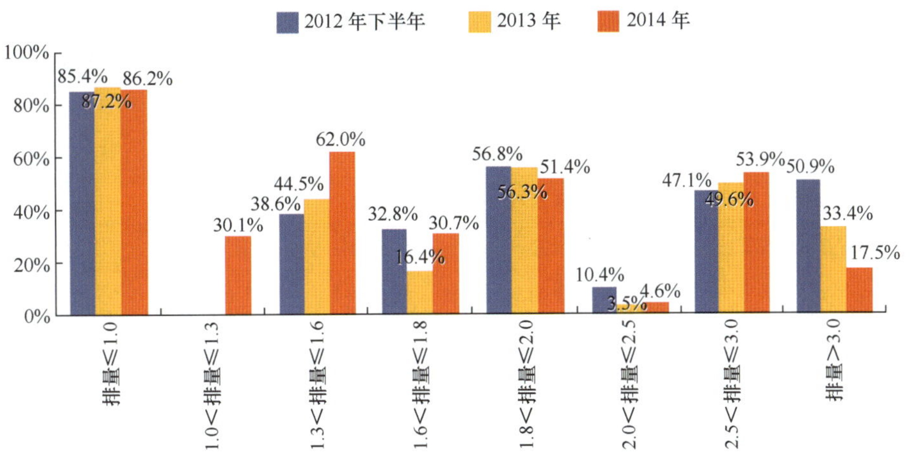

图 5-56 2012年下半年至2014年进口乘用车怠速启停技术分排量段应用情况

进口乘用车中轿车和 SUV 应用怠速启停技术的车型较多，其中，轿车车型的应用比例逐年增加，由 2012 年下半年的 51.6% 增长至 2014 年的 59.5%。SUV 车型的技术应用比例则有所下降，2012 年下半年到 2014 年占比由 39.2% 下降到 33.8%。MPV 则没有应用怠速启停系统的车型，具体如图 5-57 所示。

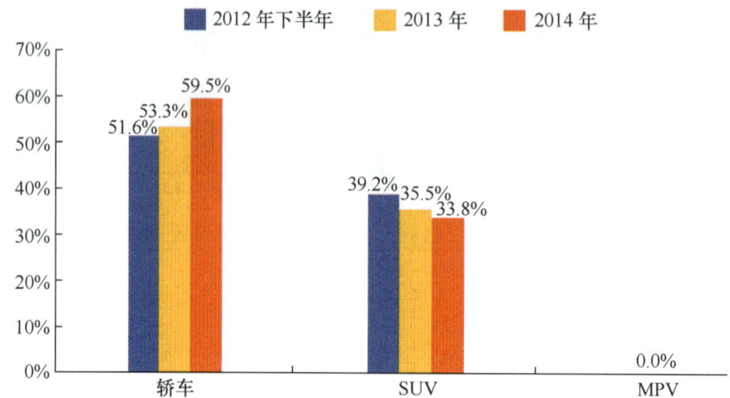

图 5-57 2012年下半年至2014年进口乘用车怠速启停技术分车型应用情况

重点进口汽车企业中，6 家企业怠速启停技术应用比例达到了 70% 以上，具体见表 5-15。其中，保时捷更是全部车型搭载了启停系统，奔驰、斯巴鲁和宝马增长速度分列前 3 名。2014 年，沃尔沃怠速启停技术应用比例较 2013 年出现一定幅度下滑，但是仍然有 86.5% 的车型应用该项技术。

表 5-15 2013 ~ 2014 年重点进口企业怠速启停车型进口量占比变化

生产企业	2013 年	2014 年	增长
宝马（中国）汽车贸易有限公司	69.7%	77.1%	7.4%
梅赛德斯—奔驰（中国）汽车销售有限公司	73.7%	83.0%	9.3%
克莱斯勒（中国）汽车销售有限公司	0.0%	0.0%	—
捷豹路虎汽车贸易（上海）有限公司	80.4%	80.8%	0.4%
丰田汽车（中国）投资有限公司	0.0%	1.6%	1.6%
大众汽车（中国）销售有限公司	0.0%	2.4%	2.4%
一汽进出口有限公司	71.0%	71.3%	0.3%
斯巴鲁汽车（中国）有限公司	6.8%	14.8%	8.0%
保时捷（中国）汽车销售有限公司	100.0%	100.0%	—
沃尔沃汽车销售（上海）有限公司	95.8%	86.5%	-9.3%

5.2 乘用车节能技术专题研究

◎5.2.1 48 V 怠速启停系统调查研究

通过 5.1.5 小节的分析可知，怠速启停技术已经在国外经历了多年发展，技术路线成熟可靠，进口乘用车中也有较大比例的车型应用了该项技术，起到节油降耗、减小排放的效果。国产乘用车虽然应用启停技术的车型比例还不高，但是在近两年中发展十分迅速，其技术的先进性及节能减排效果得到了业内的广泛认可，是未来乘用车节能技术发展的必然趋势。

上文所述均是指应用于传统 12 V 汽车电气系统中的怠速启停技术。先进的怠速启停系统同时配备制动能量回收技术，通过回收车辆刹车制动时的能量为蓄电池充电，再通过蓄电池为起动机提供能量带动发动机重新启动，起到了双重节油的效果。数据显示，在 12 V 系统中，单一的怠速启停技术节油效果在 2% 左右，而同时配备制动回收技术后，节油效果则能上升至 5%。但是相比于已经在欧洲普及应用的怠速启停技术，制动回收技术的应用比例还比较小，究其根本原因是现有的汽车电气系统电压（12 V）较低，受到电流大小的限制，制动时瞬间回收的能量有限。同时，12 V 的电气系统对怠速启停技术的发展和应用也产生了一定的限制作用，很难达到更理想的节油效果。

1. 12 V 汽车电气系统节能潜力不足

第四阶段《乘用车燃料消耗量评价方法及指标》中规定，乘用车行业平均油耗要在 2020 年降低至 5.0 L/100 km。虽然考虑新能源车的优惠政策后，对传统能源车的平均油耗限制要求有一定程度的放松，但是 2019 年和 2020 年依然要分别达 6.2 L/100 km 和 5.5 L/100 km，与 2014 年的 7.12 L/100 km 相比，分别要降低 0.92 L/100 km 和 1.62 L/100 km，具体见表 5-16。

表 5-16 未来 5 年内行业平均油耗限值变化

时间	2016 年	2017 年	2018 年	2019 年	2020 年
乘用车总产量预测（万辆）	2 100	2 200	2 300	2 400	2 500
行业油耗目标值 (L/100 km)	6.7	6.4	6.0	5.5	5
新能源车产量预测（万辆）	20	50	80	110	140
新能源车核算倍数	5	5	3	3	2
剔除新能源车后传统能源车目标值 (L/100 km)	7	7	6.6	6.2	5.5

为了分析现有的 12 V 汽车电气系统的节能潜力，本节分别选择了轿车、SUV 和 MPV 的代表车型（以实际油耗与 2014 年同类车型行业平均油耗相近，且产量最大的车型为代表车型，此处隐去车型具体名称）进行研究分析，探究其通过现有节能技术满足相应油耗目标值的潜力。

2014 年轿车车型平均油耗为 6.74 L/100 km，本节选择的轿车代表车型 2014 年实际油耗为 6.9 L/100 km，与同类车型平均实际油耗相差小于 3%，且年产量将近 15 万辆，具有较强的代表性。在代表车型上应用全部现有传统能源车主要节能技术后，车型实际油耗由 6.9 L/100 km 降低至 5.24 L/100 km，如果不考虑技术应用时由车型整备质量改变引起的油耗目标值变化，车型实际油耗则还要高出其 2020 年目标值（4.9 L/100 km）6.9%，而技术升级成本则将近 11 000 元，具体见表 5-17 和表 5-18。

表 5-17 轿车代表车型基本参数

参数	参数值	参数	参数值
排量 (L)	1.6	2014 年产量（辆）	148 227
整备质量 (kg)	1 265	2014 年实际油耗 (L/100 km)	6.9
载客人数	5	2019 年 110% 目标值 (L/100 km)	5.39
变速器参数	6 档 AT	2020 年目标值 (L/100 km)	4.9

表 5-18 轿车代表车型节能潜力分析

节能技术	节能效果	应用后油耗 (L/100 km)	技术成本（元）
涡轮增压	7%	6.42	2 503
缸内直喷	2%	6.76	1 000
可变气门正时	3%	6.69	700
可变气门升程	1%	6.83	533
双离合变速器 (DCT)	6%	6.49	1 100
减小发动机摩擦	2%	6.76	92
低摩擦润滑剂	1%	6.83	25
怠速启停（无制动回收）	2%	6.76	2 169
制动回收	3%	6.69	2 658
合计	24.1%	5.24	10 780

2014 年 SUV 车型平均油耗为 7.99 L/100 km，本节选择的 SUV 代表车型 2014 年实际油耗为 7.9 L/100 km，与同类车型平均实际油耗相差 1% 左右，且年产量 4.4 万余辆，具有较强的代表性。在代表车型上应用全部现有传统能源车主要节能技术后，车型实际油耗由 7.9 L/100 km 降低至 6.12 L/100 km，如果不考虑技术应用时由车型整备质量改变引起的油耗目标值变化，比其 2019 年的 110% 目标值（5.61 L/100 km）还要高出 9%，而技术升级成本则将近 11 000 元，具体见表 5-19 和表 5-20。

表 5-19 SUV 代表车型基本参数

参数	参数值	参数	参数值
排量 (L)	2.0	2014 年产量（辆）	44 045
整备质量 (kg)	1 423	2014 年实际油耗 (L/100 km)	7.9
载客人数	5	2019 年 110% 目标值 (L/100 km)	5.61
变速器参数	6 档 AT	2020 年目标值 (L/100 km)	5.1

表 5-20 SUV 代表车型节能潜力分析

节能技术	节能效果	应用后油耗 (L/100 km)	技术成本（元）
涡轮增压	7%	7.35	2 503
缸内直喷	2%	7.74	1 000
可变气门正时	3%	7.66	700
可变气门升程	1%	7.82	533
7 档及以上 AT	4%	7.58	1 100
减小发动机摩擦	2%	7.74	92
低摩擦润滑剂	1%	7.82	25
怠速启停（无制动回收）	2%	7.74	2 169
制动回收	3%	7.66	2 658
合计	22.5%	6.12	10 780

2014 年 MPV 车型平均油耗为 7.95 L/100 km，本节选择的 MPV 代表车型 2014 年实际油耗为 7.9 L/100 km，与同类车型平均实际油耗相差小于 1%，且年产量 4.2 万余辆，具有较强的代表性。在代表车型上应用全部现有传统能源车主要节能技术后，车型实际油耗由 7.9 L/100 km 降低至 6.0 L/100 km，如果不考虑技术应用时由车型整备质量改变引起的油耗目标值变化，比其 2020 年目标值（5.5 L/100 km）还要高出 9.1%，而技术升级成本则高达 12 000 余元，具体见表 5-21 和表 5-22。

表 5-21 MPV 代表车型基本参数

参数	参数值	参数	参数值
排量 (L)	1.5	2014 年产量（辆）	42 001
整备质量 (kg)	1 480	2014 年实际油耗 (L/100 km)	7.9
载客人数	7(3 排）	2019 年 110% 目标值 (L/100 km)	6.05
变速器参数	5 档 MT	2020 年目标值 (L/100 km)	5.5

表 5-22 MPV 代表车型节能潜力分析

节能技术	节能效果	应用后油耗 (L/100 km)	技术成本（元）
涡轮增压	7%	7.35	2 503
缸内直喷	2%	7.74	1 000
可变气门正时	3%	7.66	700
可变气门升程	1%	7.82	533
6 档 MT	2%	7.74	1 913
电动助力转向	4%	7.58	600
减小发动机摩擦	2%	7.74	92
低摩擦润滑剂	1%	7.82	25
怠速启停（无制动回收）	2%	7.74	2 169
制动回收	3%	7.66	2 658
合计	24.1%	6.0	12 193

通过上述分析可以看出，选取的轿车、SUV、MPV 这 3 种代表车型，在各自 2014 年实际油耗基础上采取各项传统能源车主流节能技术后，各车型均难以满足 2020 年油耗目标值要求，尤其是油耗较高的 SUV 车型甚至难以满足 2019 年 110% 目标值要求。因此，在满足 2020 年行业平均油耗限值要求的过程中，传统的节能技术会遇到瓶颈，各个汽车生产厂家需要寻求和开发新的节能技术，或者进一步提高现有节能技术的节油效果才能满足未来更低的油耗目标限值要求。

怠速启停和制动回收技术的单车成本增加均在 2 000 元以上，但是两项技术的叠加节油效果却只有 5%，与高昂的技术成本相比，其节能性价比较低。而其原因所在正是之前分析的现有 12 V 电气系统对技术节能效果的限制，现阶段普遍应用的 12 V 系统很难满足 2019 年及以后的节能目标要求。

2. 应用 48 V 汽车电气系统限制尚多

随着怠速启停技术和制动回收技术的不断发展，现有 12 V 汽车电气系统的弊端逐渐显露出来。节能政策的日益严格和节能技术的应用瓶颈给汽车企业的节能降耗工作带来了巨大压力，在这样的背景下，48 V 汽车电气系统应运而生，并以其特有的优势迅速受到相关企业和厂家的关注。关于将汽车现有的 12 V 电气系统升级为 48 V 电气系统的讨论也愈演愈烈，某些汽车生产商和零部件供应商更是早已积极着手开发与 48 V 电气系统相关的技术和汽车产品。

48 V 系统与现有的 12 V 系统相比有如下优点。

（1）能够满足先进节能技术的应用

制动回收技术是减少油耗的重要措施，然而对于回收 8 ~ 15 kW 的制动能量，采用 12 V 电气系统时电流将超过 1 000 A，这需要 10 ~ 15 mm 直径的导线，在车载电气系统中显然是不可行的。采用 48 V 系统可以将电流减少到 1/4，可以大幅减小导线的直径，便于在汽车有限空间内布置线路。另外，采用 48 V 电气系统和锂离子电池或超级电容器，可以短时间内达到回收功率 15 kW，能够充分有效地吸收制动能量，并且可以提供平均 0.5 kW 的电能供应，这些利用 12 V 电气系统中传统的铅酸电池是很难实现的。根据罗兰贝格咨询公司 Wolfgang Bernhart 的介绍，在回收制动和减速能量时，48 V 系统的效率是 12 V 系统的两倍。

（2）节能减排效果较 12 V 系统更佳

传统 12 V 的怠速启停系统（含制动能量回收）节油效果为 5% 左右，而基于 48 V 平台的怠速启停系统能够融合电动转向助力等更多的节能措施，节油效果可提高至 15%，甚至更高。另外，由于 48 V 系统的电池供电功率大大提高，除怠速启停功能外，还可在车辆巡航状态下停转发动机，仅依靠蓄电池中制动回收的能量维持巡航。

（3）有利于汽车附件的电气化

由于现有的 12 V 汽车电气系统功率有限，很多功率较大的汽车附件只能设计成机械式，由发动机直接带动工作。尤其对于装有怠速启停系统的车辆，在其怠速运行时会停止发动机工作，很多依靠发动机提供动力的大功率辅助设备（如机械式空调）就失去了源动力，如果直接采用 12 V 蓄电池支持其工作，将产生很大电流，长时间运行容易造成车辆电气系统的寿命折损甚至直接损坏。如果采用 48 V 电气系统，可以在电流不变的前提下产生更大功率，在车辆怠速发动机停机的过程中支持更多的辅助设备运行。把发动机驱动的附件分离出来，由电动机直接驱动，减小了发动机部件数量，提高了其工作效率，使发动机能够以更高的功率为整车提供动力，在一定程度上提高了车辆的动力性能。

（4）利于汽车轻量化

随着汽车电子元器件数目越来越多，电气系统导线的横截面积也越来越大，不但使汽车内部的有限空间被占用，也增加了汽车总质量。如果采用高电压系统，在输出相同功率时，电流减小，可以适当缩小导线直径，降低车重。同时，采用新型的 48 V 电源标准，可以使电动机和电磁阀的重量降低约 20%，能够进一步减轻整车的质量，利于车辆的轻量化，进一步起到节油效果。

但是 48 V 系统同样存在一些自身缺陷以及有待解决的问题。

（1）配件供应商有限

48 V 电压标准在实际的推广中还要受到来自产业上游汽车配件商方面的阻力。由于现在的汽车零部件使用的都是 12 V 标准，当采用 48 V 电气系统后，除了要研制与之配套的新型蓄电池外，汽车上的发电机、起动机、微型电机、仪表、继电器等部件都需要随之更新，这必然会使配件供应商增加额外的研发成本，损害其利益，反过来也会制约 48 V 系统的发展和普及。

（2）电磁兼容性差

电磁兼容性是汽车 48 V 电气系统在技术方面存在的一大难题。提高电压会对电子器件和人体的电磁干扰性增加，也会降低周边电子设备的运行能力。由于机动车电子电气组件的电磁辐射不能超过标准规定抗扰性的极限值，这就增加了达到电磁兼容性标准的成本和技术难度。

（3）安全性问题

虽然汽车电气系统电压较低，但升级到 48 V 电压后超出了人体安全电压 (36 V) 范围，并且当汽车电源线两极接触时会产生强烈的电弧现象，电压越高越强烈。尤其在车辆的维修过程中，维修人员经常不慎将电源线搭铁，48 V 电气系统爆发出的电弧会对维修人员和车内的电气设备产生一定损害，由此带来的安全问题必须加以有效解决。

（4）噪声增加

提高系统电压会增加其工作噪声，特别是 PWM 控制的开关噪声对音响系统和通信系统的影响较大。

正是由于 48 V 系统优缺点兼备，所以是否应该将现有的 12 V 系统全面升级为 48 V 系统引起了人们广泛的讨论。2018 年及以前，由于行业油耗目标值下降程度较 2018 年以后稍小，企业的达标压力也相对较小，完全能够通过现有 12 V 系统更加成熟可靠、成本较低、技术路线完备的节能技术对现有车辆及未来待研发车型进行升级改造，减小油耗，达到企业整体合规的要求。与技术尚不成熟、零部件配套供应不完善、技术更新速度较慢的 48 V 电气系统相比，前者更具可行性，也更适合在 2018 年及之前实施采用。

但是，现有 12 V 系统电压较低，将在 2019 年及以后对汽车的节能技术发展起到制约作用，而 48 V 系统恰恰可以克服 12 V 系统的技术瓶颈，继续推动节能技术的发展。如果整车全面升级 48 V 系统，全车所有电气元件都要随之更新为 48 V 标准，涉及底盘、动力总成、空调系统和车身系统等多个部分的升级改造，成本非常昂贵，与其起到的节能效果相比，性价比很低。尤其是空调、灯具、音响等部件，需要上游零部件厂商的集体技术更新，难度大，周期长，难以跟上节能要求发展的步伐。48 V 系统更换电气元件需求见表 5-23。

表 5-23 48 V 系统更换电气元件需求表

<table>
<tr><th>类别</th><th>名称</th><th>类别</th><th>名称</th></tr>
<tr><td rowspan="3">底盘</td><td>电动换档制动器</td><td rowspan="4">空调系统</td><td>PTC 加热器</td></tr>
<tr><td>电动助力方向盘（EPS）</td><td>电动空调压缩机</td></tr>
<tr><td>电动稳定器</td><td>鼓风机</td></tr>
<tr><td rowspan="3">动力总成</td><td>冷却风扇</td><td>玻璃加热器</td></tr>
<tr><td>燃油泵</td><td rowspan="2">车身系统</td><td>灯具</td></tr>
<tr><td>水泵</td><td>功放</td></tr>
</table>

总的来说，2018 年及之前节能压力较小，传统节能技术在 12 V 系统上能够达到油耗目标值要求；2018 年以后节能压力较大，12 V 系统制约了节能技术的进一步发展，但是全面升级 48 V 系统成本高昂，配套不完善，技术周期长，尚存在较多限制因素。

3. “12+48 V”系统可行性较大

根据之前论述，12 V 和 48 V 汽车电气系统都各自存在弊端，无法满足日益严苛的油耗法规。为了克服 12 V 系统对节能技术发展的制约，同时减小 48 V 系统对整车电气元件的改造，降低技术成本，“12+48 V”汽车电气系统逐渐走入人们的视野，并以其固有的特点迅速得到一些整车厂和零部件厂商的青睐。

“12+48 V”系统同时具备 12 V 和 48 V 电源网络，其中，怠速启停和制动回收系统接入 48 V 的电源网络，其他电气元件还可以继续沿用 12 V 标准，接入 12 V 电源网络。这样一来，既可以保留大部分 12 V 标准的电气元件，对整车改动较小，成本相对较低，还能够通过 48 V 电源网络提高怠速启停和制动回收系统的节能效果。以上文轿车代表车型为例，如果在应用全部传统节能技术的前提下，采用“12+48 V”系统，实际油耗则能够降低至 4.7 L/100 km，低于 2020 年目标值 4.1%。可以说，“12+48 V”系统整合了 12 V 系统和 48 V 系统的优点，并在一定程度上摒弃了二者的不足，具有较高的可行性。

（1）比混合动力和纯电动技术更易实现

除“12+48 V”系统外，混合动力和纯电动技术也是未来节能技术发展的重要方向，由于各项技术特点不同，各汽车企业也存在不同节能技术路径方面的选择与取舍。

混合动力技术（包括常规混合动力和插电式混合动力）工作原理是在车辆高速运行或刹车制动时将能量通过发电机存储于电池，当车辆怠速或低速运行时再由电池为电动机提供能量带动车辆运行，同时当车辆爬坡或加速运行时，电动机可以提供一部分能量，减小内燃机负荷。为了让电动机能够输出更大功率，现有混合动力车辆一般都采用 200 ~ 600 V 的高压网络，发电机和电动机的体积也相对较大，因此，混合动力技术一般在商用车（如公交车）中应用较多。乘用车中的空间有限，就要在输出功率满足要求的前提下尽量缩小电气设备的体积，存在一定技术难度。纯电动技术直接摒弃了传统的燃油发动机，采用蓄电池组为电动机供电，带动车辆行驶，真正实现零油耗，零排放，但是其在电池组续航能力和动力性等方面还存在一些有待攻克的技术难题。

由于混合动力和纯电动技术复杂性较大，成熟度较低，其单车技术成本也相对较高。就降低单位百分比油耗而言，常规混合动力技术的成本远高于其他技术，插电式混合动力和纯电动技术成本与“12+48 V”相差不多，但会随着车型的变大而增加。就单车成本增加而言，无论是常规混合动力、插电式混合动力还是纯电动技术都要远高于“12+48 V”系统，即使对于小型车而言，纯电动技术的应用也要带来 25 000 元左右的技术成本增加。由于短期内技术成本下降难度较大，单车成本增加较多，对于乘用车尤其是中低端乘用车而言是不可接受的。不同节能发展路径经济性比较见表 5-24。

从技术原理可以看出，混合动力技术实际上是怠速启停和制动再生技术的加深，而“12+48 V”系统则填补了由 12 V 到 200 ~ 600 V 之间的技术空白，是全面普及混合动力和纯电动技术之前的有效技术过渡手段。

表 5-24 不同节能发展路径经济性比较

<table>
<tr><th>技术类型</th><th>车辆级别</th><th>燃油经济性改善率</th><th>技术应用增加的成本（元）</th><th>降 1% 油耗对应成本（元）</th><th>代表车型</th></tr>
<tr><td>12+48 V</td><td>—</td><td>10%</td><td>5 000</td><td>500</td><td>—</td></tr>
<tr><td>常规混合动力</td><td>中型车</td><td>32%</td><td>30 000</td><td>940</td><td>凯美瑞</td></tr>
<tr><td rowspan="4">插电式混合动力技术</td><td>紧凑型车</td><td>65%</td><td>29 000</td><td>446</td><td>比亚迪</td></tr>
<tr><td>中型车</td><td>71%</td><td>32 000</td><td>451</td><td>传祺</td></tr>
<tr><td>大型车</td><td>77%</td><td>35 000</td><td>455</td><td>—</td></tr>
<tr><td>SUV/MPV</td><td>75%</td><td>40 000</td><td>530</td><td>比亚迪唐</td></tr>
<tr><td rowspan="5">纯电动技术</td><td>小型车</td><td rowspan="5">100%</td><td>25 000</td><td>250</td><td>知豆</td></tr>
<tr><td>紧凑型车</td><td>35 000</td><td>350</td><td>力帆 620</td></tr>
<tr><td>中型车</td><td>40 000</td><td>400</td><td>比亚迪 e6</td></tr>
<tr><td>大型车</td><td>53 000</td><td>530</td><td>—</td></tr>
<tr><td>SUV/MPV</td><td>58 000</td><td>580</td><td>郑州日产</td></tr>
</table>

（2）比柴油车更易推广

在欧洲的汽车工业发达国家，柴油乘用车的比例要远高于国内，其新注册乘用车中，柴油车所占比例超过了 50%。据统计，同等情况的柴油车可比汽油车节油 20% ~ 30%，推广和普及柴油乘用车对降低行业和企业的平均油耗有显著效果。我国国产乘用车的柴油车比率仅不到 4%，对于我国汽车行业的发展现状而言，实行乘用车柴油化依然有较大的压力。

目前，国内推广柴油车最大的制约来自于柴油品质较差的问题。我国柴油油品相对欧洲较差，含硫量较高，会严重损伤尾气后处理系统，导致催化剂中毒，大大缩短后处理器的使用效力和寿命，恶化柴油机的排放。另外，对喷油系统、发动机活塞等也将产生不利影响，使喷油嘴等关键部件出现故障，维修费用将增加消费者的使用负担，因此，国内消费者对于柴油乘用车认可度较低。相比之下，“12+48 V”系统对燃油品质并无额外要求，应用现有燃油就能够满足使用需求。

柴油车同样存在单车技术成本增加较多的问题。由于柴油机和汽油机的工作原理不同，乘用车柴油化需要对整个动力系统作出调整，并且为了达到更好的节油效果，满足相应的排放法规，先进柴油机必须应用高压共轨和尾气后处理系统。这些改动和技术的应用使柴油机生产成本较高，结合我国市场现状，若满足国Ⅳ排放标准，获得相近驾驶感受的柴油乘用车售价将比汽油车高出 10 000 ~ 15 000 元，是“12+48 V”系统 5 000 元单车成本增加的 2 ~ 3 倍，且后续保养维护成本也相对较高，给消费者带来较大的经济压力。

此外，柴油车的排放问题也有待解决。虽然柴油发动机相比汽油发动机 CO（一氧化碳）和 HC（烃）排放较低，但是 PM（颗粒物）和 NO_x（氮氧化物）的排放却远高于汽油机，不利于我国对雾霾问题的治理和管控。而“12+48 V”系统怠速重启过程属于热启动，其尾气排放也更加清洁，兼具节能减排的效果，更利于满足未来的法规要求。

（3）比车身轻量化更加切合现行油耗体系

在发动机排量等其他因素不变的情况下，整备质量的变化能够影响车辆实际油耗。数据显示，每减重 100 kg 可以降低油耗 0.4 L/100 km 左右，同时带来一定的动力性提高。图 5-58 所示为乘用车燃料消耗与整备质量的关系。通过图中的散点进行线性公式拟合，即可得到上述结论。

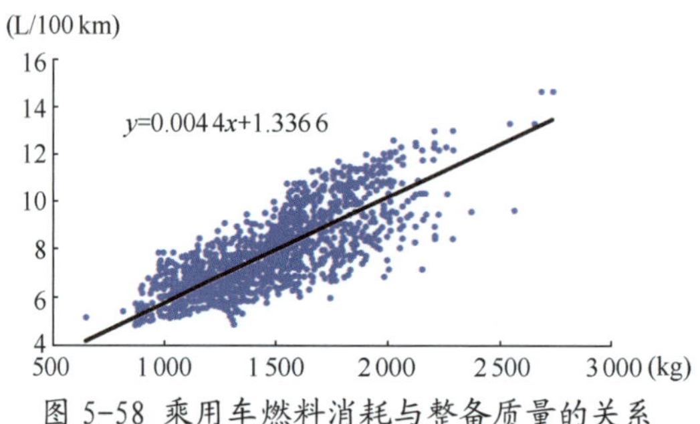

图 5-58 乘用车燃料消耗与整备质量的关系

虽然通过减小整备质量的方法降低整车油耗行之有效，但是其并不完全切合现行的油耗标准体系。当整备质量减小时，车辆的目标值也可能随之减小，从企业整体合规达标的角度上讲并不划算。有些车型在进行车身轻量化时，甚至会出现实际油耗下降小于目标油耗下降的情况，这对于企业而言是不合理的。因此，通过降低整备质量的方法降低油耗并不适合于任何车型，其在应用时会受到一定限制，并且随着整备质量的不断减小，技术成本会成倍增加。因此，从切合油耗体系以及技术应用范围等方面综合考虑，“12+48 V”系统要优于车身轻量化技术。

通过本小节的分析可以看出，“12+48 V”系统比车身轻量化更加切合现行油耗体系，在技术可行性上要优于混合动力车和柴油车，并且由于单车成本增加较小，也比后两者更容易得到普及。因此，“12+48 V”与未来几种主要的乘用车节能途径相比更具可行性。

4.“12+48 V”系统限制因素

与 2013 年相比，2014 年有超过 50% 的相关企业会在“12+48 V”技术方面不同程度地加大投资力度，30.56% 的企业基本持平，只有不到 20% 的企业会减少投资力度，如图 5-59 所示。面对技术发展存在的主要问题，有 70% 左右的企业主要担心投资回报比问题，这也是“12+48 V”系统发展的主要障碍，如图 5-60 所示。

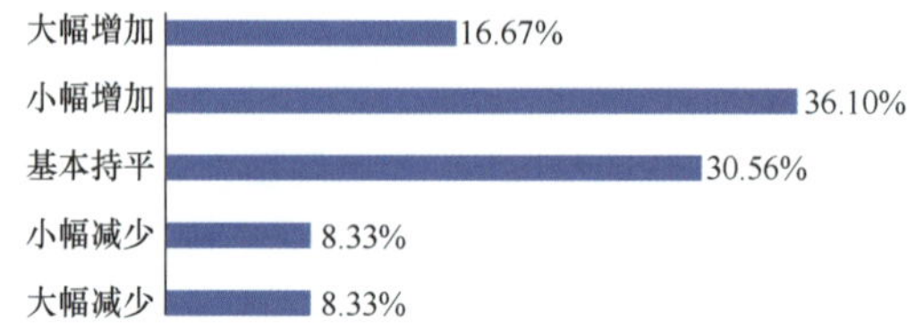

来源：2013 年 12 月德国“第二届 48 V 电压系统国际研讨会”

图 5-59 相对 2013年各企业 2014年研发投入意愿

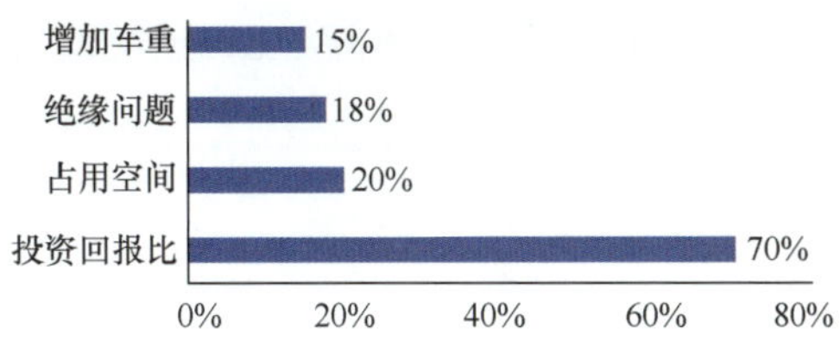

图 5-60 “12+48 V”系统应用面临的主要问题

目前，全球范围内尚无采用 48 V 系统的量产车，系统缺乏完善的行业标准和合格的零部件供应商。但是已有多家整车厂和零部件厂商开始着手于“12+48 V”系统的研发，并且取得了不同程度的成果，见表 5-25。

表 5-25 已经投入研发“12+48 V”的企业

整车厂	比亚迪 、奥迪、三菱、标致雪铁龙、起亚
零部件供应商	博世、德国大陆、英飞凌、海拉、江森自控、CPT 公司、德尔福、舍弗勒、恩智浦半导体公司

5. 结论

① 12 V 汽车电气系统难以满足 2018 年以后的节能目标要求。

② “12+48 V”系统同时具备 12 V 和 48 V 的网络特点，节能效果好，能够满足 2020 年的节能目标要求；整车改动小，技术成本低，可持续性强，更新周期短，易于实现，可行性较大。

③ 单一的 48 V 系统的发展尚存在技术成本、配套供应等多方面的限制因素，但随着汽车电气化程度的加深，48 V 系统或会在“12+48 V”系统的基础上获得进一步发展。

◎ 5.2.2 乘用车柴油化技术发展趋势研究

1. 柴油乘用车市场现状

（1）国外市场现状分析

欧盟各国早在 20 世纪 90 年代就开始了乘用车柴油化的技术研究。自 1991 年，欧盟国家柴油车占乘用车市场份额逐年增加，2011 年以后，欧盟国家新注册乘用车中，柴油车所占比例超过 50%。其中，2012 年共有 12 个成员国新注册柴油乘用车比例达到或超过 50%，分别为卢森堡、爱尔兰、法国、葡萄牙、西班牙、比利时、瑞典、挪威、奥地利、意大利、英国和冰岛，汽车大国德国此项比例也达 48% 以上。随着欧盟各国新注册乘用车中柴油车比例的攀升，其柴油车占乘用车总保有量的比例也逐年上升。作为欧盟主要汽车市场的法、德、意、英4国，该比例逐年上升，法国2011年已超过60%，具体如图5-61所示。

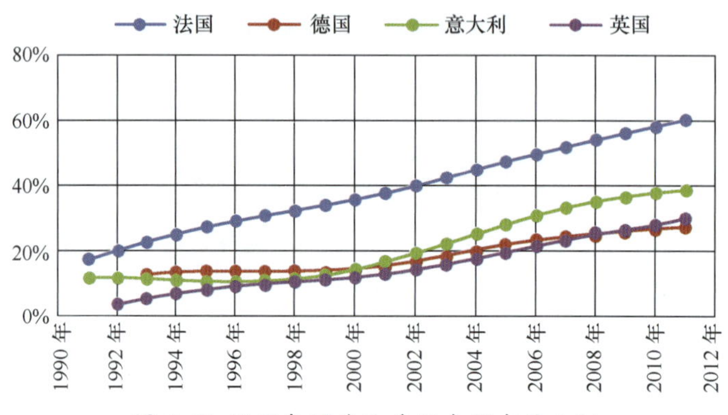

图5-61 欧盟各国柴油乘用车保有量比例

除欧盟国家外，汽车工业起步与欧美各国相比较晚的韩国柴油轿车比例也达到了30%。美国由于其国内汽油供应价格较低，柴油车普及程度受到限制，车企重点着眼于氢燃料技术和纯电动技术，但这些未来技术远水难解近渴，因此近年来，美国柴油轿车的比例也在逐步增加，达3%左右。日本的轿车柴油化比例相对较低，只有1.7%，这是因为日本排放法规相对严格，其国内车企更多着眼于汽油混合动力技术的研发，并且技术已经较为成熟，具体如图5-62所示。

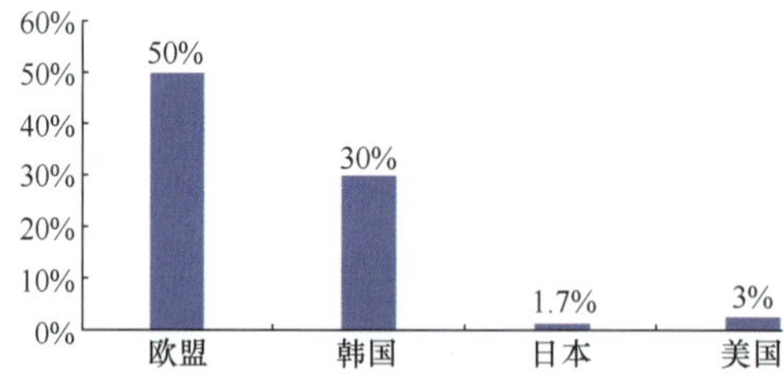

图5-62 2014年世界主要国家和地区柴油轿车的比例

（2）国内市场现状分析

近年来，我国乘用车市场呈现快速发展态势，产量年均增长率超过10%，但与之形成鲜明对比的是柴油乘用车并没有成功搭上这班快车，国产柴油乘用车所占市场份额依然不足0.5%。进口车型比例相对较高，但也不足4%，而且呈现出逐年减少的趋势，具体如图5-63所示。

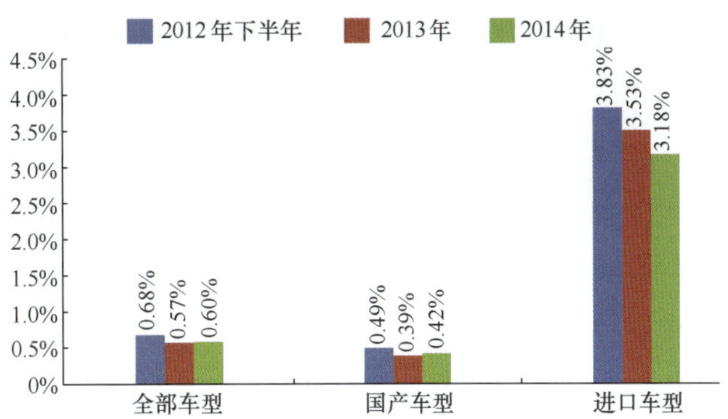

图 5-63 2012年下半年至2014年我国柴油车整体应用情况

在份额较少的柴油车中，SUV 和 MPV 是主力车型。2013 年 SUV 柴油车占柴油车总量的 71.00%，MPV 占 28.05%。2014 年，SUV 比例有所下降，降低为 62.86%，MPV 比例上升至 36.60%，如图 5-64 所示。然而两车型柴油发动机的应用比例非常小，2013 年分别只有 1.66% 和 1.40%，2014 年则分别为 1.27% 和 1.53%，如图 5-65 所示。轿车和交叉型乘用车柴油发动机的应用比例则更小，占比微乎其微。

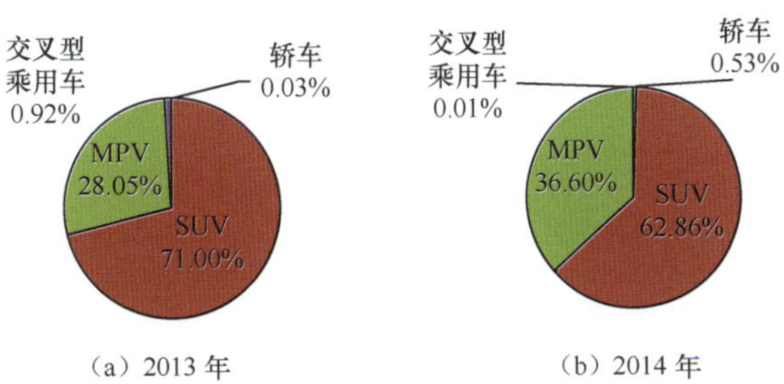

图 5-64 2013～2014年国产柴油车分车型市场份额

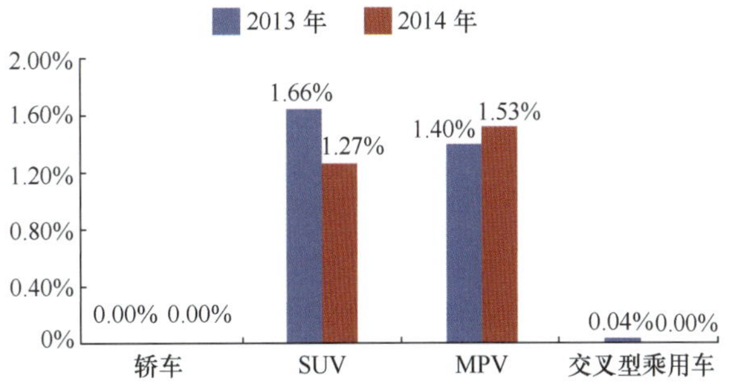

图 5-65 2013～2014年国产柴油车分车型应用情况

国内年销量排名前 15 的企业中，只有长城汽车拥有柴油车车型，且占该企业年产量的比例也较低，2013 年占比为 3.12%，2014 年下降至 2.69%。从产品层面分析，销量最高的柴油 SUV 车型为驭胜，2013 年销量仅为 1.3 万辆，2014 年虽有大幅增长，但也仅不到 2.4 万辆。表 5-26 中其余所列车型销量则鲜有过万，甚至只有不到 1 000 辆的产量。

表 5-26 2013 ~ 2014 年 SUV 和 MPV 应用柴油发动机排名前 5 品牌

车型	2013 年		2014 年	
	品牌	柴油车型产量	品牌	柴油车型产量
SUV	驭胜	13 063	驭胜	23 993
	哈弗 H6	10 190	哈弗 H6	9 189
	哈弗 H5	8 178	哈弗 H5	6 382
	北汽银翔多用途乘用车	4 750	陆风 X8	4 524
	陆风 X8	4 031	探索者 Ⅲ	1 052
MPV	瑞风	7 586	瑞风	8 361
	新世代全顺	4 017	风景	6 218
	风景	2 492	新世代全顺	5 222
	风行菱智	818	蒙派克	4 964
	大通 V80	708	星锐	1 502

由上述分析可以看出，我国柴油车比例相当小，与欧盟各国差距较大，而且就发展趋势而言，欧盟各国还在持续增长，我国则基本保持不变。在乘用车柴油化技术方面，我国还有较大的发展空间。

2. 乘用车柴油化的必要性

面对 2020 年平均油耗 5.0 L/100 km 的目标，中国汽车行业面临着巨大压力。同时，由本节第一部分中的分析可以看出，通过在汽油发动机中应用传统节能技术的方式难以满足 2020 年的节能目标。柴油机由于工作原理与汽油机相异，其能源利用效率相对汽油机较高，同等情况下更加节省燃油，因此，乘用车柴油化技术是在汽油机中应用新型节能技术之外另一条满足节能目标的重要技术路径。欧盟各国通过柴油乘用车的普及大幅降低了燃油消耗量水平，我国在日益严峻的能源形势下，进行乘用车的柴油化同样具有较强的必要性。

乘用车柴油化之所以被列为一条重要的节能技术路径，是因为柴油机客观存在降低油耗的巨大潜能。内燃机压缩比越高，效率越高，单位体积的燃料化学能转化为机械能的比例越大。由于点火方式的差异，柴油机往往压缩比很高，一般为 12 ~ 20，汽油机由于受到燃烧爆震的制约，压缩比一般为 7 ~ 10。柴油机压缩比远高于汽油机，因此其工作效率也较高。同等情况下，先进柴油机可比汽油机节油 25% 左右，一些技术更加先进的进口柴油机车型甚至可比同款汽油车型节油 30% 以上。

根据中国汽车技术研究中心、中国汽车工业协会等单位联合研究显示，若截至 2020 年，我国乘用车中柴油车的比例逐步上升至 10%，商用车中柴油车比例实现微增长， 2020 年当年可节约原油约 749 万吨；若乘用车中柴油车比重迅速增长至 30%，2020 年当年可节约原油 2 270 万吨，减少 CO_2 排放 4 194 万吨，占当年汽车 CO_2 总排放的 6.5%，且该节油和减排效果具有明显的累计效应。提高先进柴油车的比重能够在保持汽车保有量不变的情况下大幅度减少石油需求。

柴油车不但具有显著的节油效果，且其单位节油成本也相对较低。同等情况下，柴油车的售价要高出汽油车 12 500 元左右，考虑其相对汽油车 25% 以上的节油效果，降低 1% 油耗对应成本为 500 元以下。结合表 5-24 中各项技术成本数据可以看出，在 SUV 和 MPV 车型上应用先进柴油机技术较混合动力和纯电动技术具有更低的技术升级成本，为两类高油耗车型提供了可行的节能技术路径。

综合上述分析，面临我国紧张的能源形势和汽车行业巨大的节能压力，节能效果显著且技术升级成本相对较低的先进柴油机技术是我国未来汽车行业节能发展的一项必要技术路径。

3. 乘用车柴油化的可行性

（1）市场需求可行性分析

由之前的分析可以看出，我国乘用车柴油化比例非常少，尚不足 1%，国内市场还有待深入开发，同时对于各个汽车企业来讲也是一种潜在的机会。

SUV 车型的市场日益火热，国内消费者对于 SUV 良好的通过性、承载性和安全性都有较高程度认可。SUV 车型整备质量相对轿车更重，相同排量的 SUV 车型油耗也相对轿车更高。高燃油消耗量不但增加了消费者用车的经济负担，也不利于我国汽车行业平均燃油消耗量的降低。先进柴油机的节油效果和技术升级成本在 SUV 和 MPV 等较大车型上具有明显优势，一些应用先进柴油机的 SUV 油耗水平甚至堪比同级别轿车，不但使 SUV 车型扩大了受众范围，也有利于行业燃油经济性水平的提高。

国内 SUV 市场的发展和国产乘用车较低的柴油化比例，都为先进柴油机技术的应用提供了更为广阔的市场空间。

（2）技术可行性分析

针对柴油车的普及应用，欧盟走在了前列，同时其柴油车的技术也是最成熟的。我国的柴油机相关技术也在近年得到快速发展。国内柴油机相关的研究院所、高校和企业都取得一定程度的技术突破，能够为先进柴油机的应用提供技术支持，比如发动机燃烧室造型、四气门技术、涡轮增压技术、电子控制喷油技术等。同时，国内多家大型汽车企业都与欧美汽车企业有合作经营，能够对国外成熟的技术和生产线进行参考和借鉴。目前，国内企业已相继开发出可满足国Ⅲ、国Ⅳ排放标准的柴油机产品，可基本实现供油、燃烧和配气等相关零部件的生产和配套。

在尾气后处理技术方面，氧化催化转化器（DOC）的使用较为成熟和可靠，国内的无锡威孚立达、昆贵研等单位的催化剂相关技术不断发展成熟。另外，NGK、康宁、Umicore 和 BASF 等在中国市场能够提供较为系统的催化剂和催化器产品，这些厂家的 DOC 后处理技术可满足我国现阶段的排放要求。目前，除部分零部件需要依靠进口外，我国柴油机燃烧技术和后处理技术基本能满足乘用车排放法规和燃油经济性要求，在技术实施上具有较大可行性。

（3）比插电式混合动力和纯电动技术易普及

插电式混合动力和纯电动技术都属于汽车节能的新能源技术，国际上也普遍认为传统能源汽车会经过插电式混合动力技术的过渡最终向纯电动化发展。插电式混合动力和纯电动技术在节能降耗方面具有非常明显的优势，一般的插电式混合动力汽车油耗都要远低于普通的汽柴油车，纯电动汽车更是实现了零油耗。但是由于动力蓄电池技术的制约，目前插电式混合动力和纯电动汽车尚存在制造成本高、续航里程短、能源转换效率低、充放电寿命短等方面的技术难题。同时，两类新能源车都不能仅依靠传统的燃料加注设施完成能源补给，我国配套的充电设备尚不完善。此外，新能源车的充电时间较长，我国东南沿海地区人口密度大，汽车保有量高，想为消费者提供足够的充电设施要比欧盟各国繁杂很多。在配套的辅助设备完善前，推广普及插电式混合动力和纯电动两类新能源车具有较大难度，由于使用不便，目前消费者对其认可程度较低。

我国的汽车节能工作势在必行，也刻不容缓。在纯电动汽车完全取代传统能源汽车前，必须找到一种行之有效的汽车节能路径，缓解我国的能源压力。先进柴油机技术历经多年发展，成熟度较高，无论是通过技术引进、合资生产的方式，还是通过自主研发的方式，都能够在短时间内实现车型量产，且柴油乘用车使用过程中可通过现有的燃油加注站进行能源补给，方便快速，对辅助设备没有额外要求，更加利于推广和普及。

4. 我国乘用车柴油化的限制性因素

（1）柴油车的尾气污染

由于燃烧方式与燃油性质的不同，相比于汽油车，柴油车在 CO、HC 的排放上具有明显的优势。经过有关专家测算，在同等寿命周期条件下，同等重量级别的柴油轿车，HC 和 CO 的总排放量较汽油车减少 45%，降低排放效果极为显著。柴油车排放的主要污染物是 PM 和 NO_x。NO_x 是在高温富氧完全燃烧状态下生成的，PM 是在低温不完全燃烧状态下生成的。从燃烧原理上来说，这两种污染物存在制约关系，一种污染物的降低通常会造成另一种污染物的排放升高，随着新型燃烧理论的不断发展，这种制约关系在一定程度上得以改善。从排放法规上看，2009 年实施的欧Ⅴ排放法规中，柴油车的 NO_x 排放限值是汽油车的 3 倍，而 2012 年的欧Ⅵ法规中，柴油车比汽油车高出 33%，虽然差距明显缩小，但是柴油机的 PM 排放标准还是比汽油机高出很多。

汽车尾气排放问题就我国而言影响尤为严重，尤其是 PM 排放带来的雾霾问题尤为突出。目前我国汽车保有量较大，环境污染情况也相比欧美一些国家要恶劣很多，甚至已经影响了人们的正常生活，对人体健康也有较大危害，解决雾霾问题，减少 PM 的排放成为治理环境污染的当务之急。以天津市为例， PM10 来源中，本地排放占 87% 左右，其中，扬尘、燃煤、机动车、工业生产为主要来源，分别占 36.5%、20.0%、12.2% 和 12.2%；其他来源占 6.1%。PM2.5 来源中，本地排放占 72% 左右，其中，扬尘、燃煤、机动车、工业生产物为主要来源，分别占 21.5%、19.5%、

14.5% 和 12.3%；其他来源占 4.3%。具体如图 5-66 所示，由此可见，在列举的两类 PM 排放中，本地机动车的排放比例分别占了 1/8 和 1/7，是 PM 排放的主要贡献者之一。在当前环境污染严重，治理形式紧迫的形势下，PM 排放更高的柴油车也会因此受到更多的质疑，将在一定程度上限制柴油车的普及和发展。

由欧盟柴油车的发展历程可以看出，随着排放标准的不断提升，用以应对排放的方案也不断升级，主要体现在喷油系统的喷油压力越来越高、尾气处理的方法越来越多以及进气增压的技术不断完善等方面，具体见表 5-27。我国在上述方面的先进柴油机技术并不十分完善，短时间内实现乘用车柴油化的途径只能通过引入国外技术设备，合资生产，这会增加车辆成本，售价也相应提高，不利于市场推广。

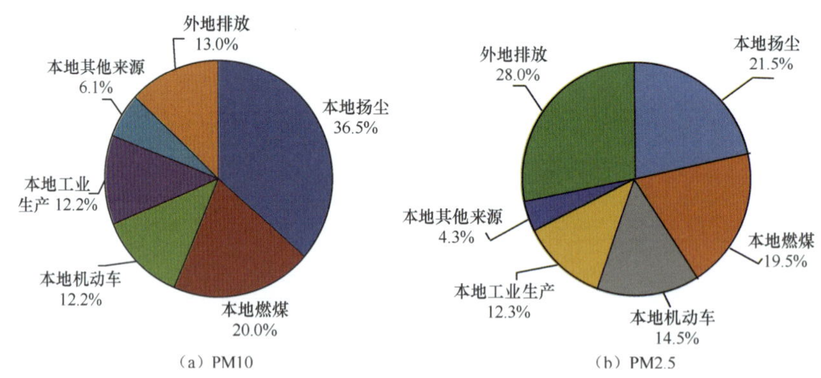

来源：天津市环保局

图 5-66 2014年天津市两类 PM污染物来源

表 5-27 不同排放标准阶段欧盟柴油机的排放技术

排放标准	技术类别	技术名称
欧Ⅲ	喷油系统	电控单体泵（压力 >1 400 bar）
	尾气处理	DOC、EGR
	进气增压	可变截面废气涡轮增压
欧Ⅳ	喷油系统	高压共轨
	尾气处理	DPF、旁通阀废弃再循环冷却器
	进气增压	变截面废气涡轮增压

续表

排放标准	技术类别	技术名称
欧Ⅴ	喷油系统	高压共轨（压力 >2 000 bar）
	尾气处理	DPF、LNT、SCR
	进气增压	带电动执行机构的可变几何截面废弃增压系统
欧Ⅵ	喷油系统	高压共轨（压力 >2 500 bar）
	尾气处理	DOC、DPF 为标配，普及 LNT、SCR
	进气增压	两（多）级增压系统

（2）高品质柴油供应问题

柴油的供应问题主要体现在柴油的品质能否达标，即能否满足先进柴油车对油品的要求等方面。其中，含硫量是影响柴油品质的关键，十六烷值同样对柴油的燃烧特性影响严重，将影响柴油机的燃烧效率和排放性能。柴油品质低一方面降低了柴油机的燃油经济性水平，增加了污染物排放；另一方面也增加了零部件的维护保养成本。

我国柴油油品相比欧盟较差，不达标的问题突出。一方面，我国原油含蜡量高、柴油馏分凝点高，而国内市场柴油消耗量大，单靠直馏柴油不能满足需要，目前解决这一矛盾的主要途径仍是催化裂化和热裂化。这种二次加工所得到的催化裂化柴油或焦化柴油占相当比例，而催化裂化柴油中含硫化合物和芳烃含量高，与清洁车用柴油的要求仍有一定距离。另一方面，我国因受资金和氢源限制，柴油加氢精制能力严重不足，炼油厂一般在保证产品合格出厂的前提下，尽量降低柴油加氢装置的苛刻度以减少氢耗和制氢装置负荷。由于柴油需求大，馏程较宽，高十六烷值组分相对缺乏，即使经过加氢，十六烷值也很难提高到 48 以上的平均水平。以上两方面原因造成了我国的柴油油品落后于发达国家。

按照国家污染物排放标准，轻型汽车和重型汽车的型式核准将分别于 2010 年 7 月 1 日和 2010 年 1 月 1 日起实施第四阶段排放控制要求，而到 2009 年 12 月 30 日，中石化、中石油才刚刚保证全国绝大多数地区油品达到国Ⅲ标准。高品质燃油供应严重落后的现象阻碍了柴油乘用车的发展。

（3）成本控制问题

企业的生产制造成本关系到汽车的市场售价，能够直接影响消费者的选择，间接决定了乘用车柴油化的进程。先进柴油乘用车必须应用高压共轨、后处理等先进技术以满足日益严格的排放法规要求，这必然增加了柴油乘用车的生产和研发成本，消费者购车的价格也相应增加。

针对生产成本，考虑燃油系统、传动系统、后处理系统、整车标定成本及合理的利润，结合我国市场现状，若满足国Ⅳ排放标准，获得相近驾驶感受的前提下，一般家用的柴油乘用车售价将比汽油车高出 12 500 元左右。除一次性购车成本外，在维修保养成本、车辆保险成本方面，柴油乘用车也不同程度高于汽油乘用车。

表 5-28 汽油车和柴油车油耗成本比较

	家用		出租车用	
	汽油车	柴油车	汽油车	柴油车
整备质量（kg）	1 620	1 668	1 620	1 668
发动机排量（L）	2.0T	2.0T	2.0T	2.0T
成品油价格（元）	5.93 (93#)	5.52 (0#)	5.93 (93#)	5.52 (0#)
综合工况百公里油耗（L）	8.6	6.8	8.6	6.8
每月行驶里程（km）	1 500	1 500	10 000	1 000
月油耗（L）	129	102	860	680
月油费（元）	765	563	5 100	3 754
年差价（元）	(765−563) × 12=2 424		(5 100−3 754) × 12=16 152	
收回购车成本时间	5.2 年左右		10 个月左右	

本节选择了一款 SUV 的汽油版和柴油版分家用和出租车用两种用途进行了油耗成本比较，见表 5-28。两款车的整备质量相近，发动机排量相同。可以看出，若将柴油乘用车的节油能力考虑在内，那么购车时相比汽油车 12 500 元的购车成本增加将被逐步弥补。尤其是出租车，其平时行驶里程数较多，只需要不到 1 年的时间就可以收回额外购车成本，之后的时间便会因为柴油车的节能效果而带来越来越多的经济节约。但是对于家用车而言，平时的行驶里程数较少，柴油车带来的节

能效果显现得也较慢，收回额外购车成本则需要 5 年以上的时间。此外，如果再将保养维修和保险等方面的持续性成本考虑进去，那么家用柴油车从购车到能够体现其经济性的时间则会更久。因此，行驶里程数的多少决定了消费者对于柴油乘用车经济性的认可程度。绝大多数消费者在购车时往往优先考虑当前的购车成本，并不关注 5 年甚至 10 年之后的经济效益，柴油乘用车在规模最大的家用车市场的推广也就因此受到了阻碍。

（4）消费者认可度问题

在市场经济体制下，一项产品的普及在一定程度上取决于消费者对其的认可度。中国消费者对柴油车的印象并不好，一提起柴油车，人们想到的是黑烟、异味和嘈杂的噪声，以前使用柴油发动机的主要是低档车或商用车，如卡车、拖拉机等，因此，在许多消费者的观念中，柴油车与轿车特别是高档轿车沾不上边。我国目前真正了解先进柴油轿车技术的消费者只占少数，因此，即使市场上推出的柴油轿车技术先进，也难以打消消费者的疑虑。

目前，中国市场上供应的柴油乘用车型号非常有限，市场份额极低，大部分消费者身边并无使用柴油乘用车的例子，因此，对购车后的使用技巧、使用成本、售后服务等心存疑虑。实际上，目前柴油乘用车的维修的确不如汽油车方便，一方面是由于柴油车某些部件（比如喷油系统）更加复杂、精密；另一方面是因为维修配件缺货时有发生，维修周期长。因此，消费者对于柴油车的认可程度也就大大降低。

5. 结论

① 国产乘用车中先进柴油机技术应用比例尚小，在当前能源形势，节能效果显著的柴油乘用车具有较大的市场发展空间。

② 在 SUV 和 MPV 等大型车上应用先进柴油机技术比插电式混合动力和纯电动技术成本较低，国内 SUV 市场的快速发展也为柴油机技术的应用提供了广阔的市场空间。

③ 我国乘用车柴油化尚存在 PM 排放较高、油品较差和成本较高等方面的问题，同时，消费者对柴油乘用车，尤其是柴油轿车的认可程度较低，推广和普及柴油乘用车尚存在较大困难。

④ 综合考虑市场需求量、技术升级成本和消费者认可程度等方面问题，国产乘用

车柴油化可从 SUV 车型开始，逐渐提高国内柴油机技术和消费者认可程度，再逐步向其他车型发展。

◎ 5.2.3 无级变速器技术发展趋势研究

5.2.3.1 无级变速器技术特性分析及综合比较

无级变速器（Continuously Variable Transmission,CVT）没有明确具体的档位，操作上类似于自动变速箱，但是速比的变化却不同于自动变速箱的跳档过程，而是连续的，因此动力传输持续而顺畅。

1. CVT 技术的优势分析

CVT 由于没有一般自动档变速箱的传动齿轮，换档顿挫感也随之消失，因此，CVT 变速箱的动力输出是线性的，在实际驾驶中非常平顺。CVT 的传动系统理论上档位可以无限多，档位设定更为自由，更容易达到理想的速比，进而降低耗油，改善废气排放。与其他变速器技术相比，CVT 技术有质量轻、成本低、油耗小、驾驶舒适度高等优点。

（1）质量轻

CVT 变速箱由于没有 DCT、AT 变速箱较复杂的行星齿轮等结构，使得其整体构造简单、质量与体积更小。虽然 CVT 变速器的技术含量和制造难度都要比 MT 变速器高，与 AT 变速器相仿，但由于金属带式 CVT 的结构简单，所含的零件数量比 AT 变速器少 40%左右，整车的质量因而也有所减轻。

（2）成本低

CVT 系统结构简单，一般零部件数目在 300 个左右，比 AT 液力自动变速器少 200 个左右。在汽车制造商成规模大批量生产时，CVT 的成本优势将会进一步显现。随着生产规模的扩大以及系统、材料的革新，CVT 零部件（如传动带或传动链、主动轮、从动轮和液压泵）的生产成本将降低 20% ~ 30%。由欧洲市场不同变速器成本对比可知，钢带式 CVT 变速器在制造成本上相对于 6 档以上 AT 和 DCT 变速器有着较大优势，但钢链式 CVT 平均成本较高，具体如图 5-67 所示。

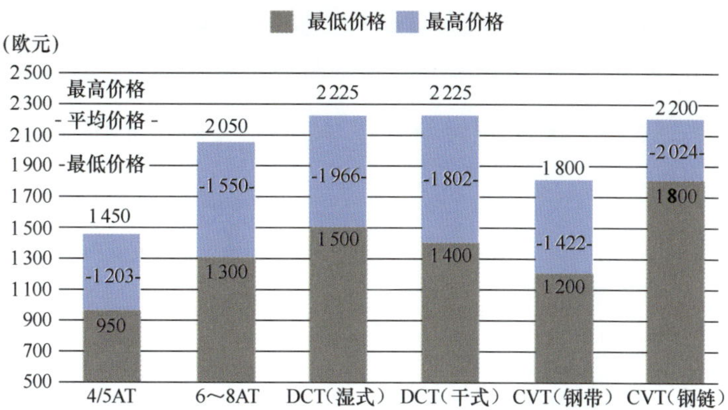

来源：20141105 03_CATARC Transmission Benchmark

图 5-67 欧洲市场不同变速器成本对比

（3）油耗小

CVT 在理论上有无数个档位，这样可以相对精确地控制发动机转速，使得不同工况下发动机都可以工作在效率较高的转速范围内，获得传动系与发动机工况的最佳匹配，达到提高燃油经济性的目的。根据行业调研分析，现阶段 CVT 比 5MT 减少约 5% 的燃油消耗量。对采用欧盟 NEDC 工况不同变速器汽车 CO_2 排放量测试结果进行分析，可以看出，CVT 技术可以有效降低油耗，节油效果明显好于多档 AT 技术，与干式 DCT 技术相当，相对于湿式 DCT 也有较为明显的节能优势，具体如图 5-68 所示。

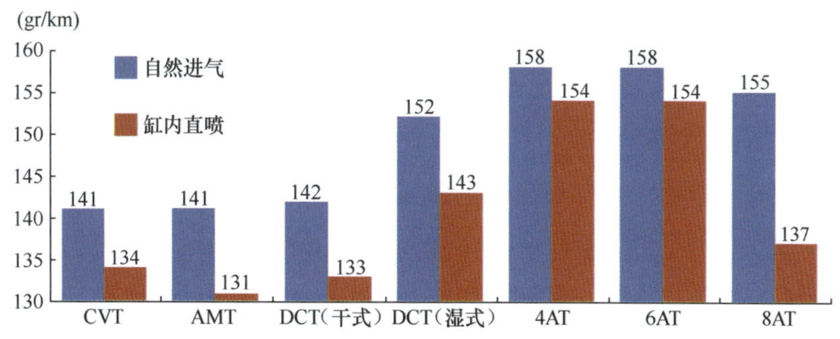

来源：20141105 03_CATARC Transmission Benchmark

图 5-68 各变速器燃油经济性比较

（4）驾驶舒适度高

CVT 相对 AT、AMT 等技术来讲，换档平稳，无顿挫感，提速过程舒适平顺，适合城市交通 。由于 CVT 的速比变化连续不断，所以汽车的加速或减速过程非常平缓，而且驾驶简单、安全，从而使用户获得全方位的行驶乐趣。美国的一项调查对车主在90天的试驾中上报的变速器故障数量作出了统计，这些故障包括换档不平顺、换档延迟、非正常噪声等。调查显示，钢带式CVT相对于DCT故障率较低，而9速AT故障率最高，具体如图5-69所示。

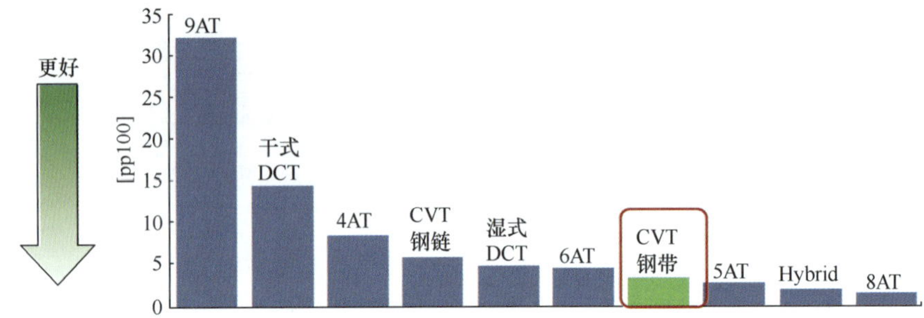

注：pp100为每100辆车在经90天的驾驶之后出现的问题数量。

来源：20141105 03_CATARC Transmission Benchmark

图5-69 各变速器车型每100辆车在90天试驾中故障数量比较

2. 对CVT技术的质疑

尽管CVT变速器有上述诸多优点，但与技术相对成熟的AT变速器相比，其应用范围仍然相对较小，CVT变速器仍有一些问题尚待进一步解决。例如，由于构造原理和机械磨损的不可逆性，钢带的使用寿命是核心问题之一，尤其是在用户喜欢激烈驾驶的情况下，可靠性得不到充分的保证。因此，目前人们对CVT技术普遍有无法传递大扭矩、启动/加速时钢带会“打滑”、加速性能欠佳、钢带易损坏等质疑。

（1）无法传递大扭矩

以市场份额最大的加特可公司CVT变速器为例，其CVT7变速器可以传递的最大扭矩为180 Nm，CVT8变速器低扭矩版可以传递的最大扭矩为250 Nm，而高扭矩版则可达380 Nm。就国内乘用车平均扭矩而言，CVT7变速器可满足紧凑型车动力要求，低扭矩版的CVT8可满足中型车要求，高扭矩版可满足豪华型车的平均扭矩要求。因此，就扭矩而言，加特可的CVT8已经可以满足国产绝大多数轿车、SUV以及MPV的扭矩要求，仅有少数中型、中大型和豪华型轿车以及部分大型SUV车型的扭矩要求无法满足。对CVT不能承受高扭矩的质疑应随着CVT技术的进步而逐渐有所改观，具体如图5-70所示。

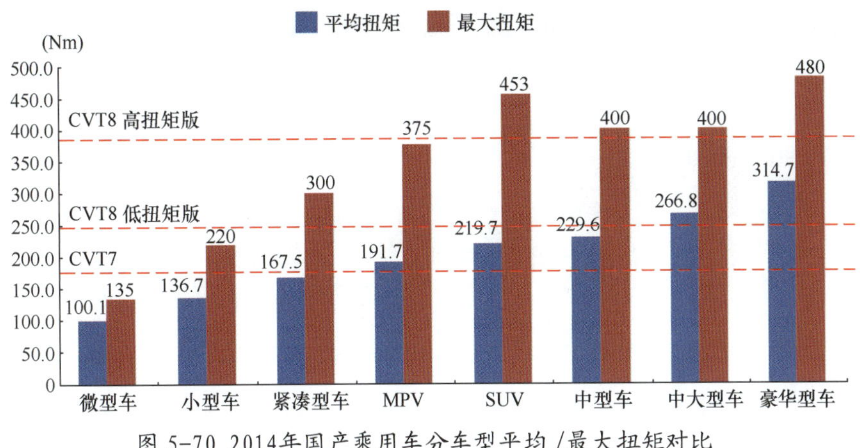

图 5-70 2014年国产乘用车分车型平均/最大扭矩对比

（2）启动及加速时会“打滑”

目前的 CVT 依靠钢带（钢链）的摩擦力进行传动，将其压紧的锥形盘需要施加极大的压紧力。当压紧力不够时，容易导致打滑，这种打滑会烧毁变速器。在传动带和压盘之间的相对滑动达到足以损坏变速器时，电子系统会及时让发动机停止工作或者减少动力输入，从而保护变速器。因此，在正常行驶的情况下，说 CVT 会“打滑”是欠妥的。为了节能，目前的 CVT 变速器会根据发动机的输出扭矩对带轮的压紧力进行调节。当急加速时，电子系统需要时间加大钢带和压紧轮之间的压紧力，从而防止相对滑动，这也是导致加速延迟的原因。因此，启动或加速时出现的延迟现象来源于电子系统施加压紧力时间。

（3）加速性能欠佳

由于 CVT 加速时平稳顺畅，驾驶员可能较少体验到所谓“推背感”，即不能较快加速。而且一直以来受“打滑”说法的影响，人们普遍认为 CVT 启动迟缓，加速性能不佳。通过分析 2014 年不同变速器国产轿车 0 到 100 km/h 平均加速时间可见，采用 CVT 技术的车型 0 到 100 km/h 的平均加速时间普遍较短，尤其是在 1.5 ~ 1.6 L 排量段，CVT 车型加速时间为所有车型中的最佳水平。在更大排量段，CVT 车型的加速性能也同样显现较明显优势，具体如图 5-71 所示，由此可见，CVT 变速器技术以其平稳顺畅的加速风格使驾驶员有了加速迟缓的错觉。CVT 变速器的瞬时加速能力与其他变速器相比稍显不足，但其稳定加速能力有较明显的优势。

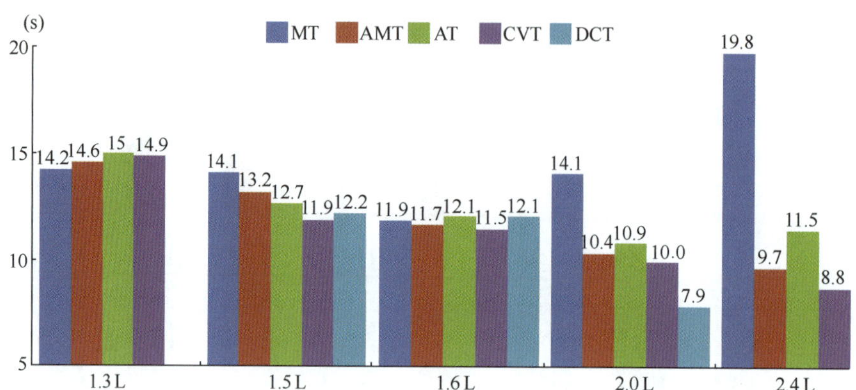

图 5-71 2014年不同变速器国产轿车 0到 100 km/h加速时间分排量统计

（4）钢带易损坏 / 使用寿命偏短

CVT 由于构造原理和机械磨损的不可逆性，一直有“CVT 钢带易损坏、维修成本较高”的说法。由不同变速器车型行驶里程寿命可知，整备质量较小时，采用 CVT 技术的车型寿命有绝对优势，随着整备质量的加大，CVT 的优势逐渐减弱，最后与其他变速器寿命持平。总体而言，CVT 变速器的平均寿命在其他种类变速器之上，具体如图 5-72 所示。

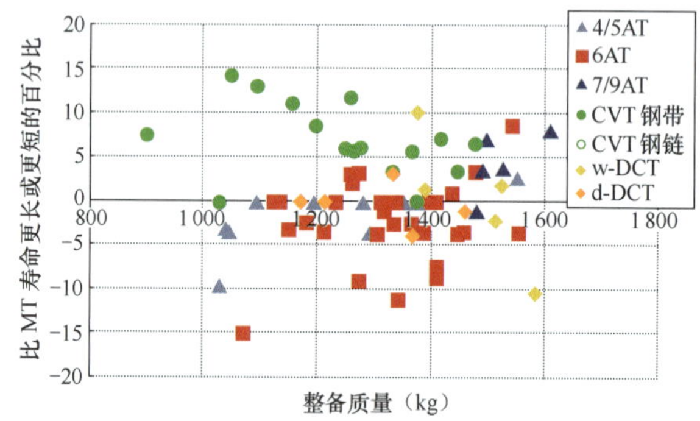

来源：20141105 03_CATARC Transmission Benchmark

图 5-72 采用不同变速器技术的车型行驶里程寿命比较

5.2.3.2 国内外主要 CVT 生产厂商情况

1. 全球主要 CVT 生产厂商

目前，全球主要有以下几个主要的 CVT 生产商：博世（Bosch）及舍弗勒

（Schaeffler）旗下 LuK 公司为全球各变速器厂分别提供钢带和钢链以及相关技术支持；日本的加特可 (Jatco) 和爱信（Aisin）两大供应商主导全球市场，其中，加特可的 CVT 市场份额为全球第一，爱信为全球最大变速器生产商；整车厂方面，日系的本田、丰田、富士重工及欧系的奥迪全部采用自主生产的 CVT 变速器。

（1）博世

博世集团曾是 CVT 钢带技术的原创公司和全球 CVT 钢带制造的独家垄断性公司，如今世界上大部分的 CVT 钢带依然由博世提供。博世也为全世界各变速器厂商和整车厂提供压力钢带等零部件及技术支持，如加特可、爱信、邦奇（Punch）、本田、奇瑞等。近年来，博世在国内又与北汽、湖南江麓容大等企业合作开发 CVT 产品。博世钢带的最大扭矩传递能力在 400 Nm 以上，设计寿命高达 30 万公里。

（2）舍弗勒旗下 LuK 品牌

舍弗勒旗下 LuK 公司为各变速器厂商提供钢链等零部件及技术支持，用以生产拉力钢链式 CVT，其传递最大扭矩可达 450 Nm，变速比可大于 6.0，体积紧凑，功率密度大。采用 LuK 钢链的 CVT 供应商或整车厂及相应产品主要如下：奥迪采用其钢链生产名为 Multitronic 的 CVT，主要搭载在奥迪 A4、奥迪 A5 和前驱版奥迪 A7 车型上；日产 / 加特可采用其钢链生产名为 CVT8HT（CVT8 高扭矩版）的 CVT，主要搭载在楼兰以及北美版的天籁等车型上；富士重工旗下斯巴鲁采用其钢链生产名为 Lineartronic 的 CVT，是世界首款用于量产全时四轮驱动汽车的纵置链条式 CVT，搭载在森林人、傲虎、XV、力狮等多款车型上。

（3）加特可

主要为日产提供名称为 Xtronic 的 CVT 变速箱，CVT 市场份额为全球第一。现时提供的变速箱包括 CVT7 和 CVT8 两个系列：CVT7 产品最大扭矩为 180 Nm，适用于小型车，最大特点是使用了副变速机结构，借此提供了世界最大的变速比范围，即 7.3，主要搭载在阳光、轩逸、骐达等车型上；CVT8 适用于中型车及大型车，其独有的低阻设计使摩擦阻力比起之前的型号降低了 40% 以上。CVT8 普通版产品最大扭矩可达 250 Nm，变速比可达 7.0，主要搭载在天籁、逍客、奇骏等车型上；CVT8 高扭矩版，即 CVT8HT，最大扭矩可达 380 Nm，主要搭载在楼兰以及北美版的天籁等车型上。此外，加特可生产的 CVT 也被其他公司广泛使用，如日系的三菱及法系的雷诺、标致、雪铁龙等。

（4）爱信

主要为丰田提供变速箱，是全球最大变速器生产商。丰田是最早把 CVT 变速箱应用在量产车型中的汽车品牌之一。其最新产品为第三代 8 速 S-CVT（SuperCVT），主要用于卡罗拉、雷凌等中小排量车型，可承受扭矩为 200 Nm，变速比可达 6.28。通过采用新锁定控制、双输出机油泵、新变速器油与控制逻辑，实现了更低的油耗。

（5）邦奇

邦奇动力是一家专注于设计和制造 CVT 变速箱以及混合动力系统的企业，国内自主品牌大多引进该厂商的 CVT，如长安、长城、吉利、比亚迪、北汽、东风、江淮等。邦奇是继加特可和博世之后的世界第三大 CVT 变速箱供应商。目前，邦奇的产品主要包括 VT1、VT2、VT3、VT4 这 4 款产品，最大承受扭矩范围为 120 ~ 220 Nm，其中，VT2 与 VT3 最大承受扭矩分别为 186 Nm 与 220 Nm。目前，国内自主品牌的小排量车型均搭载了邦奇的 VT2 系列，如东南菱悦 V3、海马 3 等。VT4 则是邦奇正在研发的一款为纵置发动机四轮驱动越野车打造的 CVT 变速箱，其扭矩传递能力与 VT3 持平。

2. 国内主要 CVT 供应商

目前国内市场上的 CVT 变速箱可分为四大板块：主流的 CVT 变速箱是加特可 CVT7 和 CVT8 两个系列，为日系汽车品牌配套；奥迪自主研发生产的 Multitronic CVT 变速器装备于奥迪车型；丰田所用的 CVT 来自丰田自主（爱信）；大多数自主品牌企业则采用南京邦奇自动变速箱有限公司的 CVT，而奇瑞与北汽则实现了自主开发。

（1）奇瑞自主研发 CVT

奇瑞是国内首个自主研发 CVT 的自主品牌汽车企业。型号为 QR019CHA 的变速器是奇瑞自主研发的第一款具有国际先进水平的 CVT，其最大输入扭矩达 190 Nm，可匹配 1.6 ~ 2.0 L 排量区间的发动机。奇瑞自主研发的 CVT 先后装配了奇瑞 A3、瑞虎 3、艾瑞泽 7、瑞虎 5 等车型。

（2）湖南江麓容大

容大公司专注于 CVT 技术的研发，于 2010 年 3 月开发出首台具有完全自主知识产权的汽车无级自动变速器。容大公司完成了与上汽通用五菱合作的 CN200 无级自动变速器的整车搭载试验以及与博世合作的 RDC16 无级自动变速器的研制试验。RDC16 预计 2015 年 10 月开始量产，该产品具有更高的功率密度，速比范围从上一代产品的 5.5 提升到 6.02，可以承受 130 Nm 和 160 Nm 的扭矩输出，采用了更先进的控制技术以及轻量化设计，可以节油 8%。

（3）北汽自主研发 CVT

北汽于 2014 年 6 月推出拥有完全自主知识产权的首台 CVT-B 变速器产品，该产品填补了中国自主品牌中型 CVT 变速器技术和产品的空白。其可承受的最大扭矩为 250 Nm，适用于旗下 1.8 ~ 2.5 L 排量段前置前驱的车型，采用了多项全新的技术，如博世第七代压力钢带、液压控制模块、液压油泵等，从而有效提升了功率密度和扭矩传递力。在车型匹配方面，该变速箱先期匹配于北汽 2014 年量产的绅宝 D60 车型上，2015 年还将在新款 D70 车型中匹配自主 CVT 无极变速箱，后续也会为 D50 逐步换装自主研发的 CVT。国内外主要 CVT 生产厂商及产品参数见表 5-29。

表 5-29 国内外主要 CVT 生产厂商及产品参数

<table>
<tr><th>品牌</th><th colspan="2">变速箱型号</th><th>自主与合资</th><th colspan="2">可传递最大扭矩（Nm）</th><th>可模拟档位数</th><th>变速比</th><th>特有技术</th><th>未来发展</th><th>代表车型</th></tr>
<tr><td>奥迪</td><td colspan="2">Multitronic</td><td>奥迪自主研发，采用舍弗勒钢链</td><td colspan="2">400 ~ 450</td><td>8</td><td>＞6</td><td>湿式多片离合器</td><td>不再使用，逐步以DSG代替</td><td>A4/A4L、A6/A6L</td></tr>
<tr><td rowspan="2">日产</td><td rowspan="2">XTronic</td><td>CVT7</td><td>加特可生产，采用博世钢带</td><td colspan="2">180</td><td>6</td><td>7.3</td><td>副变速机构</td><td>沿用</td><td>阳光、轩逸、骐达</td></tr>
<tr><td>CVT8</td><td>加特可生产，普通版采用博世钢带，高扭矩版采用舍弗勒钢链</td><td>普通版：250</td><td>高扭矩版：380</td><td>6</td><td>7</td><td>低阻设计</td><td>逐步淘汰CVT2</td><td>逍客、奇骏、天籁</td></tr>
</table>

续表

品牌	变速箱型号	自主与合资	可传递最大扭矩（Nm）	可模拟档位数	变速比	特有技术	未来发展	代表车型
斯巴鲁	Lineartronic	斯巴鲁自主研发，采用舍弗勒钢链	229 ~ 250	6	>6	湿式多片离合器	沿用	森林人、傲虎、XV、力狮
丰田	SuperCVT	丰田自主研发，采用博世钢带	187 ~ 200	8	6.28	新锁定控制，双输出机油泵等	2年内以ECVT实现混合动力	卡罗拉、雷凌
奇瑞	QR019CH	奇瑞自主研发，采用博世钢带	190	7	5.14	—	沿用	艾瑞泽7、A3、E5、瑞虎
北汽	CVT-B	北汽自主研发，采用博世钢带	250	（暂无数据）	5.77	博世第七代压力钢带，液压控制模块	逐步在D50、D60、D70车型上扩大配备	绅宝D60

5.2.3.3 国内乘用车 CVT 变速器市场分析

1. 国产 CVT 车型分车型统计

从2013年和2014年国产乘用车变速器分级别统计数据（如图5-73所示）来看，CVT变速器在轿车中的使用率随着车型的加大而上升，并且除微型车与交叉型乘用车尚无车型搭载CVT外，其他所有级别车型在CVT的使用上都呈现上升趋势。从增长幅度来看，SUV车型的产量增长幅度最大，主要由于新奇骏、RAV4等畅销车型对于CVT使用的增加，同时可以看出CVT变速器已有着更广泛的应用范围。

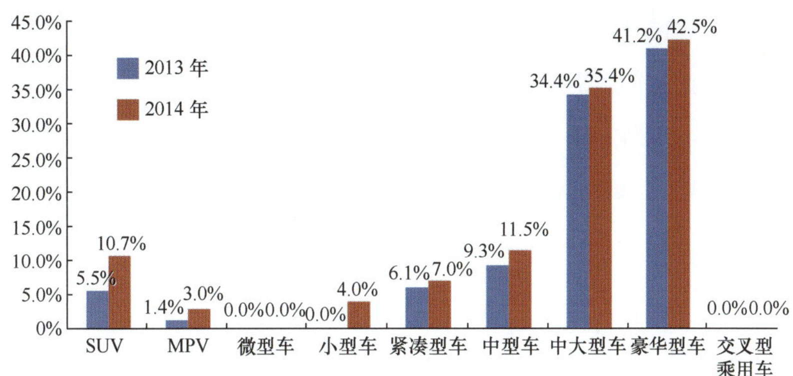

图 5-73 2013年及 2014年国产乘用车 CVT使用率分车型统计

2. 国产 CVT 车型现状

2014 年，我国国产 CVT 车型共计 63 款，其中，日系车型 27 款，欧系车型 2 款，自主车型 34 款。产量前 10 名的 CVT 车型（见表 5-30）中，有 8 款为日系车，2 款欧系车，自主品牌 CVT 车型未能上榜。排名最靠前的自主品牌 CVT 车型为奇瑞生产的瑞虎 5，产量暂居第 13 名。

表 5-30 2014 年产量前 10 名 CVT 车型

产量排名	车型	品牌性质	生产企业
1	奥迪 A6L	欧系	一汽奥迪
2	轩逸	日系	东风日产
3	卡罗拉	日系	一汽丰田
4	奇骏	日系	东风日产
5	雅阁	日系	广汽本田
6	奥迪 A4L	欧系	一汽奥迪
7	天籁	日系	东风日产
8	RAV4	日系	一汽丰田
9	骐达	日系	东风日产
10	飞度	日系	广汽本田

3. 国内 CVT 车型生产企业现状

目前，国内 CVT 车型生产企业有 24 家，其中，日系合资企业 10 家，欧系合资企业 1 家，自主企业 13 家。CVT 车型产量最高的企业为东风汽车有限公司，产量前 10 名的自主企业有奇瑞和吉利两家，其中，具备 CVT 自主研发能力的自主企业只有奇瑞汽车，具体见表 5-31。

表 5-31 2014 年 CVT 车型产量前 10 名企业

产量排名	生产企业	车型数	变速器品牌	代表车型
1	东风汽车	9	加特可	轩逸、天籁
2	一汽一大众	2	奥迪自主	A6L、A4L
3	广汽本田	4	本田自主	雅阁、飞度
4	天津一汽丰田	1	爱信 / 丰田自主	卡罗拉
5	四川一汽丰田	2	爱信 / 丰田自主	RAV4、普锐斯
6	广汽丰田	3	爱信 / 丰田自主	雷凌、逸致
7	奇瑞	6	奇瑞自主	瑞虎 5、瑞虎 3
8	广汽三菱	1	加特可	劲炫
9	长安铃木	1	爱信	锋驭
10	吉利	2	邦奇	帝豪 EC7

4. 国产 CVT 车型按扭矩与排量分布情况（与 DCT 车型作对比）

从 2014 年国产车型扭矩分段（如图 5-74 所示）来看，CVT 车型的扭矩集中在 150 ~ 200 Nm 区间，占比将近 70%，而 DCT 车型的扭矩集中在 200 ~ 250 Nm 区间，占比达 62.9%。可见在大扭矩车型上 DCT 配备要普遍多于 CVT。从 2014 年国产车型排量分段（如图 5-75 所示）来看，在 1.3 ~ 1.8 L 的排量区间内 DCT 车型占比明显高于 CVT 车型，而在 1.8 ~ 2.5 L 的排量区间内 CVT 车型占比明显高于 DCT 车型。

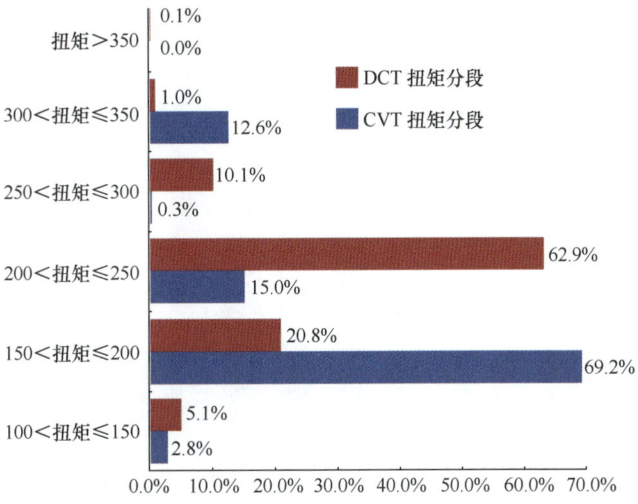

图 5-74 2014年国产 CVT与 DCT车型随扭矩分布情况

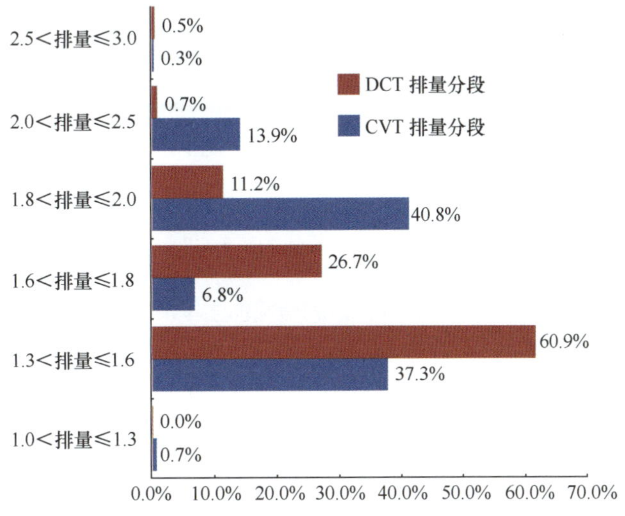

图 5-75 2014年国产 CVT与 DCT车型随排量分布情况

5. 国产 CVT 车型油耗

由 2013 ~ 2014 年不同变速器国产乘用车平均油耗对比（如图 5-76 所示）可知，CVT 车型在 3 种排量下的平均油耗与其他变速器车型相比为最小， DCT 车型平均油耗紧随其后，手动档 MT 的平均油耗最大。2013 ~ 2014 年大部分车型平均油耗有所下降，但 CVT 车型在 2.0 L 及 2.4 L 排量段平均油耗略有上升。

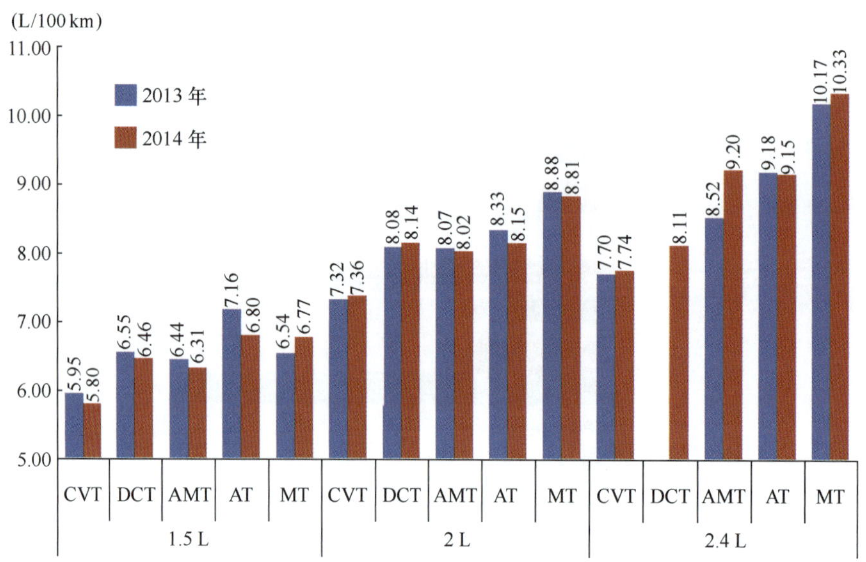

图 5-76 不同变速器国产乘用车 3 种排量下平均油耗对比

5.2.3.4 CVT 市场前景分析

1. 全球变速器市场现状

（1）日本市场

自动变速器的配套比例为 80% ~ 90%，其中，CVT 占比最高。自 2011 年以来，许多整车厂以车型改款为契机取消采用 MT 和 AT，逐渐采用 CVT。此外，日系整车厂在日本市场采用 ECVT 混合动力变速器的情况也逐年增多。

（2）美国市场

自动变速器的配套比例约为 90%，多档 AT 是主流。但随着日系车在北美市场份额的不断提高，CVT 车型的比例也逐渐增大，由于日系车企对 CVT 的广泛使用，CVT 车型所占市场份额已由 2005 年的 1% 蹿升至 13% 以上。

（3）欧洲市场

自动变速器车型占比约为 50%，与美国、日本市场呈现完全相反的特征，8 档和 9 档 AT 逐渐取代 7 档 AT 成为主流。近两年，许多车型还出现了从 CVT 逐渐过渡为多档 AT 和 DCT 的现象，预计今后 CVT 车型仍只占少数比例。

2. 全球 CVT 变速器市场预测

未来 5 年内，搭载 AT 变速器的车型将依然占据大部分市场份额，并且档位数量有不断增大的趋势，8 ~ 10 档 AT 车型将逐渐替代低档位数量的 AT 车型。CVT 车型生产数量继续保持稳步增长，增长幅度小于 8 ~ 10 档 AT 车型。DCT 车型生产量也将持续增长，并且档位数量同样有不断增大的趋势。到 2020 年，DCT、CVT、8 ~ 10 档 AT 和 6 ~ 7 档 AT 这 4 类车型将平分 95% 以上的市场份额，具体如图 5-77 所示。

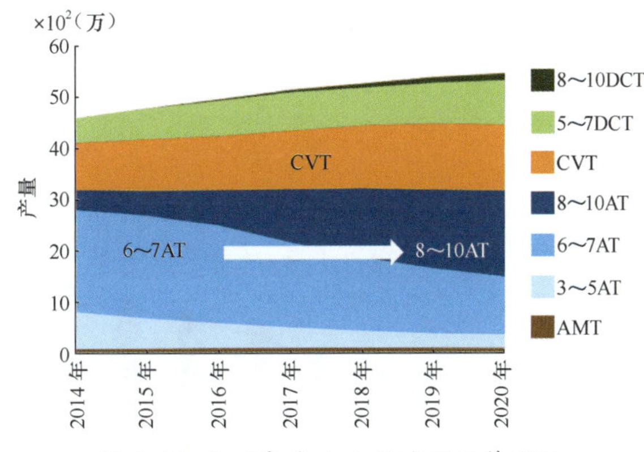

图 5-77　全球各类自动变速器趋势预测

3. 世界主要企业 CVT 未来应用趋势

（1）加特可

CVT 预计将会被广泛应用于电动车领域及无人驾驶方面，即将推出 CVT8 混动版产品，预计将应用在东风日产新楼兰车上，这款产品目前在全球的销量累计达 1.5 万台。

（2）博世

据博世预测，到 2016 年，中国将成为继日本之后 CVT 装车率第二的国家，届时，中国的 CVT 装车率或为 25%。按照该趋势判断，博世 CVT 将在未来 5 ~ 10 年内占领快速增长的小排量车市场。

（3）福特

宣布将自主研发 CVT 无级变速器，并在未来于混动车型中使用，预计最先搭载的车型为蒙迪欧混动版车型，新车有望在 2015 年推出。

（4）通用

自行开发的 CVT 无级变速箱项目已经进入后期阶段。通用自主研发的 CVT 变速器预计将在 2019 年用于数款大批量生产的车型，同时将匹配今年问世的新一代小排量三缸和四缸发动机，由此摆脱依赖日企。

（5）奥迪

已于 2014 年停止 CVT 研发工作，未来不会将 CVT 用于下一代车型，新车型将以 7 速 DCT 替换 CVT 变速器。

4. 国产乘用车 CVT 变速器市场预测

国产车型自动变速器配套比例已达到一半以上，其中，CVT 车型比例已突破 10%，并呈逐年上涨趋势。从图 5-78 中可见，预计未来几年，国产乘用车 CVT 车型数量及产量将进一步增长。

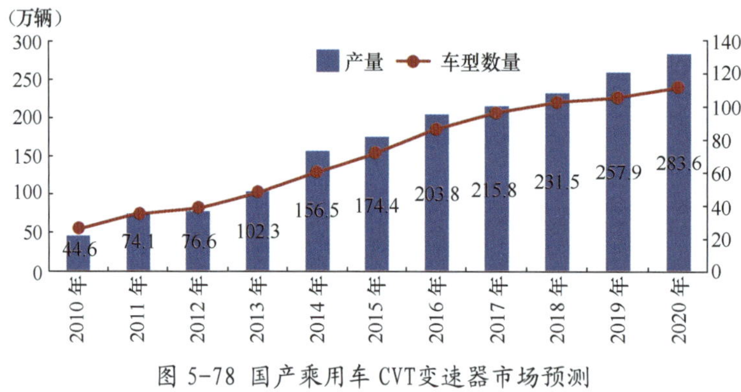

图 5-78 国产乘用车 CVT变速器市场预测

未来国内主要整车企业将进一步加大 CVT 变速器的研发力度和装配比例，提升自身产品的市场竞争力。日系合资企业包括丰田、本田、三菱、铃木等品牌将进一步普及 CVT 产品到旗下 2.5 L 以下车型。而国内自主品牌，包括奇瑞、北汽等品牌也将进一步加强研发和生产能力，不断丰富自身 CVT 产品线。国内主要 CVT 生产商未来发展预测信息见表 5-32。

表 5-32 国内主要 CVT 生产商未来发展预测信息

企业名称	应用规划
北汽股份	2014 年开始自主研发 CVT 变速器，将其先期匹配于绅宝 D60 车型上，2015 年还将在新款 D70 车型中匹配。后续也会为 D50 逐步换装自主研发的 CVT
广汽乘用车	将 CVT 变速器应用于 A 级车，应用规模为 2 万台
奇瑞汽车	到 2020 年将 CVT 变速器产能扩大到 30 万台，实现配套规模为 25 万台
江淮汽车	将 CVT 变速器应用于和悦 A30
江铃控股	将 CVT 变速器应用于各类车型

续表

企业名称	应用规划
丰田汽车	丰田汽车（常熟）零部件有限公司 2014 年投产 CVT，年产能 24 万台
本田汽车	本田汽车零部件制造有限公司 CVT 新工厂扩产
昌河铃木	派喜搭载江麓容大和博世共同研发的新一代 CVT 车型于 2015 年上市
长安汽车	逸动纯电动版车型有望匹配 CVT，并搭载长安自主生产的电动机

◎5.2.4 三缸增压发动机技术发展趋势研究

5.2.4.1 三缸发动机发展历程

早在 20 世纪 50 ~ 60 年代，萨博 93、萨博 95、萨博 96 和某些 DKW 车型就开始应用三缸两冲程发动机，此外，当时的 Wartburg 和 FSO Syrena 分别在德国和波兰生产和使用这种发动机。

1979 年，世界上最小的直列三缸四冲程汽车发动机——铃木 F5A 首次应用在当时生产的铃木奥拓车型上，其排气量仅为 0.543 L。

20 世纪 80 年代，日本大发汽车公司生产的搭载 1.0 L 三缸发动机的 Charade 车型在全世界范围热销，虽然该车型只有 39 kW 的功率，0 到 100 km 加速要在 15 s 以上，但该车型获得了当时较高的燃油经济性评价。1986 年，该公司与中国天津汽车工业公司合作生产的夏利汽车，在国内盛行一时，之后国内自主品牌的小排量三缸发动机，大多都由该机型研发而来。

90 年代，斯巴鲁也将一款直列三缸发动机 EF 广泛应用在其 Justy、Sambar 以及 Sumo 等车型上，这些车型在欧洲和北美地区广受好评。

1998 年，大众推出了最具创新性的三缸 1.2 L TDI 柴油发动机，这是第一个全铝制柴油发动机，也是当时最轻和燃油经济性最好的发动机。随后大众汽车集团广泛采用三缸汽油机和柴油机在其奥迪 A2，大众 Polo、Fox、Lupo，西雅特 Ibiza、Córdoba 和斯柯达 Fabia 等车型上，排气量在 1.2 ~ 1.4 L 区间内，功率范围为 48 ~ 67 kW，一些发动机上还搭载涡轮增压系统。

2000 年，本田发布了第一代 Insight 车型，该车型使用了 1.0 L 三缸发动机与电动机相结合的混合动力系统，将乘用车的燃油消耗量又降至新的水平。

2010 年，日产也发布了他们的 1.2 L 三缸版 HR 系列汽油发动机，用于日产的

Micra、Almera 和 Note 等车型。此外，该机型还有机械增压版，应用了缸内直喷和可变气门正时技术。

2012 年，福特、宝马、雷诺等六大汽车厂商分别推出了各自最新的三缸增压发动机，这些机型采用了多项新技术，包括涡轮增压、缸内直喷、使用非平衡飞轮替代平衡轴等。尤其是福特的 Ecoboost 1.0T 发动机，连续两年获得沃德十佳发动机的荣誉，对于小排量发动机的发展具有革命性意义。

至今，全球已有先后 13 家车企推出了三缸增压发动机，可见三缸增压发动机已经受到各厂商的充分重视。

5.2.4.2 三缸增压发动机优劣势分析

1. 三缸增压发动机技术优势

（1）科技含量高

传统三缸发动机存在排量小、工作状态不平衡等特点，在使用过程中往往存在动力不足、震动大、效率低等问题，为了弥补这些不足，各厂商推出的新型三缸增压发动机普遍应用了多项先进技术，具体见表 5-33。

表 5-33 各厂商三缸增压发动机技术应用情况

技术指标		雷诺	SMART	大众	通用	福特	本田	MINI	PSA	宝马	沃尔沃
排量（ml）		899	898	998	997	997	1 000	1 198	1 198	1 499	1 499
额定功率（kW）		67	67	81	88	92	95	75	100	100	132
最大扭矩（Nm）		135	135	175	166	170	200	180	230	220	265
技术应用情况	涡轮增压	√	√	√	√	√	√	√	√	√	√
	缸内直喷	√	√	√	√	√	√	√	√	√	√
	VVT	√	√	√	√	√	√	√	√	√	√
	怠速启停	√	√	√	—	—	—	√	—	√	√
	减阻设计	√	√	√	√	√	—	—	√	—	√
	集成化设计	√	√	√	√	√	√	√	√	√	√
	轻量化设计	√	√	√	√	—	—	√	—	—	—
	低负载设计	√	√	—	√	√	√	—	√	—	—
	减震 / 平衡技术	√	√	√	√	√	√	√	√	√	√
	快速预热	—	—	√	—	√	√	—	—	√	—

由表 5-33 可以看出，涡轮增压、缸内直喷、可变气门正时以及减震 / 平衡技术基本属于三缸增压发动机的标配技术，其中，涡轮增压、缸内直喷、可变气门正时技术的应用可以弥补三缸机动力不足的缺点，有效提升发动机额定功率 30% ~ 50%；减震 / 平衡技术则用于抵消三缸机工作状态不平衡的缺点，优化发动机 NVH 特性。此外，集成化设计、轻量化设计可以使发动机结构更加紧凑，降低发动机重量；减阻技术和低负载技术的应用是为了减小发动机内部机械摩擦功和能量损耗；怠速启停、快速预热等技术则是采用电子控制方法，优化发动机能量利用率。不难看出，涡轮增压、减震 / 平衡、轻量化以及减小摩擦技术属于新型三缸增压发动机的四大关键技术。

① 涡轮增压技术

由于排气量小的特点，三缸发动机往往采用低惯量涡轮减少涡轮迟滞，以便发动机在更低的转速区间获得更大的扭矩。此外，一些厂商还为三缸机配备了电子排气阀技术，直接由电机控制阀门开度，与真空式旁通阀相比，可以更精确地控制涡轮转速和进气量。

② 减震 / 平衡技术

三缸发动机最大的不足就是工作状态不平衡，容易造成震动，因此，有必要采用一定动平衡技术去优化发动机的 NVH 特性。在这方面，各厂商采用的方法有所不同，主要分为偏心式飞轮皮带轮组件、柔性平衡轴、低惯量活塞以及设置发动机倾斜角等。

③ 轻量化技术

体积小、重量轻是三缸发动机的最大优势，为了更好地体现这一优势，三缸增压发动机一般采用铝合金材料以及集成化设计进一步减重。

④ 减小摩擦技术

三缸发动机本身存在动力不足的问题，应尽量减小发动机内部机械摩擦所造成的能量损耗，以最大限度发挥三缸机的动力性能。其中，低摩擦机油有利于减小曲柄连杆运动副处摩擦力；活塞低摩擦镀膜有利于减小气缸壁和活塞之间的摩擦力；正时链条低摩擦涂层以及封闭式油冷皮带设计可以有效减小齿轮与正时链条间的运动阻力，同时减小噪声。

（2）节能效果好

三缸发动机相比四缸发动机的优势在于活动部件数量更少、重量更轻、体积更小，从而减小了燃油消耗率。根据图 5-79 所示，首先，三缸机较四缸发动机减少一个气缸，即减少一套曲柄连杆轴承及凸轮轴承，从而减少了运动副以及挺柱等位置的摩擦功；

其次，减少发动机气缸有利于降低机油和冷却液流量，从而减小机油泵和水泵驱动功；此外，减少一缸有利于发动机热量损失降低以及零部件减重。这些都是影响发动机节能效果的关键因素。

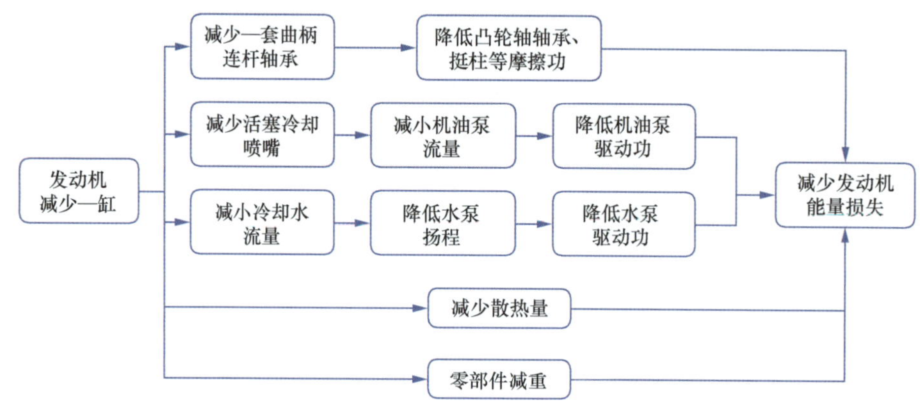

图 5-79 三缸发动节能原理示意图

因此，三缸增压发动机通过先进技术的应用，在获得充沛动力的同时，进一步降低了车辆的燃油消耗量。通过对同车型三缸增压发动机与传统四缸发动机油耗对比（见表 5-34）可以看出，4 款车在动力性能不同程度提高的同时，燃油消耗量都有所降低。其中，福特公司的翼搏和嘉年华车型在换装三缸增压发动机后节油率分别达到了 9.5% 和 6.8%；而标致 308S 和 MINI ONE 车型在换装三缸机后节油效果更加明显，节油率达 20% 以上。总体上，1.0 ~ 1.2 L 排量段的三缸增压发动机较 1.5 ~ 1.6 L 排量段的自然吸气发动机平均节油 14.6%。

表 5-34 同车型三缸增压发动机与四缸自吸发动机油耗对比

车型	燃油消耗量（L/100 km）		节油率	平均节油
	四缸自吸发动机（1.5 ~ 1.6 L 排量）	三缸增压发动机（1.0 ~ 1.2 L 排量）		
福特翼搏	6.3	5.7	9.5%	14.6%
福特嘉年华	5.9	5.5	6.8%	
标致 308S	6.6	5.2	21.2%	
MINI ONE	6.7	5.3	20.9%	

2014 年国内市场小型车和紧凑型车的平均燃油消耗水平分别为 6.03 L/100 km 和 6.58 L/100 km，对比福特嘉年华和标致 308S 的油耗数据可以看出，搭载三缸增压发动机车型的油耗较行业平均水平有着较大优势。

（3）适用范围广

通过三缸增压发动机与四缸自吸发动机行业平均额定功率对比（如图 5-80 所示）可以看出，0.9 L 的三缸增压发动机主要竞争对手为 1.2 ~ 1.3 L 传统四缸机；1.0 ~ 1.2 L 排量的三缸增压发动机将替代排量为 1.4 ~ 1.6 L 的传统四缸机型；1.5 L 三缸增压机型主要替代 1.8 L 传统四缸机型，然而 1.2 ~ 1.8 L 自然吸气四缸发动机为国产车型动力搭载的主力，可见三缸增压发动机有着广泛的市场空间。

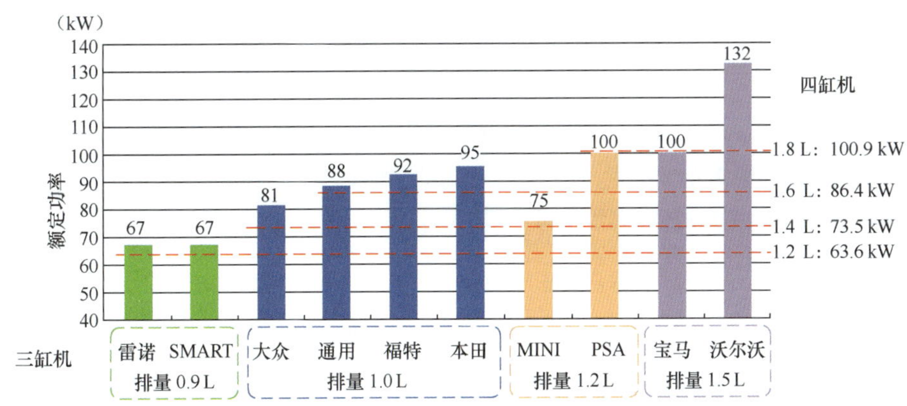

图 5-80 三缸增压发动机与四缸自吸发动机行业平均额定功率对比

图 5-81 为三缸增压发动机与各车型行业平均额定功率对比，可以看出，0.9 L 三缸增压发动机的主要应用对象为微型车；1.0 ~ 1.2 L 三缸增压发动机的主要应用对象为小型车和紧凑型车；1.5 L 三缸增压发动机的应用对象为紧凑型及以上车型。由于大多数三缸增压发动机的排量将设置在 1.0 ~ 1.2 L 区间，可以判断三缸增压发动机的主要适用车型为小型车至紧凑型车。

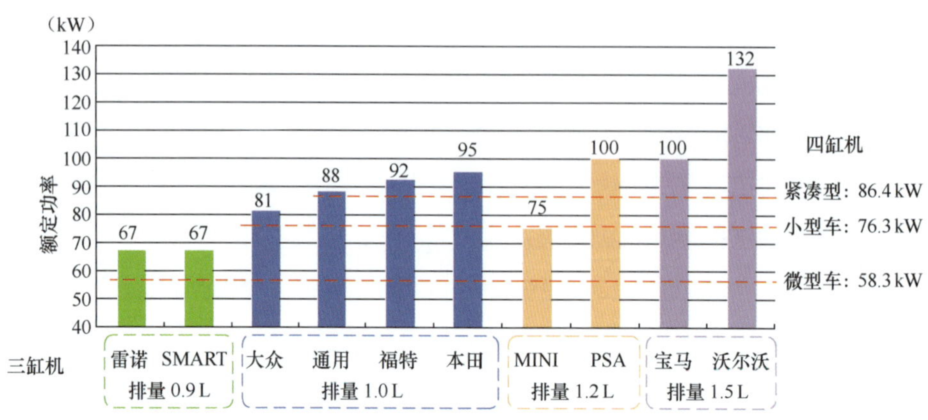

图 5-81 三缸增压发动机与各车型行业平均额定功率对比

（4）质量轻、结构紧凑

对于各类汽车来讲，设计质量轻、结构紧凑的发动机都是改善车辆性能的关键因素。特别是小型轿车，由于燃油经济性、行驶性能和承载限制等因素，设计质量轻、结构紧凑的发动机更显得尤为重要。比较功率相近的三缸增压和四缸自吸发动机可以发现，三缸发动机的重量和尺寸明显低了很多。以大众公司的 EA211 1.0T 三缸发动机为例，其自重仅为 69 kg，发动机垂直投影面积仅有 A4 纸大小，相比传统 1.5 L 四缸发动机 100 kg 左右的自重，其减重 30%。对于混合动力轿车，三缸增压发动机紧凑的结构有利于发动机机舱布置，并且适中的动力性能为发动机、电动机以及发电机之间的匹配提供了良好条件，可以说是混合动力轿车发动机的最佳解决方案，目前市场上宝马公司的 i8、本田公司的 Civic 混动版都是采用的三缸发动机。

2. 政策优势

为推动我国汽车节能技术革新，鼓励车辆小型化和轻量化，进一步降低乘用车单车燃料消耗量水平，从整体上控制我国乘用车燃料消耗量和 CO_2 排放，国家发布的《乘用车燃料消耗量评价方法及指标》中提出，我国乘用车平均燃料消耗量水平到 2015 年下降至 6.9 L/100 km，到 2020 年下降至 5 L/100 km，同时引入“企业平均燃料消耗量”的概念，对生产厂商进行监督和管理。

此外，在新一轮的“节能产品惠民工程”中，对排量 1.6 L 以下并且油耗水平能够达到节能标准的车型，中央财政将对消费者给予每辆 3 000 元的补助。这对于购买小型车及紧凑型轿车的消费者来说，是一项较大幅度的鼓励措施，而对于企业来讲也属于变相利好。

在这样的政策背景下，节能车型将成为各大汽车厂商的研发趋势。而发动机作为汽车的核心部件，很大程度上决定着汽车的能耗水平。三缸增压发动机以其动力充足、燃油消耗量低、尺寸紧凑、重量轻等特点，一方面十分适合小型车的匹配和应用，另一方面有利于缓解汽车厂商平均燃料消耗水平的政策压力。

3. 面临的困难与挑战

尽管三缸增压发动机的优点显而易见，各大汽车制造商、零部件供应商也对此类发动机给予了充分的重视和信任，但三缸增压发动机技术目前尚未大规模应用，仍有以下问题尚待进一步解决。

（1）震动较大

由于三缸发动机缸数较少，在一缸做功结束后和另一缸做功开始前存在一个时间间隔，将产生较大的震动。因此，三缸发动机具有震动较大、平顺性不好的缺点。虽然一些三缸增压发动机加入了平衡套件的设计，但只能抵消部分震动，与传统多缸机相比在舒适性方面仍有一定差距。

（2）成本较高

由于三缸增压发动机装备有多项先进发动机技术，研发和生产成本较高，目前还不适合在低端车市场的应用。因此，高能效三缸发动机需进一步降低成本，否则很难在低端车市场上普及。

（3）转型速度较慢

国内自主汽车厂商研发和生产能力相对有限，传统发动机的生产平台尚未成熟，很难快速转型到三缸增压发动机的生产，还需要技术和资金的进一步支持以及国家政策的进一步推动。

（4）市场认可度较低

国内汽车市场对于三缸增压发动机的认可度较低，用户对于三缸机的认识还停留在许多低端车型所配备的传统三缸机上，认为三缸机就是技术落后、动力差、成本低廉的代名词。要想三缸增压发动机有更好的市场前景，还需要汽车企业以及相关媒体的进一步宣传。

5.2.4.3 三缸发动机的应用趋势

1. 三缸发动机市场现状

从整体上看，2012 年下半年至 2014 年，国产三缸机车型产量占比呈逐年下降趋势发展，到 2014 年已降低至 0.9% 以下。其中，合资品牌三缸机车型产量有微小提高，产量占比基本不变，一直保持 0.5% 左右，这主要是由于长安福特公司生产了一批三缸增压发动机车型，带动了三缸机车型产量的提高；相比之下，自主品牌三缸机车型产量变化更为明显，从 2013 年的 22.7 万辆下降至 2014 年的 10.2 万辆，降幅达 50% 以上，产量占比也从 2012 年下半年的 6.0% 下降至 2014 年的 2.0%，产生上述现象的原因在于自主品牌所应用的三缸发动机大多为传统三缸发动机，由于动力性和平顺性差的原因，逐渐被小排量四缸发动机所代替，具体如图 5-82 所示。

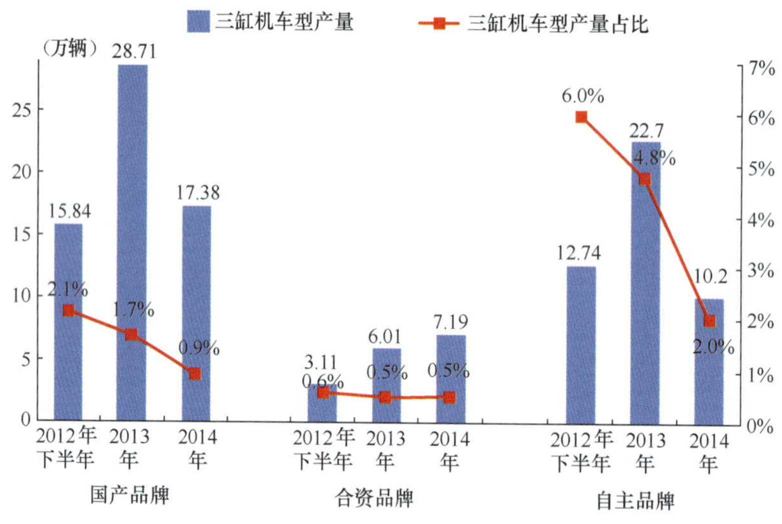

图 5-82 2012年下半年至2014年国产乘用车三缸机技术应用情况

与国产乘用车相比，进口乘用车三缸机车型产量及占比在 2014 年出现了反弹趋势，如图 5-83 所示，产量从 2013 年的 1.57 万辆增长至 2014 年的 3.08 万辆，涨幅达 96%，产量占比从 2013 年的 1.5% 提高至 2014 年的 2.4%。进口乘用车三缸机车型产量的提高，主要源自 2013 年后宝马公司的 MINI 车型以及奔驰公司的 SMART 车型对于三缸机技术的大面积应用。

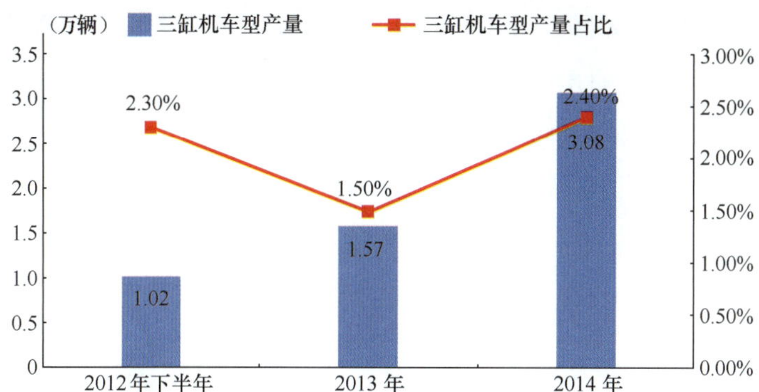

图 5-83 2012年下半年至2014年进口乘用车三缸机技术应用情况

根据上述分析可以看出，随着国外三缸机技术领域的革新和突破，进口品牌已经意识到了三缸机的市场潜力并加强了推广应用；合资品牌随着其外资企业技术的引进和高性能三缸机的国产化，用高性能三缸机替代了其原有的落后三缸机技术，三缸机车型占比基本保持稳定；自主品牌则因尚未在三缸增压发动机领域取得技术突破，几乎没有三缸增压发动机车型推出，而其原有的传统三缸机因性能落后逐渐失去市场，导致产量和占比均大幅下降。

近 3 年来，三缸发动机主要应用于 1.0 L 排量及以下车型，其应用比例呈逐年下降趋势发展；在 1.0 ~ 1.3 L 排量车型中，三缸机技术应用比例在 2012 年下半年至 2013 年基本为 0，但在 2014 年出现了突然增长；1.3 L 排量以上车型对于三缸机技术的应用很少，2014 年只有不到 0.1% 的车型搭载了三缸发动机，具体如图 5-84 所示。

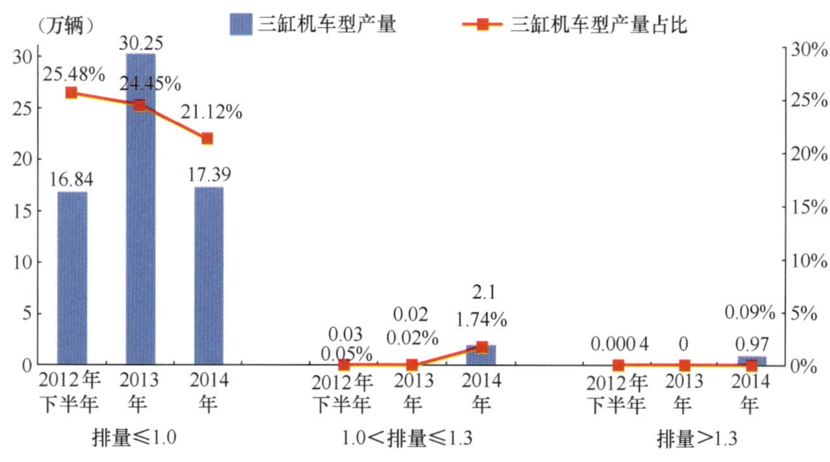

图 5-84 2012年下半年至 2014年三缸机技术分排量段应用情况

从车型上分析，如图 5-85 所示，目前三缸发动机主要应用在轿车车型中，在 SUV、MPV 和交叉型乘用车型上应用比例很少，这主要与传统三缸发动机排量小、动力不足的技术特点有关。但随着三缸增压发动机技术的发展，其动力性能将大为改善，未来有望更多应用于小型 SUV、小型 MPV 等车型。

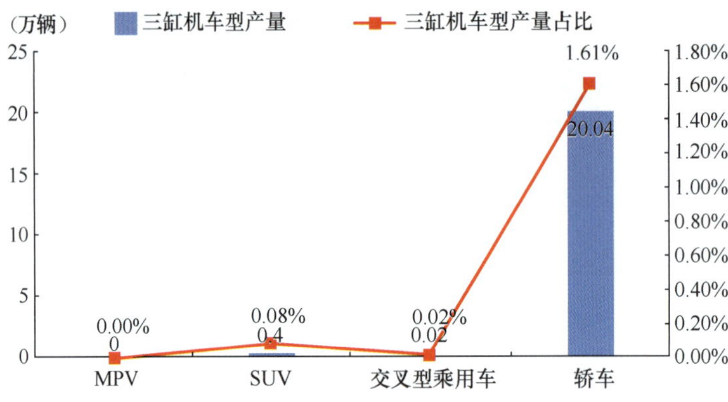

图 5-85 2014年三缸机技术分车型应用情况

从轿车分级别应用三缸机技术情况（如图 5-86 所示）来看，目前三缸发动机主要应用于微型车和小型车上，市场应用范围较窄，并且 2014 年三缸机技术的应用比例都有所下降。但随着三缸增压发动机技术的发展，三缸发动机的市场应用范围将更广，未来有望搭载于紧凑型甚至中型车。

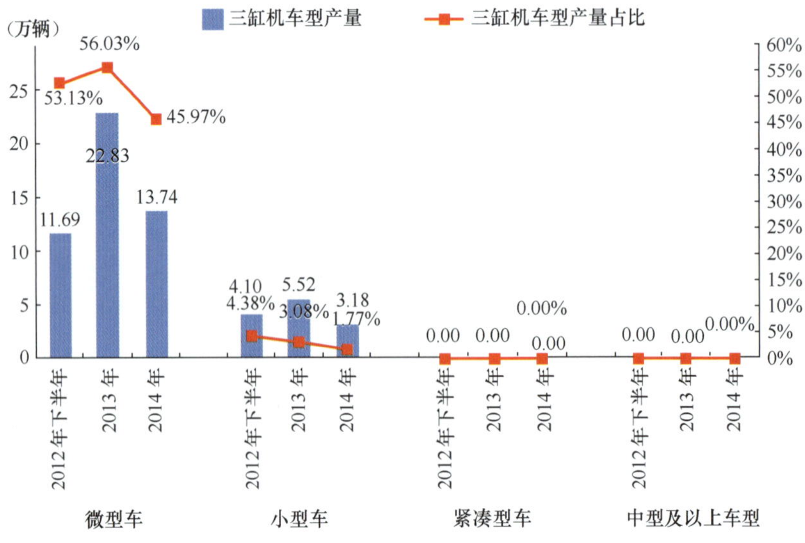

图 5-86 2012年下半年至 2014年轿车三缸机技术分级别应用情况

2. 国内三缸增压发动机市场潜力

通过前述分析可知，三缸增压发动机未来将主要替代排量在 1.3 ~ 1.8 L 的四缸自然吸气发动机，主要适用车型为小型车和紧凑型车。根据 2014 年国产乘用车排量分布（如图 5-87 所示）和车型分布情况（如图 5-88 所示）可以看出，1.3 ~ 1.8 L 排量段自然吸气发动机车型市场份额为 51%，小型及紧凑型轿车市场份额为 47%，因此，三缸增压发动机有着广泛的市场应用范围。

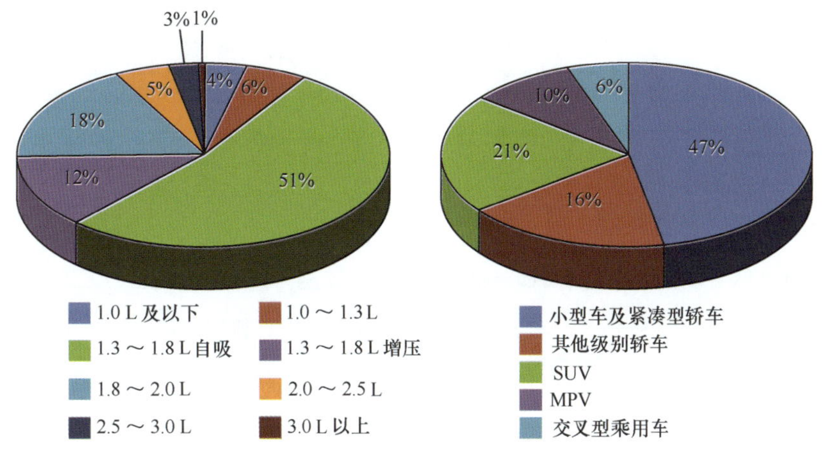

图 5-87 2014年国产乘用车分排量分布情况　图 5-88 2014年国产乘用车车型分布情况

由预测数据（如图 5-89 所示）可以看出，预计国内三缸增压发动机市场份额将从 2015 年开始快速增长，其中，合资品牌三缸增压发动机将较早实现量产，预计到 2020 年市场份额将达 6.00%。自主品牌三缸增压发动机发展则相对较晚，预计到 2020 年市场份额将达 1.39%。目前，自主品牌中只有奇瑞、长安、长城 3 个品牌发布了自主开发的三缸增压发动机产品，至今仍没应用到量产车型。总体而言，未来三缸增压发动机将呈较快速度发展。

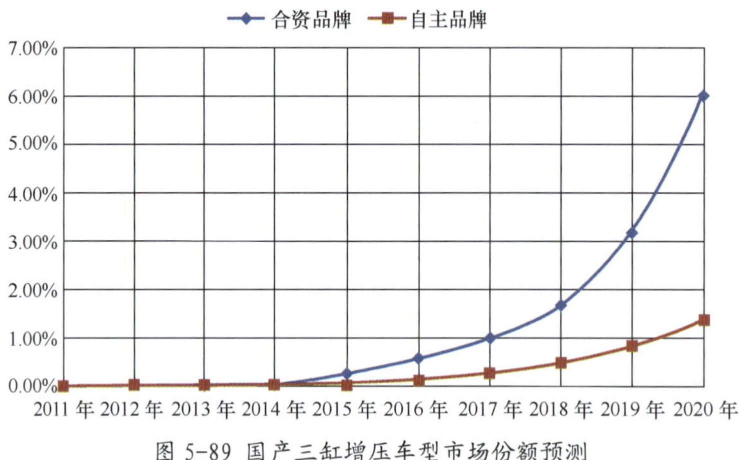

图 5-89 国产三缸增压车型市场份额预测

5.2.4.4 前景展望

根据全球汽车预测机构 LMC Automotive 的数据，到 2018 年全球三缸发动机的产量将会增长至 980 万台，相比 2012 年的 510 万台提升将近一倍。

根据欧洲媒体 Inautonews 的报道，福特公司计划提高德国 1.0 L 三缸 EcoBoost 汽油发动机的产能，用于嘉年华、蒙迪欧等更多款车型，福特的最终目标是，截至 2015 年，搭载 1.0 L EcoBoost 汽油发动机的欧洲车型达 30 万辆。

2014 年 3 月 20 日，福特公司 1.0 L EcoBoost 发动机在位于重庆的长安福特发动机工厂正式下线，这也是福特在全球第三个生产 1.0 L EcoBoost 发动机的工厂。该三缸机型将率先搭载于长安福特旗下的新嘉年华和翼搏车型，福特表示还有进一步开发 1.2 L 和 1.5 L 三缸发动机的规划，其中，1.5 L 三缸发动机计划搭载到蒙迪欧上，这使它可能成为国内市场首台用于中型车上的三缸发动机。

根据大众关于 EA211 系列发动机的产能规划，其最新的 1.0TSI、1.2TSI 三缸发动机未来将引入国内生产，成为该品牌 A 级及以下产品的主要动力配置之一，目前，进口大众甲壳虫车型率先搭载，而未来包括一汽一大众高尔夫 7、宝来以及上海大众旗下 POLO、朗逸等 10 款车型有望普及该款发动机。

根据宝马官方消息，华晨宝马的新发动机工厂已接近完工，新工厂建成后，宝马的 1.5 T 三缸汽油发动机将于 2016 年在这里正式投产，未来该三缸机型将搭载到 1 系、

2 系、X1、3 系等车型上。据悉，开发新系列的发动机是宝马公司的战略方向之一，三缸发动机将会是帮助其提升能效和燃油经济性非常重要的技术，也是整个集团战略的一部分。

通过这些市场风向标可以看出，在逐渐严格的政策法规压力下，整车厂商对于汽车发动机的开发和生产已逐渐趋向小型化、轻量化和节能化。而三缸增压发动机，以其动力充足、燃油经济性好、重量轻、结构紧凑等诸多优势，势必成为未来小型车动力的最佳解决方案。

>> 附　录

附录一　美国 1975 ~ 2014 车型年轻型汽车节能技术发展趋势

本附录摘自美国环境保护局（EPA）《1975 ~ 2014 车型年轻型汽车 CO_2 排放和燃料经济性技术趋势报告》。

如无特殊说明，本附录所指汽车包括乘用车、SUV、厢式旅行车以及轻型皮卡和厢式车。美国轻型汽车数据包括两组，第一组为轿车（含乘用车、非货车 SUV——即两驱 SUV），第二组为轻型货车（包括总质量不超过 8 500 磅的皮卡、厢式汽车和 SUV）。从 2011 年开始，因 MDPV（质量通常在 8 500 ~ 10 000 磅之间的中重型乘用车）的产量较小（2012 车型年仅售出 6 500 辆），将该类车算作轻型车。

1. **车型结构**

1975 ~ 2014 车型年轿车和轻型货车产量比例如附图 1-1 所示。

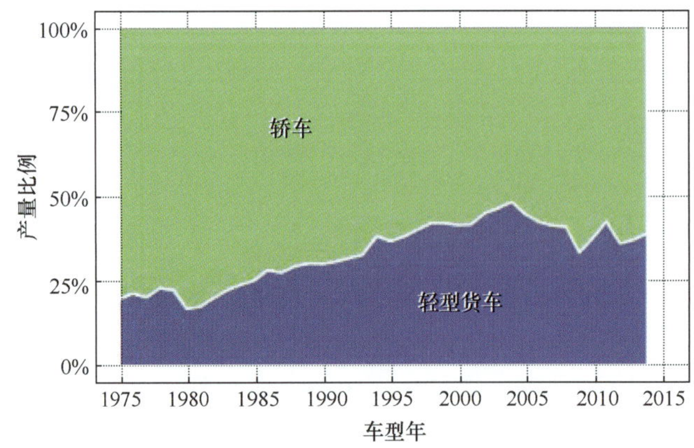

附图 1-1 1975 ~ 2014车型年美国轿车和轻型货车结构变化

由附图 1-1 可知，货车生产比例在 1975 ~ 1982 车型年间在 20% 上下浮动，从 1982 车型年起逐渐稳步上升最多达 48%。自 2004 年后，货车的需求受多种因素的影响开始下降。2013 车型年货车市场占有率为 37%，相比 2012 车型年上升了 1%，相比 2011 车型年上升了 11%，但距离 2004 车型年 48% 的峰值仍有差距，预计 2014 车型年货车将占比 39%。

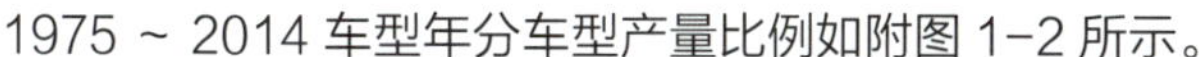

1975 ~ 2014 车型年分车型产量比例如附图 1-2 所示。

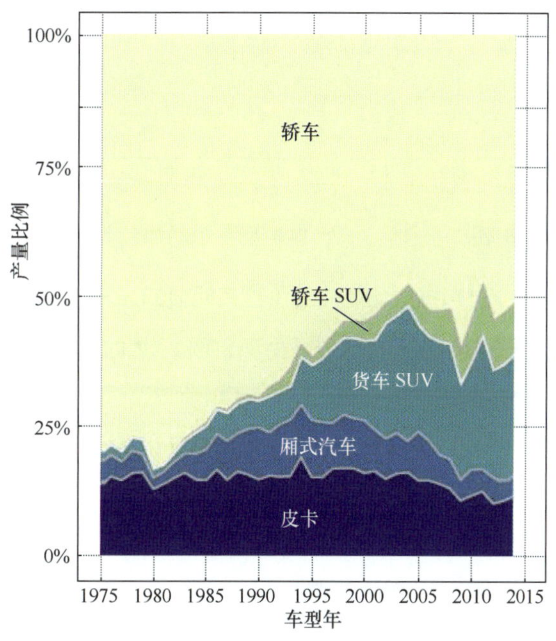

附图 1-2 1975 ~ 2014车型年轻型汽车各车型产量比例

2. 燃油经济性

1975 ~ 2014 车型年调整的燃油经济性如附图 1-3 所示。

如附图 1-3 所示，该曲线所反映的是轿车和轻型货车的综合平均燃油经济性水平。从 1975 ~ 2014 车型年的变化情况来看，明显可分为 4 个阶段。

① 1975 ~ 1981 车型年，轻型汽车经调整后的 CO_2 排放量降低了 36%，经调整后的燃油经济性提高了 56%，这一时期的节能技术发展非常迅猛。

② 1982 ~ 1987 车型年，轻型汽车燃油经济性和 CO_2 排放进步的步伐放缓。

③ 1988 ~ 2004 车型年，这一时期的节能情况在缓慢且稳定地下滑，即使节能科技创新不断升级，但是 CO_2 排放量仍然增加了 14%，燃油经济性下降了 12%。

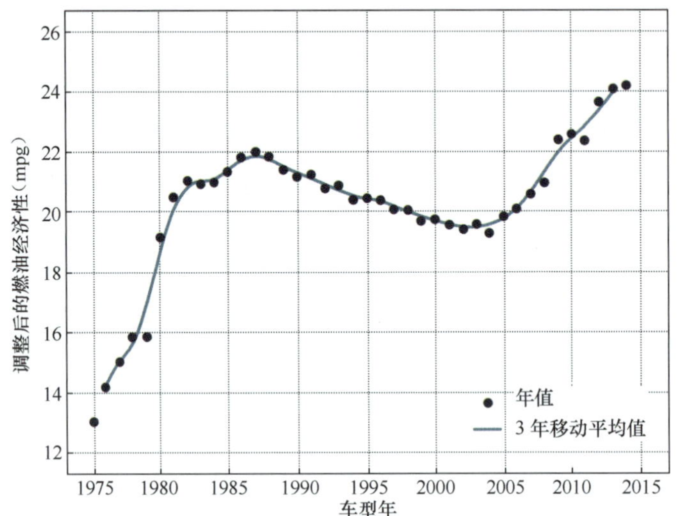

附图 1-3 1975～2014车型年平均燃油经济性

④自 2005 年起，CO_2 排放和燃油经济性有明显的好转，在随后的 9 年中只有一年出现倒退情况，这一时期 CO_2 排放量减少了 20%，燃油经济性提高了 25%。

3. 汽车总质量、功率等整车参数情况

1975～2014 车型年平均燃油经济性、车身重量和功率变化如附图 1-4 所示。

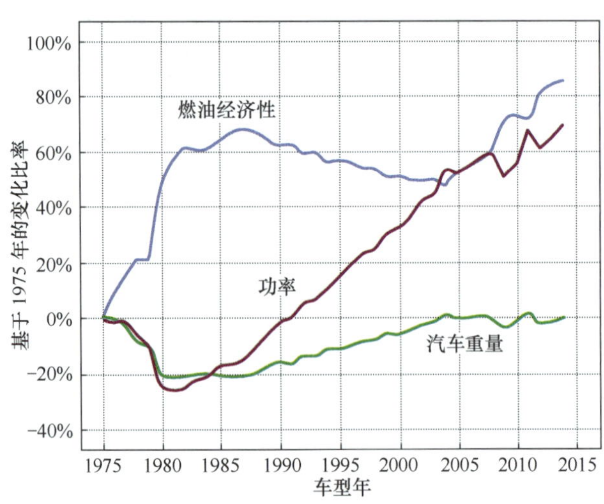

附图 1-4 1975～2014车型年平均燃油经济性、汽车重量和功率变化情况

由附图 1-4 可知，在 20 世纪 70 年代后期，随着燃油经济性的提高，汽车平均重量和功率开始逐渐下降。从 20 世纪 80 年代到 21 世纪初，汽车重量和功率不断增加

的同时，汽车燃油经济性反而出现下降。显然，在这 20 年间中，汽车技术的革新并没有明显提高燃油经济性。2005 车型年起，新的汽车技术不仅提高了燃油经济性还提高了功率，同时将汽车重量保持相对稳定。因此，近年来汽车的动力性能、燃油经济性和 CO_2 排放都得到了改善。

发动机排量和功率如附图 1–5 所示。

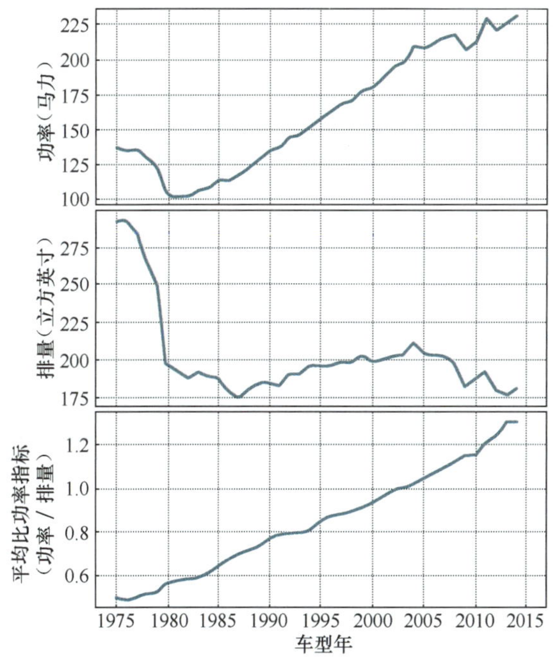

附图 1-5 1975 ~ 2014车型年发动机排量和功率变化情况

如附图 1–5 所示，从 1975 车型年起，新车发动机的平均比功率指标就处于稳步上升的状态。38 年来，新车发动机平均比功率指标以每年约 0.02 马力 / 立方英寸的涨幅增加。考虑到这一时期发动机重要的变化、消费者偏好的变化以及汽车消费的外部压力，平均比功率仍呈现直线上升的状态值得关注，尽管预测 2014 车型年平均比功率增幅较为平缓，但这一线性增长趋势仍未有减缓的迹象。

1975 ~ 2014 车型年部分基本参数变化情况如附图 1–6 所示。

如附图 1–6 所示，该图表为 5 种车型的 CO_2 排放、燃油经济性、脚印面积、重量和功率的变化趋势。不同车型间的变化趋势具有很多相似之处（不包括皮卡的燃油经济性和 CO_2 排放）。值得注意的是，货车 SUV 自 2000 车型年以来其 CO_2 减排最为明显。

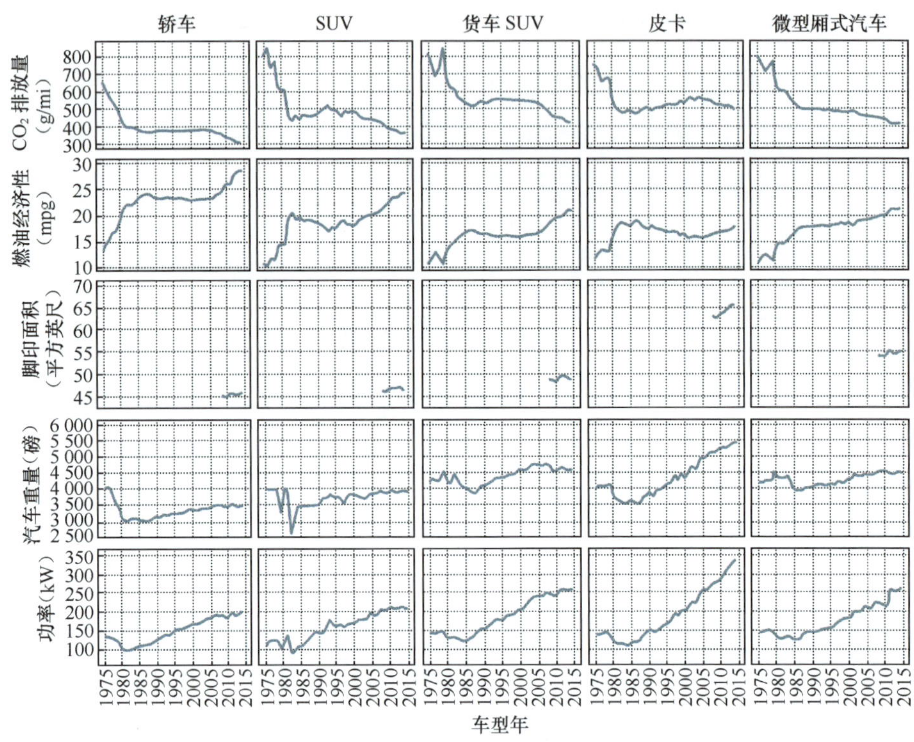

附图 1-6 1975～2014车型年部分基本参数变化情况

4. 节能技术应用情况

（1）气缸数量变化趋势

1975～2014 车型年气缸数量变化趋势如附图 1-7 所示。

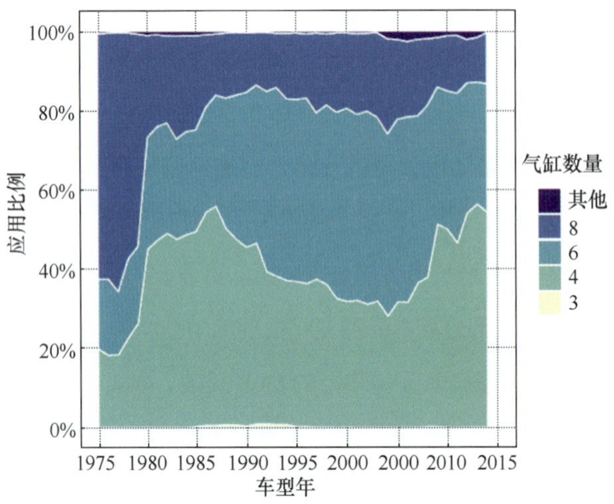

附图 1-7 1975～2014车型年气缸数量变化趋势

如附图 1-7 所示，在 20 世纪 70 年代中后期，八缸发动机占据了这一时期市场的主导地位，几乎超过半数的新车采用了八缸发动机。自 1980 车型年起，八缸发动机的市场占有率从 54% 骤降到 26%，而四缸发动机的份额由 26% 上升至 45%。此后，直到 1992 车型年被六缸发动机取代了主导地位，四缸发动机此前一直是市场的主流。2009 车型年是发动机缸数变化的第二个转折点，从这一年开始，四缸发动机的市场占有率达 51%，重新主导了发动机市场，而此时六缸发动机份额下降到 35%，八缸发动机则一直占有 12% 的相对较低的份额。由此，发动机缸数开始有逐渐变少的趋势，2014 车型年中，三缸发动机的产量预计不超过 2 万台，但是这一比重正逐渐增长。

（2）发动机供油方式

发动机技术应用比例如附图 1-8 所示。

汽油机缸内直喷已开始逐渐取代多点喷射。使用汽油机缸内直喷技术的发动机在 2007 车型年首次投入市场，仅 6 年时间，在 2013 车型年的新车发动机近 31% 采用了汽油机缸内直喷技术。如附图 1-8 所示，供油方式随气门结构技术的变化而变化。同早期的化油器发动机相同，多点喷射发动机几乎全部采用了固定气门正时且每缸两个气门；随后多点喷射发动机逐渐发展，具有多气门结构和 VVT 技术；几乎所有的缸内直喷发动机只采用多气门结构和 VVT 技术；以上 4 种发动机组合几乎可以代表发动机技术发展的历程。

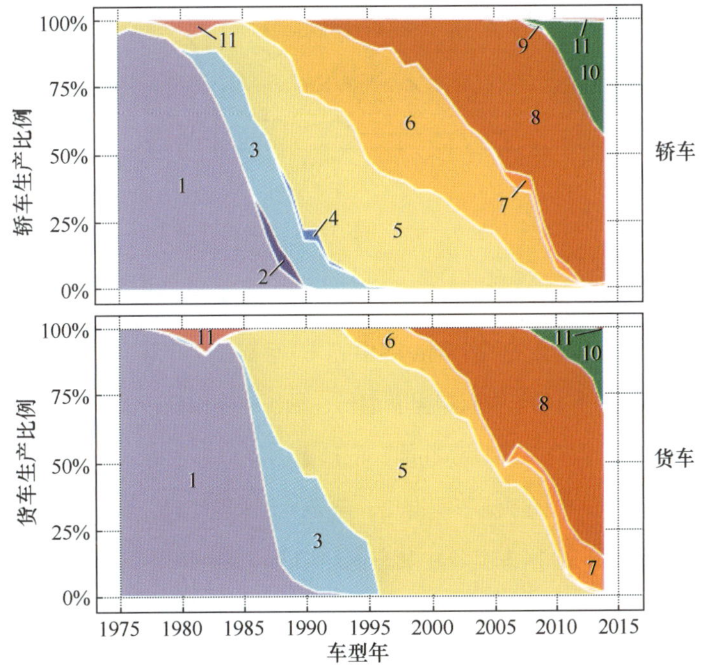

供油方式	气门正时	气门数量	对应图例
化油器	固定	双气门	1
		多气门	2
单点节气门体喷射	固定	双气门	3
		多气门	4
多点喷射	固定	双气门	5
		多气门	6
	可变	双气门	7
		多气门	8
汽油机缸内直喷	固定	多气门	9
	可变	多气门	10
柴油机	—	—	11

附图 1-8 发动机技术应用比例

（3）汽油机涡轮增压技术应用市场份额。

汽油机涡轮增压技术应用比例如附图 1-9 所示。

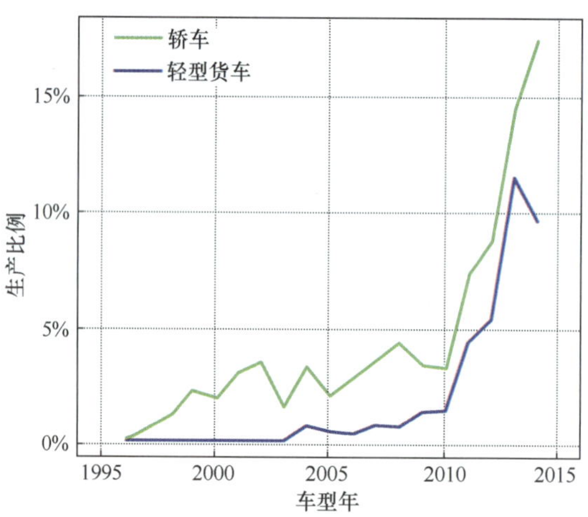

附图 1-9 汽油机涡轮增压技术应用比例

如附图 1-9 所示，预计在 2014 车型年，涡轮增压发动机的新车应用比例将达约 16%。美国 13 家规模最大的汽车制造商中的 10 家都在生产涡轮增压发动机汽车。涡轮增压的市场份额在近 10 年中有着显著增长，很长时间以前，虽然涡轮增压技术可应用于大部分车辆上，但只有部分高性能、低产量的豪华车才得以使用，仅几年时间，涡轮增压器开始逐步向市场主流车型推广。自 2010 车型年起，涡轮增压轿车和货车呈井喷式增长，虽然预计 2014 车型年中货车涡轮增压占比将有所下降，但是根据近年 6%

的增长势头看，我们有理由相信涡轮增压货车的增长趋势仍将持续。

（4）变速器技术应用比例

美国轻型汽车变速器类型变化情况如附图 1–10 所示。

如附图 1–10 所示，该图表示轿车和轻型货车自 1980 车型年起的变速器技术应用比例。在 20 世纪 80 年代初期，三档自动变速器（L3/A3）颇受青睐，但是从 1985 车型年后，四档有锁自动变速器（L4）25 年间逐渐取代了 L3/A3 的地位。在 1999 车型年，近 80% 的新车采用了 L4 变速器。1999 车型年后，随着 L5 和 L6 变速器的问世，L4 变速器的应用比例逐渐下降，并于 2007 车型年超过 L4 变速器的生产比例。就应用比例而言，五档变速器从未引领变速器的技术革新。目前，L6 变速器预计在 2014 车型年的新车应用比例可超过 60%，且这种趋势还在上升。

采用无级变速技术的变速箱产量增加明显。2013 车型年中，有 14.8% 的新车采用了无级变速技术，预计在 2014 车型年将达 19.3%。与 2006 车型年无级变速技术仅有 3% 的应用比例相比，现在无级变速技术可谓是发展迅速。7 速及以上的自动变速箱也在逐渐增多，预计在 2014 车型年达 11% 的应用比例。同时一些制造商正在考虑研发 10 速及以上变速箱。

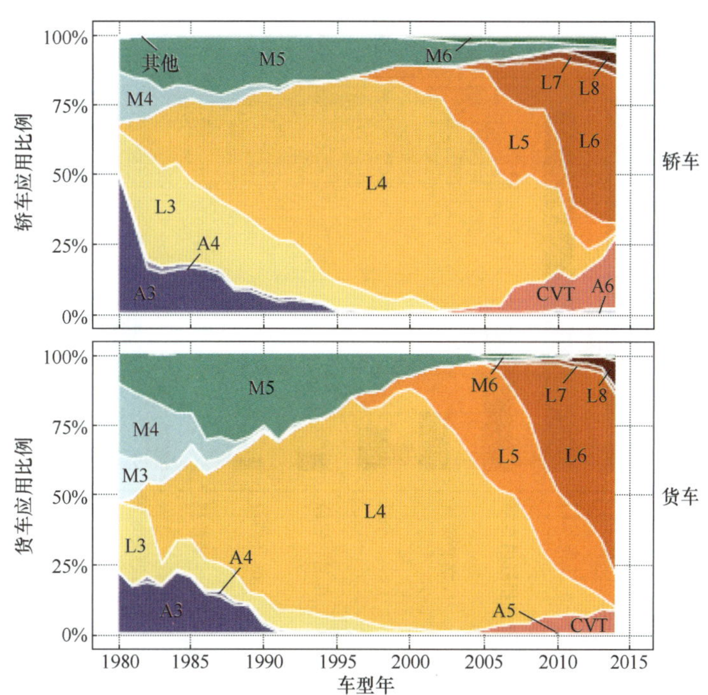

变速器类型	锁止	档位数	对应图例
自动 半自动 电控机械式自动变速箱	无	3	A3
		4	A4
		5	A5
		6	A6
	有	2	L2
		3	L3
		4	L4
		5	L5
		6	L6
		7	L7
		8	L8
无级变速	—	—	CVT
手动	—	3	M3
		4	M4
		5	M5
		6	M6
其他	—	—	其他

附图 1-10 美国轻型汽车变速器类型变化情况

（5）轻型车节能技术应用变化（2009 车型年、2014 车型年）

2009 车型年、2014 车型年多种节能技术应用比例变化情况如附图 1-11 所示。

如附图 1-11 所示，该图直观地反映了近 5 年的技术应用状况。在这 5 年的时间里，VVT（可变气门正时技术）技术应用比例增加了近 26%，GDI（汽油机缸内直喷技术）接近 30%，6 速变速器的应用比例从 2009 车型年的 24% 上升至 2014 车型年的 60% 以上，在相对较短的时间内，产生了很大的变化。

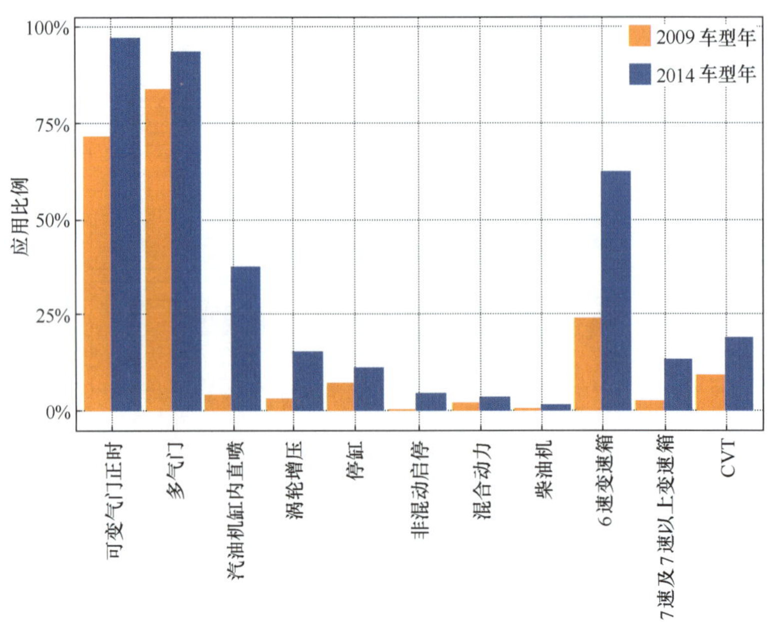

附图 1-11 2009车型年、2014车型年多种节能技术应用比例变化情况

附录二 2013 年欧盟乘用车制造商 CO_2 排放情况

本附录摘自欧洲环境局《2013 年乘用车和厢式车 CO_2 排放监控报告》。

内容提要：

欧洲环境局（EEA）根据（EC）443/2009 法规对乘用车 CO_2 排放实施监控。法规设定 2015 年目标为 130 g /km，从 2012 年开始分阶段实施。

主要有如下结论。

- 2013 年欧盟新乘用车平均 CO_2 排放 126.7 g/km，比 2012 年下降 4.1%。
- 乘用车平均行驶质量 1 390 kg，比 2012 年减少 11 kg。
- 主要乘用车和轻型商用车制造商 2013 年全部达标。

1. 制造商 CO_2 排放数据测算说明

（1）实际值

年度注册量加权平均，考虑如下。

- 分阶段：2012 年取 CO_2 排放量较低的前 65% 的车辆，2013 年为 75%，2014 年为 80%，2015 年为 100%。
- 超低排放车数量加权：对于 CO_2 排放量低于 50 g/km 的乘用车，给予数量放大处理，2012 ~ 2013 年放大系数为 3.5 倍，2014 年为 2.5 倍，2015 年为 1.5 倍，2016 年为 1 倍。
- E85 额外额度：车辆排放量按降低 5% 计算，申请者需满足替代燃料加气站覆盖率至少 30% 要求，2013 年只有瑞典申请。

（2）目标值

公式：CO_2= 130 + a ×（M － $M0$），其中，$M0$=1 372 kg，a=0.045 7。

- 企业组合：2013 年，共有 12 个乘用车企业组合，2 个厢式车企业组合，具体见附表 2-1。

附表 2-1 2013 年欧盟汽车制造商企业组合情况

企业组合	企业组合成员
宝马集团	宝马股份公司、宝马 M 股份有限公司、劳斯莱斯有限公司
戴姆勒汽车集团	戴姆勒汽车集团、梅赛德斯汽车制造集团
菲亚特集团	克莱斯勒集团、菲亚特集团、玛莎拉蒂公司
福特（德国）股份有限公司	福特（美国）、福特（德国）、福特（澳大利亚）有限公司、福特（印度）、CNG 技术有限公司
通用汽车集团	雪佛兰（意大利）、通用公司、通用（意大利）、通用（韩国）、欧宝汽车集团
本田（欧洲）汽车有限公司	本田（中国）有限公司、本田汽车、本田（土耳其）、本田英国制造有限公司、本田（泰国）
三菱汽车	三菱汽车公司、三菱汽车（欧洲）、三菱汽车（泰国）
雷诺组合	拉达（法国）、达契亚、雷诺
铃木	铃木（马扎尔）有限公司、铃木（印度马鲁蒂）有限公司
塔塔汽车有限公司，捷豹路虎	捷豹路虎、路虎、塔塔汽车有限公司
丰田大发集团	大发汽车有限公司、丰田（欧洲）
大众集团乘用车	奥迪汽车集团、奥迪（匈牙利）、宾利汽车有限公司、布加迪汽车、兰博基尼汽车、保时捷汽车集团、卡特罗汽车、西雅特、斯柯达汽车公司、大众汽车集团

●中小规模企业降低要求：年注册量 1 ~ 30 万辆规模企业，目标要求比 2007 年下降 25%；2013 年，4 家乘用车企业获得批准。

●小规模企业单独要求：销量低于 1 万辆的制造商可以申请单独的特殊要求。2013 年有 28 家乘用车企业获得批准。

●年注册量低于 1 000 辆的小微规模制造商可申请豁免资格。

2013 年享有欧盟小规模企业放宽政策的制造商见附表 2-2。

附表 2-2 2013 年享有欧盟小规模企业放宽政策的制造商

企业名称	具体排放目标（g/km）
阿尔宾那汽车股份有限公司	230
阿特格汽车股份有限公司	223
阿斯顿马丁拉共达有限公司	318
奥托瓦兹公司	201
凯特汉姆汽车有限公司	210
法拉利公司	303
浙江吉利汽车有限公司	168
长城汽车有限公司	190
柯尼塞格汽车公司	275
KTM 汽车集团	195
利泰克斯汽车公司	160
路特斯汽车有限公司	280
马恒达汽车有限公司	183
玛鲁西亚汽车公司	270
迈凯伦汽车有限公司	285
名爵汽车（英国）有限公司	152
摩根汽车有限公司	168
贵族汽车有限公司	360
帕加尼汽车公司	340
波吉奥汽车公司	175
搏天族汽车公司	205
马来西亚国家汽车工业公司	181
观致汽车有限公司	152
锐益轲汽车有限公司	229
舍科马汽车公司	131
荷兰世爵汽车公司	360
双龙汽车公司	180
威兹曼股份有限公司	274

2. 2012 制造商 CO_2 排放情况及分析

（1）大规模制造商（>10 万辆）——未考虑组合

年注册量超过 10 万的大规模制造商 CO_2 平均排放量见附表 2-3。

附表 2-3 年注册量超过 10 万的大规模制造商 CO_2 平均排放量

制造商	2013 年注册量（辆）	平均质量（kg）	CO_2 平均排放量（g/km）			
			2013 年	2012 年	2011 年	2010 年
雷诺	793 063	1 262	110	121	129	134
标致	723 688	1 349	115	121	128	131
菲亚特	646 554	1 145	116	117	118	125
丰田（欧洲）	513 116	1 315	116	122	126	129
雪铁龙	587 544	1 356	116	123	126	131
西雅特	280 310	1 231	119	127	125	131
福特（德国）	891 562	1 342	122	129	132	137
斯柯达	480 748	1 268	125	132	135	139
达契亚	289 150	1 200	127	137	143	145
大众	1 486 282	1 382	127	133	135	140
起亚	285 340	1 320	128	129	137	143
沃尔沃	203 165	1 700	131	142	151	157
日产国际	411 702	1 399	131	137	142	147
欧宝	804 117	1 443	132	133	134	140
奥迪	650 995	1 554	133	138	145	152
宝马	758 186	1 560	134	138	144	146
马自达	133 183	1 422	134	142	147	149
通用（韩国）	135 379	1 405	136	141	142	144
戴姆勒	661 356	1 577	137	143	153	160
现代（捷克）	220 348	1 426	138	—	—	—
捷豹路虎	131 530	2 049	182	—	—	—

2013 年，附表 2-3 所示大规模制造商平均 CO_2 排放量为 125.7 g/km，比欧盟

全体制造商的平均水平低 1.0 g/km。

2013 年，11 家大规模企业低于 130 g/km，而 2012 年只有 8 家。大规模企业的排放量平均分布在 117 ~ 181.6 g/km。

雷诺集团的排放水平最低，为 111 g/km，菲亚特集团的平均质量最低为 1 145 kg，小型化突出，并扩大柴油化和替代燃料车辆比例。

除了菲亚特、起亚和欧宝，其他大规模企业均有所下降，雷诺和沃尔沃降幅最大，达到 11 g/km。具体如附图 2-1 所示。

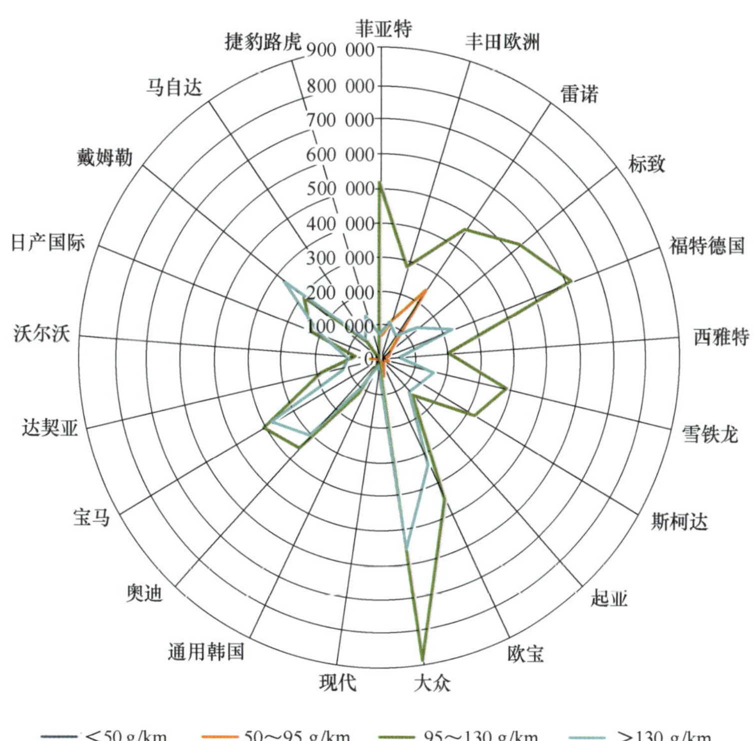

附图 2-1 大规模制造商（年注册量 > 10万辆）新车注册数量与 CO_2 排放量分布

（2）小规模制造商（年注册量 <1 万辆）

共有 28 家小规模制造商，2013 年平均排放目标值为 228.5 g/km。其中，17 家小微制造商合计注册量少于 3 000 辆。

（3）中小规模制造商（1 ~ 30 万辆）

共有 4 家企业获得该资质，平均排放目标值 148.8 g/km。

3. 与 2013 年目标差距

差距评价需考虑前文（分阶段、超低额度、E85、间接节能技术）因素。

84 家企业中，55 家企业的注册量占欧洲年度注册量的 99%，这 55 家企业均达到了其 2013 年目标要求，其中包括小规模制造商和中小规模制造商。若考虑企业组合的情况，有 72 家企业达标。

微小规模企业中包括注册量不足 1 000 辆规模的企业，这 17 家微小规模制造商予以完全豁免。

附图 2-2 显示前 20 年注册量超 10 万的大制造商 2013 年全部达标。

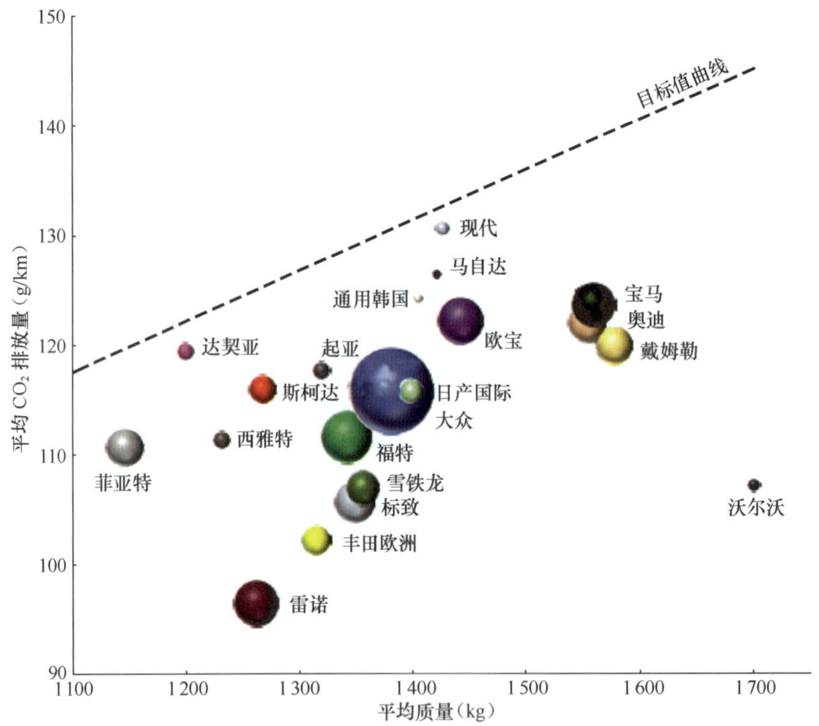

注：气泡大小代表欧盟注册数据。

附图 2-2 20大制造商 2013年 CO_2排放达标情况

附表 2-4 给出前 20 大制造商包括和不包括超低额度车辆的两种计算结果。结果表明，即使剔除超低排放额度对计算结果的影响，仍然全部达标，其中，超级积分获益最大的是沃尔沃，达 7.416 g/km。

附表 2-4 各大制造商积分应用情况（g/km）

制造商	实际排放量	目标值	与目标差额	实际排放量（不计入超级积分）	与目标差额（不计入超级积分）	超级积分差额
雷诺	96.384	125	-28.581	99.975	-24.990	3.591
标致	105.652	129	-23.282	105.823	-23.111	0.171
菲亚特	110.620	120	-9.013	110.62	-9.013	0.000
丰田欧洲	102.194	127	-25.192	103.797	-23.589	1.603
雪铁龙	106.856	129	-22.419	107.117	-22.098	0.321
西雅特	111.316	124	-12.258	111.317	-12.257	0.001
福特	111.513	129	-17.107	111.541	-17.079	0.028
斯柯达	115.924	125	-9.302	115.924	-9.302	0.000
达契亚	119.365	122	-2.778	119.365	-2.778	0.000
大众	115.735	130	-14.707	115.987	-14.455	0.252
起亚	117.620	128	-10.013	117.62	-10.013	0.000
沃尔沃	107.012	145	-38.000	114.428	-30.584	7.416
日产国际	115.711	131	-15.529	121.48	-9.760	5.769
欧宝	122.121	133	-11.128	123.291	-9.958	1.170
奥迪	121.881	138	-16.438	121.881	-16.438	0.000
宝马	123.541	139	-15.051	124.255	-14.337	0.714
马自达	126.281	129	-3.145	126.281	-3.145	0.000
通用韩国	124.192	132	-7.338	124.347	-7.183	0.155
戴姆勒	119.834	139	-19.552	121.664	-17.722	1.830
现代	130.549	132	-1.940	130.594	-1.895	0.045
捷豹路虎	164.623	178	-13.402	164.623	-13.402	0.000

4. 与 2013 ～ 2015 年目标差距

根据 2013 年注册量数据，套用分阶段和超级积分计算公式，预判制造商达到 2013 ~ 2015 年目标要求的情况。欧盟大规模制造商 2013 ~ 2015 年提前达标情况预判如附图 2-3 所示。

根据 2013 年数据，在 21 家中大规模制造商中，目前已有 15 家制造商达到 2015 年目标值，21 家企业均满足 2013 年和 2014 年目标值。

另对附图 2-4 对企业组合的情况进行了分析。

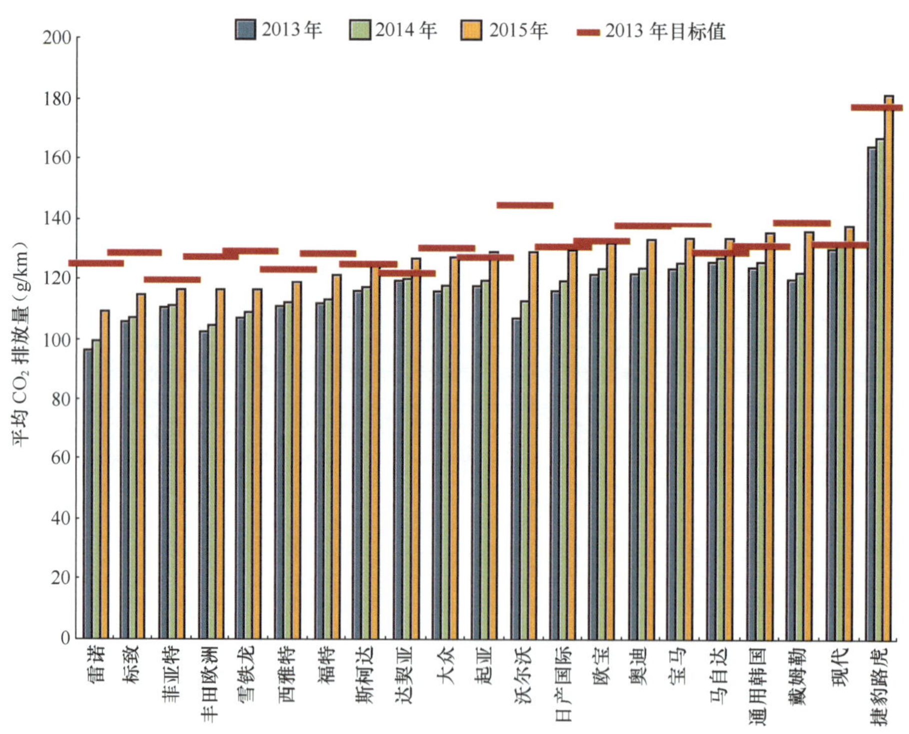

附图 2-3 欧盟大规模制造商 2013～ 2015年提前达标情况预判

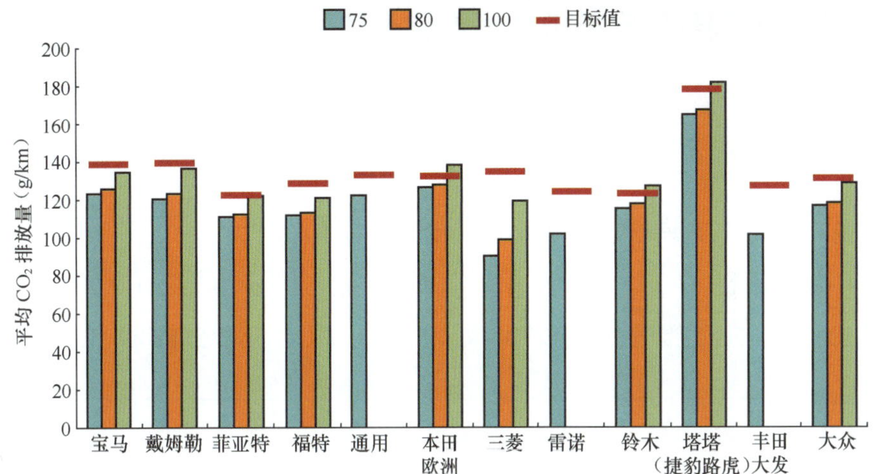

注：所有的排放目标都是根据 2013 年的数据计算得出。雷诺组合、丰田组合和通用公司仅有 2013 年数据。

附图 2-4 欧盟制造商组合 2013～2015年提前达标情况预判

附录三　欧盟乘用车节能数据变化趋势

说明：附录三数据来源于欧洲汽车工业协会（ACEA）。

1. CO_2 排放量

2013 年，在欧盟销售的乘用车中，有 49% 的新车 CO_2 排放量不超过 120 g/km。

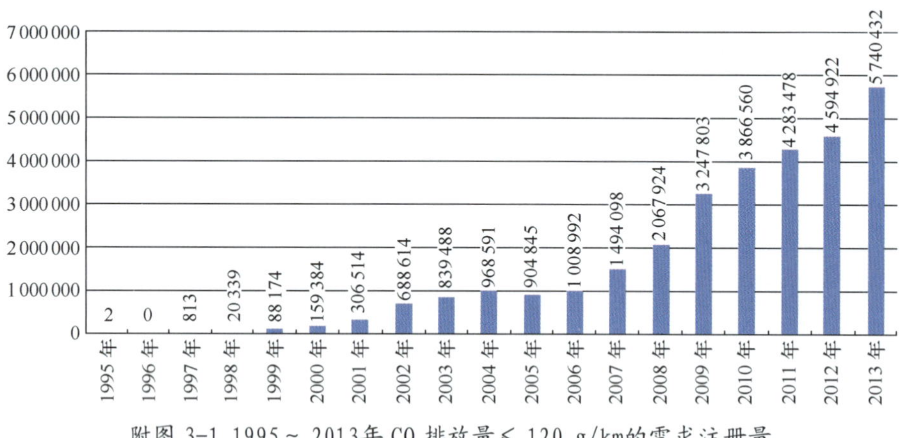

附图 3-1 1995～2013年 CO_2排放量≤120 g/km的需求注册量

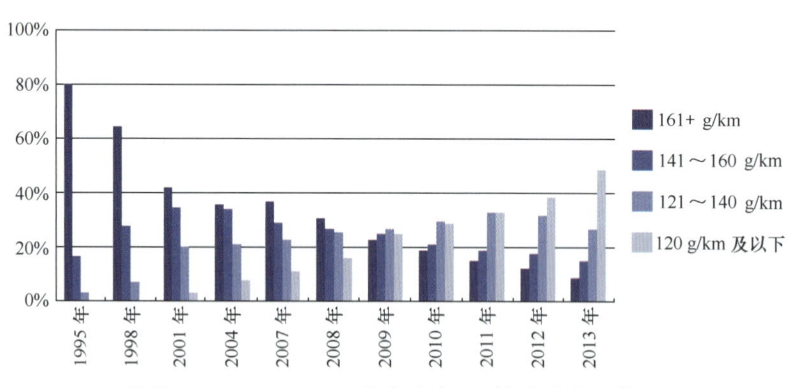

附图 3-2 1995～2013年乘用车 CO_2排放量变化情况

2. 柴油化

在欧盟，柴油发动机越来越受欢迎，有超过一半购买乘用车的消费者选择柴油动力系统。

附表 3-1 2000 ~ 2014 年欧盟各国柴油乘用车占比变化

柴油比（%）	2000 年	2001 年	2002 年	2003 年	2004 年	2005 年	2006 年	2007 年	2008 年	2009 年	2010 年	2011 年	2012 年	2013 年	2014 年
奥地利	61.9	65.7	69.6	71.5	70.7	64.7	62.1	59.0	54.6	45.7	50.7	54.6	56.4	56.7	56.8
比利时	56.3	62.6	64.3	68.2	70.0	72.6	74.5	77.0	79.0	75.3	75.9	75.3	68.8	64.8	61.9
丹麦	13.2	17.8	20.2	22.7	24.0	23.8	26.3	38.4	45.9	44.1	45.7	46.7	39.5	32.0	31.7
芬兰	—	16.6	15.6	15.2	15.5	17.0	20.2	28.4	49.6	46.2	41.5	42.0	38.2	36.8	38.9
法国	49.0	56.2	63.2	67.4	69.2	69.1	71.4	73.9	77.3	70.4	70.8	72.4	72.9	67.0	63.9
德国	30.3	34.5	37.9	39.9	44.0	42.0	44.2	47.8	44.1	30.7	41.9	47.1	48.1	47.4	47.8
希腊	0.7	0.8	0.9	1.5	2.9	1.6	2.1	2.9	3.6	3.3	4.0	10.0	40.0	57.9	63.5
爱尔兰	10.1	12.9	16.4	17.2	18.3	21.5	24.4	27.1	33.5	52.2	62.2	70.0	73.1	72.0	73.2
意大利	33.6	36.6	43.4	48.7	58.0	58.3	58.2	55.8	50.7	41.9	45.9	55.2	53.1	53.9	54.9
卢森堡	50.4	58.2	61.9	65.9	72.5	75.4	77.4	77.2	77.0	73.0	75.2	76.7	76.1	73.4	72.0
荷兰	22.5	22.9	21.6	22.6	24.6	26.8	27.0	28.3	25.1	20.1	20.0	28.3	28.2	24.8	27.1
葡萄牙	24.2	28.4	34.6	44.9	56.6	63.3	65.2	69.3	68.4	66.6	67.1	69.6	70.5	72.3	71.2
西班牙	53.1	52.5	57.1	60.9	65.4	67.8	68.2	70.9	69.3	70.1	70.6	70.3	68.9	66.3	64.9
瑞典	6.3	5.6	7.0	7.7	8.0	9.7	19.4	34.7	36.2	41.0	50.9	61.4	66.8	61.5	58.9
英国	14.1	17.8	23.5	27.3	32.5	36.8	38.3	40.1	43.6	41.7	46.1	50.6	50.8	49.8	50.1
欧盟 15 国	32.8	36.7	41.0	44.3	48.9	49.8	51.2	53.6	52.9	46.1	52.0	56.1	55.6	53.8	53.6
冰岛	17.1	13.3	12.5	13.6	15.1	19.6	24.3	30.0	33.2	31.1	21.7	42.3	50.1	51.0	49.2
挪威	9.0	13.3	17.5	23.3	28.1	39.2	48.7	74.4	72.4	72.7	74.9	75.7	64.2	52.5	48.7
瑞士	9.3	13.4	18.0	21.7	25.9	28.3	30.0	32.1	32.3	29.3	30.2	32.7	37.1	37.0	37.0
欧自贸区	9.5	13.4	17.8	21.8	26.3	31.0	34.5	44.7	43.2	41.0	43.6	45.7	45.2	42.1	40.9
西欧	32.1	36.0	40.3	43.7	48.3	49.3	50.8	53.3	52.7	45.9	51.8	55.7	55.2	53.3	53.1

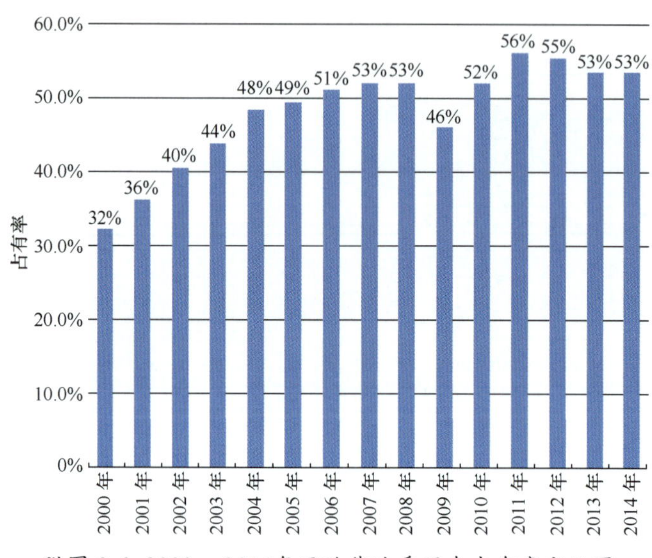

附图 3-3 2000～2014年西欧柴油乘用车占有率变化图

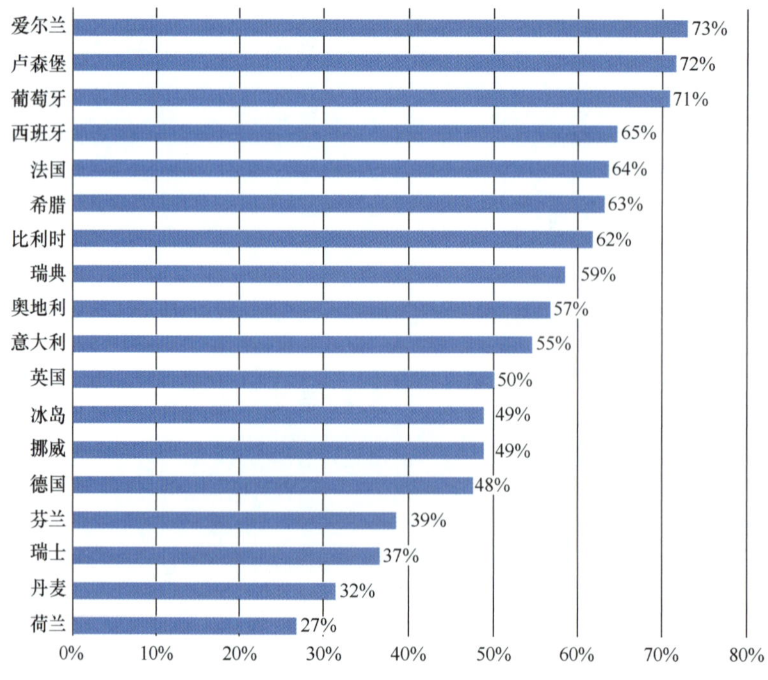

附图 3-4 2014年西欧各国乘用车柴油化市场占有率

3. 发动机排量和功率

（1）发动机排量

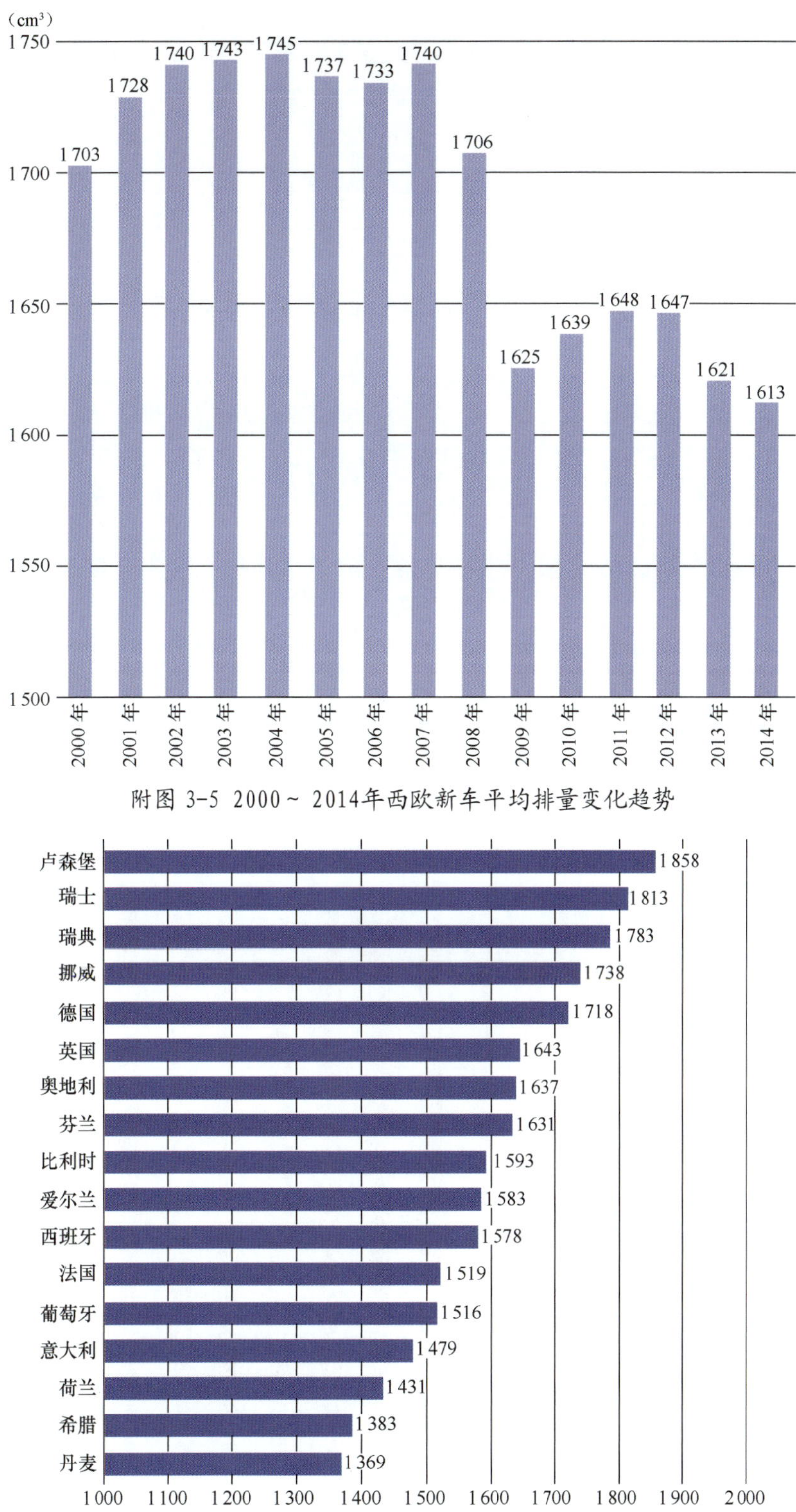

附图 3-5 2000～2014年西欧新车平均排量变化趋势

附图 3-6 2014年西欧各国新车平均排量情况

平均排量（cm³）	2000年	2001年	2002年	2003年	2004年	2005年	2006年	2007年	2008年	2009年	2010年	2011年	2012年	2013年	2014年
奥地利	1 841	1 846	1 850	1 849	1 810	1 776	1 769	1 765	1 730	1 645	1 640	1 643	1 651	1 642	1 637
比利时	1 749	1 783	1 770	1 761	1 735	1 721	1 711	1 723	1 710	1 672	1 648	1 628	1 635	1 600	1 593
丹麦	1 675	1 716	1 703	1 702	1 684	1 654	1 654	1 651	1 587	1 550	1 499	1 489	1 397	1 357	1 369
芬兰	—	1 784	1 767	1 769	1 804	1 816	1 836	1 851	1 815	1 787	1 721	1 700	1 671	1 646	1 631
法国	1 704	1 748	1 757	1 754	1 724	1 695	1 666	1 680	1 611	1 547	1 500	1 573	1 592	1 544	1 519
德国	1 816	1 825	1 844	1 852	1 863	1 844	1 851	1 863	1 832	1 664	1 756	1 760	1 749	1 725	1 718
希腊	—	—	—	1 496	1 544	1 541	1 537	1 548	1 536	1 558	1 429	1 375	1 368	1 362	1 383
爱尔兰	1 447	1 526	1 563	1 569	1 592	1 604	1 624	1 637	1 623	1 609	1 564	1 580	1 599	1 581	1 583
意大利	1 528	1 557	1 585	1 581	1 587	1 579	1 577	1 558	1 547	1 490	1 501	1 526	1 510	1 481	1 479
卢森堡	1 912	1 940	1 951	1 970	1 961	1 963	1 964	1 970	1 938	1 874	1 868	1 882	1 874	1 861	1 858
荷兰	1 662	1 701	1 687	1 714	1 711	1 720	1 699	1 703	1 640	1 576	1 488	1 445	1 437	1 440	1 431
葡萄牙	1 432	1 482	1 490	1 499	1 523	1 524	1 537	1 559	1 550	1 562	1 534	1 536	1 539	1 524	1 516
西班牙	1 744	1 748	1 753	1 744	1 734	1 726	1 710	1 784	1 746	1 709	1 677	1 670	1 635	1 598	1 578
瑞典	1 912	1 967	1 972	1 984	1 988	1 990	1 972	1 964	1 904	1 866	1 817	1 788	1 786	1 782	1 783
英国	1 681	1 700	1705	1 725	1 752	1 771	1 775	1 777	1 743	1 682	1 695	1 697	1 672	1 646	1 643
欧盟 15 国	1 698	1 723	1 736	1 738	1 740	1 732	1 728	1 734	1 700	1 619	1 634	1 643	1 641	1 615	1 606
冰岛	—	—	—	—	—	—	—	—	—	—	—	—	—	—	—
挪威	1 663	1 702	1 711	1 735	1 764	1 762	1 788	1 818	1 820	1 798	1 747	1 726	1 730	1 721	1 738
瑞士	1 951	1 971	1 974	1 996	2 001	1 992	2 000	1 981	1 924	1 857	1 821	1 794	1825	1 806	1 813
欧自贸区	1883	1910	1 913	1 930	1 929	1 923	1 939	1 930	1 895	1 841	1 798	1773	1 797	1 780	1 790
西欧	1 703	1728	1740	1 743	1 745	1 737	1 733	1 740	1 706	1 625	1 639	1 648	1647	1 621	1 613

附图 3-7 2000～2014年欧盟各国新车平均排量历年变化情况

（2）发动机功率

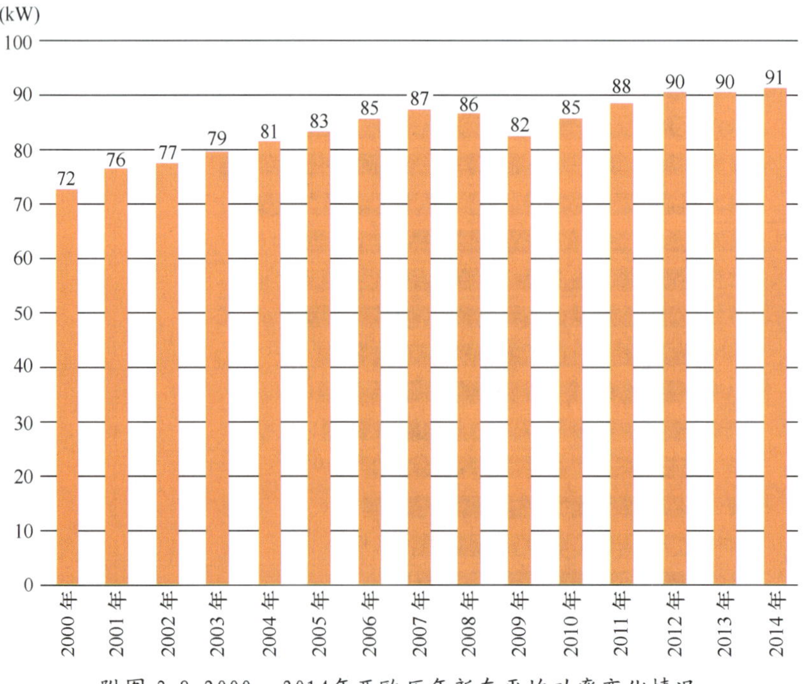

附图 3-8 2000～2014年西欧历年新车平均功率变化情况

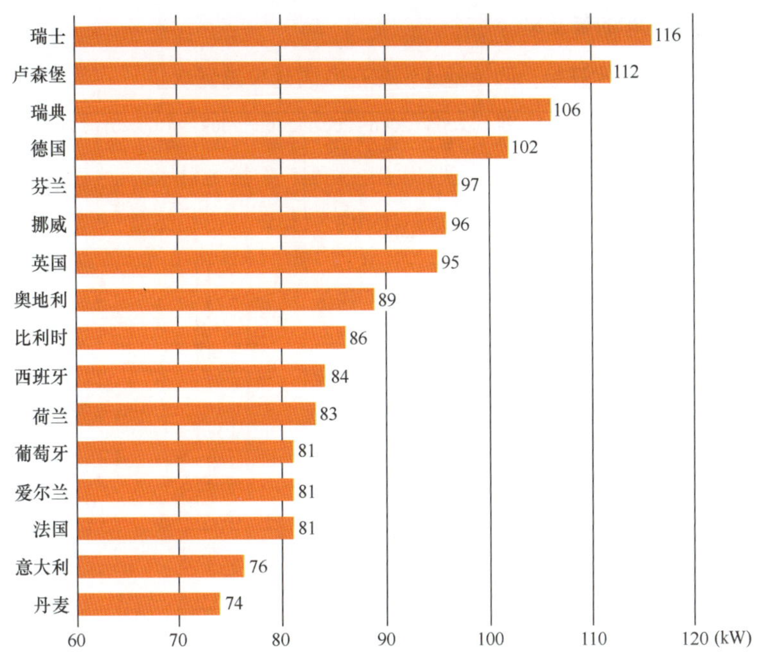

附图 3-9 2014年西欧各国新车平均功率情况

平均功率（kW）	2000年	2001年	2002年	2003年	2004年	2005年	2006年	2007年	2008年	2009年	2010年	2011年	2012年	2013年	2014年
奥地利	73	75	77	77	79	80	83	85	84	81	82	85	87	88	89
比利时	68	73	74	74	76	77	78	81	81	80	80	82	84	84	86
丹麦	74	78	78	78	78	78	80	82	79	78	76	77	72	72	74
芬兰	—	82	83	85	88	90	92	95	93	95	94	96	96	95	97
法国	67	71	73	74	75	76	77	80	76	73	74	79	81	80	81
德国	81	84	85	87	89	90	93	96	96	86	96	99	100	101	102
希腊	—	—	—	—	—	—	—	—	—	—	—	—	—	—	—
爱尔兰	63	68	71	72	74	76	78	81	82	79	77	79	81	81	81
意大利	63	65	68	68	70	72	74	74	75	72	74	78	77	76	76
卢森堡	84	87	89	92	93	96	99	103	102	101	103	107	109	110	112
荷兰	71	76	77	79	80	82	83	85	83	82	78	78	79	81	83
葡萄牙	61	64	66	66	69	72	74	77	76	78	78	80	81	81	81
西班牙	67	72	72	75	77	80	81	87	86	84	83	85	84	84	84
瑞典	95	101	101	103	104	103	104	105	102	103	102	102	102	104	106
英国	76	78	79	81	84	87	89	91	90	88	90	93	93	93	95
欧盟 15 国	72	75	77	78	80	82	84	86	85	81	84	88	89	89	90
冰岛	—	—	—	—	—	—	—	—	—	—	—	—	—	—	—
挪威	79	82	83	84	86	86	88	88	91	91	90	90	93	94	96
瑞士	96	99	100	102	102	104	107	109	107	106	107	108	110	112	116
欧自贸区	92	95	96	97	97	99	102	102	102	102	101	102	105	106	110
西欧	72	76	77	79	81	83	85	87	86	82	85	88	90	90	91

附图 3-10 2000～2014年欧盟各国新车平均功率历年变化情况

4. 四轮驱动汽车的普及率

自 20 世纪 90 年代开始，四轮驱动汽车在欧盟越来越受欢迎。

四驱占比（%）	2000年	2001年	2002年	2003年	2004年	2005年	2006年	2007年	2008年	2009年	2010年	2011年	2012年	2013年	2014年
奥地利	6.9	6.6	7.91	8.82	10.3	12.5	13.64	15.3	14.22	12.72	13.83	15	17.6	19.95	21.2
比利时	2.7	3.3	4.21	4.66	5.1	5.1	5.55	6.5	6.01	6.18	5.57	6.27	6.8	6.24	6.83
丹麦	0.7	0.8	1.22	1.53	2	2.5	4.18	3.3	2.04	1.65	1.25	1.3	1.52	1.33	1.9
芬兰	3.1	3.04	3.76	4.81	6.1	8.6	11.12	13.3	9.44	11.32	11.12	13.18	13.37	15.09	16.93
法国	3.5	4.1	4.51	5.1	5.6	6.3	6.47	7.2	4.63	3.73	4.19	5.81	7.22	6.48	6.58
德国	5	5.5	6.24	7.09	7.7	8	9.06	10.5	10.79	7.81	10.9	12.82	15.02	15.2	15.82
希腊	5.6	5.22	7.33	10.56	10.2	10.3	10.59	11	11.28	12.58	6.73	3.68	3.05	2.2	2.67
爱尔兰	2.5	3.4	3.99	4.5	5.5	6.4	6.76	7.3	6.59	2.69	1.89	3.18	4.96	5.59	4.89
意大利	4.8	5.18	6.26	6.25	6.3	7.8	9.63	10.4	10.08	8.87	9.71	10.97	10.79	10.15	9.82
卢森堡	6.3	6.7	8.15	10.05	10.9	10.1	12.12	12.4	11.97	11.93	11.58	13.92	20.83	21.96	23
荷兰	2.5	3.2	3.45	4.07	4.6	5.4	5.72	6.6	5.25	4.23	3.01	2.8	3.43	7	5.83
葡萄牙	0.3	3.4	1.82	2.11	2.2	2.4	2.77	3.1	2.29	3.03	2.41	2.06	2.11	1.72	2.07
西班牙	0.3	0.49	0.28	0.78	0.8	0.9	1.19	10.4	8.53	7.92	7.75	7.49	7.97	6.14	6.19
瑞典	6.9	7.3	8.77	10.73	12.1	12.7	13.49	15.1	13.37	13.65	17.44	19.5	22.83	28.96	31.27
英国	5.5	6.5	6.8	7.62	8.5	8.9	8.51	8.7	7.92	7.55	8.39	9.52	10.01	11.09	11.73
欧盟 15 国	4.1	4.67	5.29	5.97	6.4	7	7.71	9.4	8.48	7.29	8.17	9.49	10.8	11.08	11.43
冰岛	36.8	40.52	39.42	39.76	41.2	41.7	41.88	43.5	46.94	49.41	39.25	31.12	15.86	15.63	12.52
挪威	11.1	11.04	13.75	17	20.5	21.3	27.5	21.9	24.17	25.74	25	23.23	28.01	32.4	32.43
瑞士	17.4	19	18.86	19.61	20.4	22.1	24.72	25.2	24.74	25.81	27.14	27.51	32.21	35.41	37.51
欧自贸区	16.6	17.61	18.06	19.52	20.44	22.8	26.24	24.9	25.08	25.93	26.58	26.26	30.71	34.16	35.37
西欧	4.5	5.04	5.64	6.32	6.8	7.5	8.21	9.9	8.98	7.79	8.77	10.09	11.6	11.99	12.33

附图 3-11 2000～2014年欧盟历年新车四轮驱动占比变化情况

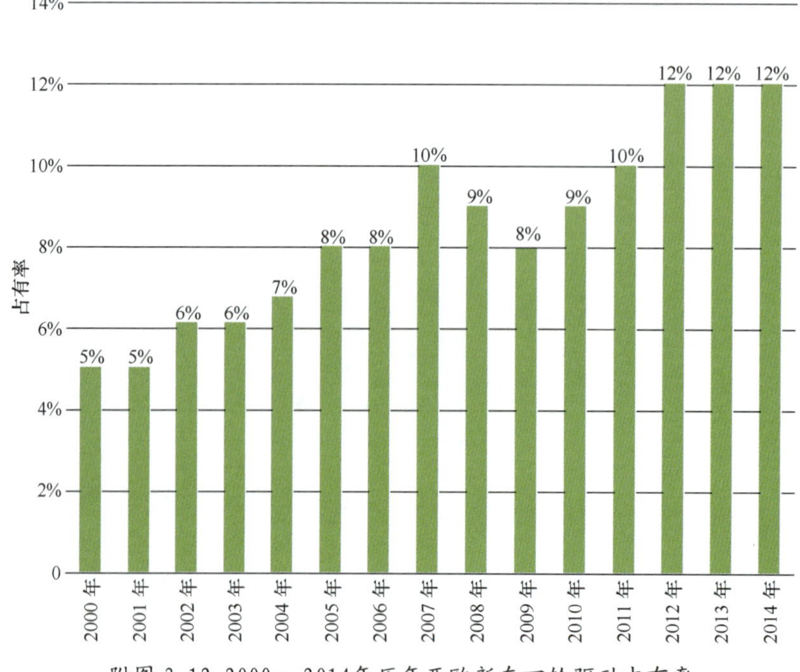

附图 3-12 2000～2014年历年西欧新车四轮驱动占有率

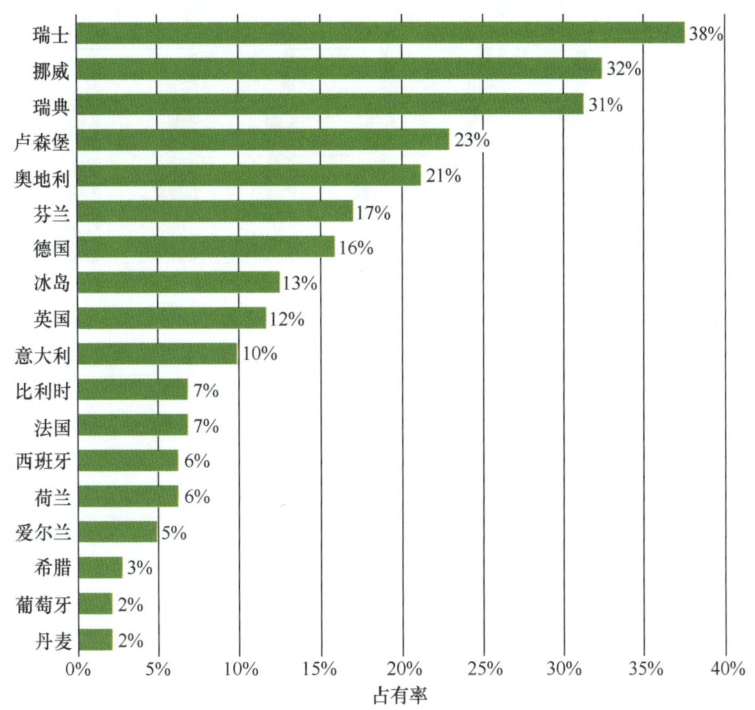

附图 3-13 2014年西欧各国新车四轮驱动占有率情况

5. 车型级别

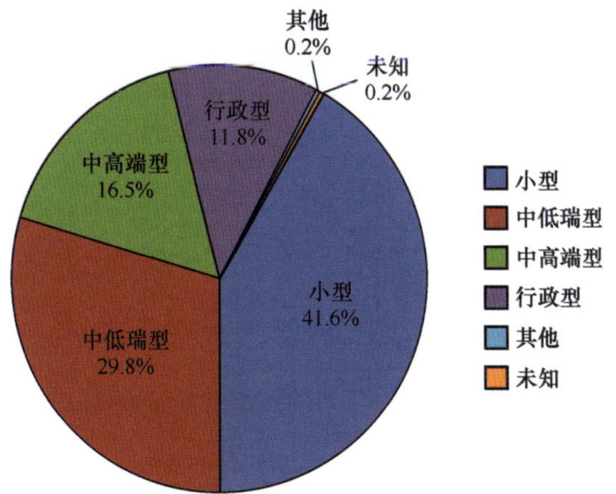

附图 3-14 2014年西欧乘用车分级别市场占有率

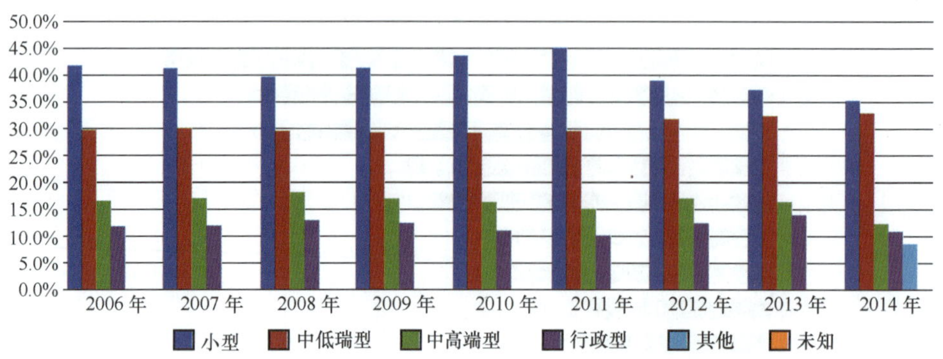

附图 3-15 2006～2014年历年西欧乘用车分级别市场占有率变化情况

附表 3-2 2000～2014 年西欧乘用车分级别市场占有率变化

年份	总注册量	按车型级别市场划分占比					
		小型车	中低端车	中高端车	行政型车	其他	未知
2014 年	12 111 148	41.6%	29.8%	16.5%	11.8%	0.2%	0.2%
2013 年	11 552 464	40.9%	29.9%	17.0%	11.9%	0.2%	0.2%
2012 年	11 766 507	39.5%	29.4%	18.0%	12.6%	0.2%	0.2%
2011 年	12 808 077	41.1%	28.9%	17.2%	12.5%	0.1%	0.2%
2010 年	12 977 905	43.4%	29.3%	16.1%	11.0%	0.2%	0.2%
2009 年	13 665 807	45.0%	29.5%	15.1%	10.1%	0.2%	0.2%
2008 年	13 561 132	38.8%	31.7%	17.0%	12.3%	0.1%	0.1%
2007 年	14 793 643	37.1%	32.4%	16.3%	14.0%	0.1%	0.1%
2006 年	14 763 013	35.2%	32.9%	12.4%	10.9%	8.5%	0.1%
2005 年	14 504 759	32.9%	34.9%	13.1%	10.9%	7.9%	0.1%
2004 年	14 524 450	33.9%	34.9%	13.1%	10.9%	7.9%	0.1%
2003 年	14 212 669	34.2%	32.4%	13.7%	12.9%	6.6%	0.1%
2002 年	14 398 742	32.7%	33.9%	14.8%	12.7%	5.7%	0.1%
2001 年	14 817 719	32.8%	33.8%	15.9%	12.6%	4.9%	0.1%
2000 年	14 746 571	32.7%	34.2%	15.7%	12.7%	4.6%	0.1%